山西青年运动英模传略

高元琼——著

山西出版传媒集团
山西经济出版社

图书在版编目（CIP）数据

山西青年运动英模传略 / 高元琼著 . —太原：山西经济出版社，2024.4

ISBN 978-7-5577-1203-7

Ⅰ . ①山… Ⅱ . ①高… Ⅲ . ①中国青年运动 – 人物 – 先进事迹 – 山西 Ⅳ . ① D432.62

中国国家版本馆 CIP 数据核字（2023）第 207157 号

山西青年运动英模传略

著　　者： 高元琼
出 版 人： 张宝东
策 划 人： 申卓敏
责任编辑： 宁姝峰
助理编辑： 姚　岚　赵　娜
装帧设计： 赵　娜

出 版 者： 山西出版传媒集团 · 山西经济出版社
地　　址： 山西省太原市建设南路 21 号
邮　　编： 030012
电　　话： 0351 – 4922133（市场部）
0351 – 4922085（总编室）
E – mail： scb@sxjjcb.com（市场部）
zbs@sxjjcb.com（总编室）

经 销 者： 山西出版传媒集团 · 山西经济出版社
承 印 者： 山西出版传媒集团 · 山西人民印刷有限责任公司

开　　本： 787mm × 1092mm　1/16
印　　张： 18.25
字　　数： 230 千字
印　　数： 1—3000 册
版　　次： 2024 年 4 月　第 1 版
印　　次： 2024 年 4 月　第 1 次印刷
书　　号： ISBN 978-7-5577-1203-7
定　　价： 38.00 元

自 序

我为什么要写这样一本书？仔细琢磨了一下，动机大致有以下两点：

一是较为系统地宣传山西青年英雄模范人物可歌可泣的事迹，为青少年读者提供精神食粮。在革命年代，为了推翻三座大山、建立新中国，不知有多少山西青年英雄人物在异常危险的环境里同敌人展开殊死斗争，抛妻弃子、流血牺牲；在建设新中国的年代里，为了使我们国家走向繁荣、富强、文明、和谐，不知有多少山西青年模范人物在艰难困苦的环境里，奋斗拼搏、无私奉献，甚至献出宝贵的生命。然而多年来，他们的英雄模范事迹多见于一些内部资料登载的文章或片段，重点面向青少年读者群的较为系统的正规书籍很少见。这种现状使得青少年对这些青年英雄模范人物的了解只停留在一种从报纸杂志上拼凑得来的零散单薄印象层面，形不成一个群英荟萃、成系列的综合认知。因而我想在这方面做一点弥补缺憾的工作。

二是为了使年轻一代加强红色记忆，继承山西青年英雄模范人物的优良传统，弘扬爱国主义精神，勇于拼搏。当前，国际形势异常错综复杂，随着中国的崛起和大国地位的不断彰显，经济、科技、军事各个领域飞速发展，西方霸权主义势力惊恐万分，出于维护自身霸权的需要，除了对我国发动经济科技方面的围剿封锁之外，还加大了对我国思想文化领域的入侵、渗透。他们利用手中的宣传机器大肆抹黑我们的光辉历史，诋毁我们的英雄模范形象。在这种反华思潮无孔不入的攻击面前，首当其冲的就是青少年一代。青少年是祖国的未来和希望。在国内，党中央已为我们勾画出了“第二个百年”宏伟战略目标的蓝图，现在是实施的初始阶段，要真正实现这个宏伟的战略目标，还任重而道远。青少年是国家未来建设的栋梁，他们肩负的担子更重，容不得有丝毫的闪失。总之，无论是要粉碎帝国主义的颠覆阴谋，还是要把我们自己的国家建设好，都必须加强对青少年的政治思想教育。在此百年未有之大变局的形势下，机遇和挑战并存，时代不允许我们软弱退却，时代呼唤英雄模范，撰写这样一本书正合时宜。它可使青少年在阅读中了解山西青年运动的光辉历史，从青年英雄模范人物身上汲取精神力量，自觉继承红色基因，提高是非分辨能力，树立正确的世界观、人生观、价值观，进而完成自己的历史使命。

本书从党领导下的山西青年运动的百年历史中选取了29位英雄模范人物，覆盖面涉及新民主主义革命、社会主义革命和建设、改革开放、中国特色社会主义新时代等各个时期，具有典型代表性。每篇传记都展现了英模紧随时代潮流，勇当时代先锋，或投身革命、不畏牺牲，信念坚定，或积极进取、艰苦奋斗、无私奉献，或品德高尚、大爱无疆、舍己救人。其中，有点燃革命火种、山西党团的主要创建者高君宇；有七进监狱、矢志不渝的青年革命先驱王振翼；有年轻有为、叱咤风云的青年革命家贺昌；有宁愿被钉死在墙上，也绝不改变理想信仰的张叔平；有抛弃豪华生活，战斗在敌人心脏的赵宗复；有冒着枪林弹雨荣立九次特等功的战斗英雄张英才；有面对敌人的铡刀，脸不变色心不跳，慷慨赴死的女英雄刘胡兰；有大爱无疆，从熊熊烈火中救出别人家的两个孩子，自己的亲生儿子却被活活烧死的马牡丹；有不顾个人安危，跳进冰窟救人，献出十五岁年轻生命的女共青团员池越忠；有大孝无边，小小年纪就侍奉瘫痪在床的养母，甚至背母上学、不离不弃的孟佩杰……这些青年英雄模范身上体现出来的革命气概和赤胆忠心、无私无畏的精神品德，会使我们年轻一代的心灵受到强烈震动，明白今天幸福生活的来之不易，明白肩上的责任重大，明白生命的意义。

在写作过程中，为了使本书经得起历史检验、时代检验，力求真实可信，我多年来跑图书馆、档案室，翻阅了大量相关资料，走访了许多当事人和知情者，做了十几本笔记，反复鉴别推敲，花费了大量的精力。材料收集起来之后，用什么作为本书的指导思想亦很重要。为了避免写作时政治思想出现偏差，分寸界线把握不当，我又认真学习领会了《关于党的若干历史问题的决议》《关于建国以来党的若干历史问题的决议》《中共中央关于党的百年奋斗重大成就和历史经验的决议》等中央文件精神，以此为统领下笔。拉出初稿以后，又反复斟酌，并且进行了多次修改。为了不致英模形象概念化，我在不违背事实的前提下，注重细节的提炼，力求使英模形象有血有肉、鲜活丰满，也使本书内容更加具可读性。

尽管做出了诸多努力，但由于自己能力水平有限，书中一定存在不少不足和缺陷，敬请读者诸君批评指正。

高元琼

2023 年 10 月 20 日

目　录

山西高擎革命火炬第一人高君宇 / 001

矢志不渝的青年革命先驱王振翼 / 011

叱咤风云的青年革命家贺昌 / 021

坚贞不屈血染杭州刑场的张叔平 / 031

坚持斗争视死如归的王瀛 / 041

大革命后期山西党组织的杰出领导人王鸿钧 / 050

威震省城太原的早期工运领袖王世益 / 060

山西早期青年运动先驱周玉麟 / 070

疾风知劲草、热血染豫北的曹汝谦 / 080

为山西工农运动流尽最后一滴血的邓国栋 / 090

由北到南奋斗一生的革命志士赵宝成 / 100

“一二·九”运动杰出的学生领导者谷景生 / 110

山西工人抗日武装的创建者侯俊岩 / 120

汾东抗日游击队的杰出领导人景仙洲 / 130

能带兵打仗、能发动民众的传奇女杰王亦侠 / 140

丹心铁骨的抗日巾帼英雄王光 / 150

英勇杀敌的民兵英雄黄小旦 / 160

令敌人闻风丧胆的一等侦察英雄赵亨德 / 170

为民族解放流尽青春热血的梁奔前 / 180

战斗在敌人心脏的赵宗复 / 189

一心向党慷慨赴死的女英雄刘胡兰 / 199

荣立九次特等功的战斗英雄张英才 / 210

潜伏在傅作义身边的红色特工阎又文 / 220

大义凛然牺牲于太原解放前夜的徐会云 / 229

艰苦奋斗改变家乡贫困落后面貌的劳动模范郭凤莲 / 239

舍己救人大爱无疆的马牡丹 / 248

舍己救人的优秀共青团员池越忠 / 256

饱经坎坷自强不息的励志青年刘笑 / 266

大孝无边背母上学的孟佩杰 / 275

参考文献 / 282

山西高擎革命火炬第一人高君宇

“我是宝剑，我是火花，我愿生如闪电之耀亮，我愿死如彗星之迅忽。”这是德国著名诗人海涅的一首诗。年轻的高君宇把它摘抄下来做了自题诗，意在勉励自己要做一柄锋利的宝剑，刺向压迫、剥削劳苦大众的反动统治阶级；做一朵闪亮的火花，给这黑暗的世界带来一线光明。纵观高君宇的一生，虽然仅活了短暂的二十九岁，但他积极响应孙中山先生领导的辛亥革命，参加了讨伐袁世凯称帝的宣传活动，投身“五四”新文化运动，团结带领进步学生同反动的北洋军阀展开了不懈的斗争。他深入工人群众底层，大力宣传马列主义革命思想，是山西党团组织的创始人，用实际行动兑现了自己曾经的诺言。

有大志的山乡少年

高君宇的家乡在山西省静乐县峰岭底村，这里群山环绕，交通闭塞。1896 年 10 月 22 日，随着一声响亮的啼哭，高君宇降生在峰岭底村的高家大院里。这是户殷实开明之家，高君宇的父亲高配天虽说也是一位读书人，但并不醉心于科举入仕，而是利用已掌握的文化知识自学了一些中医之术，给周围的乡亲开药方治病，同时也经营一些商业生意。高君宇原名高尚德，字锡三，这是父亲给他取的名字，“五四”运动时为表明反帝爱国之坚强决心，改名高君宇。

高君宇七岁时，被父亲送到私塾读书。他对“四书五经”不感兴趣，经常偷偷地跑出去听底层人们讲“梁山英雄劫富济贫”“李闯王进北京”等农民起义的故事。后来，清政府为了缓和国内外社会矛盾，被迫废除科举考试，兴办新学。1909 年，静乐县成立了县立高等小学堂，高君宇于是离开私塾，进入这所新式学校学习。

1911 年，辛亥革命爆发的革命浪潮很快波及这个偏僻小县，静乐的革命党人攻占旧衙门，建立新政权。少年时代的高君宇受革命浪潮所鼓舞，同父亲一起响应革命党的号召，毅然剪掉象征清政府封建统治的长辫子，并动员母亲、妹妹解开了裹脚布。

1913 年，高君宇考入太原省立第一中学。在这所省内首屈一指的名牌中学里，他如饥似渴地学习各门新知识，上课专心听老师讲解，认真做笔记，课余常常埋头于图书馆，广泛阅读各种书刊。由于他的刻苦努力，学习成绩非常突出，他的长达万言的国文考试答卷《各述尔志》曾得到指导老师的高度评价。

高君宇不仅努力学习各门功课，还十分关心时局的变化。从报上传来的消息令人忧虑，辛亥革命虽然推翻了清朝统治，结束了两千余年的封建帝制，但革命的胜利果实却被袁世凯所窃取，中国社会依然列强环伺、军阀林立，劳苦大众仍处于水深火热之中。在此期间，他陆续阅读了社会上流传的《晨报》《康梁文钞》《章太炎文集》等进步书刊。从这时起，他就树立了投身革命、救国救民的远大志向。

1915 年 5 月 9 日，袁世凯为换取日本帝国主义支持其复辟帝制，与之签订了卖国的“二十一条”。袁世凯的卖国行径遭到了举国上下的一致反对，在此民族危机进一步加深的紧急关头，省立一中的学生们罢课了。高君宇和全校学生走上街头进行了游行示威。他们散发传单，张贴标语，高呼口号，尽管沿途遭到军警的阻挠，但毫不畏惧。在太原最繁华的柳巷，一位瘦高个子青年手持《告全国父老书》慷慨激昂地宣讲，历数袁世凯的种种卖国行径。这位青年就是高君宇，只见他最后大声呼吁：亡国灭种已迫在眉睫，全体国民一定要团结起来，反对卖国，抵抗侵略。

1915 年 12 月，爱国将领蔡锷在云南起兵，发动护国战争，全国人民纷纷响应。高君宇等爱国学生闻讯，连夜起草了传单、讲演稿。次日，在太原的一些街头闹市再次出现了高君宇等人书写的大幅标语，再次出现了他们大声疾呼的身影。在爱国学生的宣传鼓动下，不久太原各界数万群众在海子边举行了讨袁大会。在全国人民的一片反对声中，袁氏集团分化瓦解。次年，袁世凯气绝身亡，复辟闹剧就此收场。

“五四”运动的健将

1916 年 9 月，高君宇的人生道路迎来一个重要拐点，那就是考入最高学府北京大学。此时的北京虽然仍是全国的政治中心，但局势却非常糟糕，段祺瑞和各派军阀的矛盾斗争进一步激化，帝国主义借此侵略气焰更加嚣张。与此同时，革命的浪潮也风起云涌，特别是具有进步思想的革命知识分子不畏强暴，奋起抗争，在反帝爱国运动中发挥了先锋作用。他们创办了各种进步刊物，发起了具有重大历史意义的新文化运动。

高君宇到北大后，一面认真完成学业，一面继续关注国家的前途命运。他阅读了《新青年》《每周评论》等进步刊物上的文章，仿佛看到了改变中国现状的希望。尤其是当他结识了恩师李大钊、陈独秀等革命先驱，阅读了他们介绍十月革命的经验、社会主义革命、马列主义的文章后，更加坚定了对马克思主义的信仰，确信只有走社会主义道路中国才有出路。这一时期，高君宇参加了反对段祺瑞政府与日本签订《中日共同防敌军事协定》的游行示威，经受了实际斗争的洗礼；与其他同志一起组织了北京学生爱国会，并当选为进步社团新潮社的主要干事。

1919 年 1 月，在战胜国召开的巴黎和会上，日本提出独占山东的无理要求，竟得到英美等帝国主义国家的支持。消息传来后，国内舆论一片哗然，爱国学生群情激愤。2 月 5 日，北京各校以北大为中心，成立了北京学生联合会，高君宇、邓中夏等十余人当选为干事。他们致电参加巴黎和会的中国代表要“据理力争，不要让步”。然而帝国主义列强并不把中国人民的正当合理要求当回事。5 月 30 日，巴黎和会冒天下之大不韪，通过了《凡尔赛条约》，白纸黑字规定将德国战前在山东的权益无条件让与日本。这一下爱国学生更加愤怒了，于是一场影响深远的“五四”爱国运动就此爆发。在“五四”运动爆发的前夜及整个过程中，高君宇作为一名深受共产主义思想影响的知识分子发挥了重要作用。

5 月 2 日，在北大法科礼堂，李大钊、高君宇、邓中夏等人召集北京各进步团体主要骨干开会研究，决定于 5 月 4 日开始游行示威。5 月 3 日晚上，北京大学二院礼堂的灯火又亮了一个通宵，高君宇、邓中夏作为斗争的领导者，指导同学们写标语、传单，还专门字斟句酌地起草了通电。

5月4日上午9时，北大爱国学生队伍整齐、浩浩荡荡向天安门进发，沿途吸引了许多其他学校的同学及工人、市民加入他们的斗争行列。到达天安门广场后，在高君宇、邓中夏等的带领下，学生们举行了声势浩大的抗议集会，发表了义正词严的“外争国权，内除国贼，立即召开国民大会”的宣言。随后，高君宇又率领学生奔向东单赵家楼，找当年代表袁世凯与日本签订“二十一条”的政府官员曹汝霖算账。在这里没找到曹汝霖本人却遇到了另一名代表章宗祥。学生们愤怒到了极点，痛打了章宗祥，火烧了赵家楼。事后，北洋军阀采取高压政策，逮捕了三十四名学生。在这段随时都可能遭到逮捕的恐怖日子里，高君宇不顾个人安危，和邓中夏等人团结在李大钊周围设法营救被捕学生，将斗争规模继续引向深入。他写信向山西省立一中的同学介绍了北京学生的斗争情况，动员太原的学生发起声援北京学生的爱国行动。5月7日，省立一中学生联合山西大学、太原第一师范、太原农业专门学校、太原法政专门学校的爱国学生三千余人，在太原海子边举行了同仇敌忾的集会，会后游行示威，一致表示“头可断，血可流，志不可辱”。

6月4日，北京学生冲破层层阻挠，继续上街演讲，北京许多工厂也宣布罢工。军阀政府惊恐万状，急忙出动大批军警镇压，这天学生被捕者达到八百余人。在此关键时刻，高君宇坚决斗争，毫不动摇，他积极奔走，广泛宣传。在他的带动下，爱国学生团结一致，视死如归，与军阀政府展开了不屈不挠的斗争。

军阀政府的倒行逆施激怒了全国人民。天津的爱国学生向全国发出通电，呼吁全国一致行动，支援北京学生的正义斗争。全国人民奋起响应，迅速掀起了罢工、罢课、罢市的高潮。

由于全国人民的坚决反对，军阀政府不得不做出让步，释放了被捕的全部学生，6 月 28 日，中国代表拒绝了《巴黎和约》，使日本霸占山东的图谋破产。

富有组织领导才干的青年楷模

经过“五四”运动的斗争考验，高君宇变得更加成熟了，他已经由具有爱国思想的青年转变成一位坚定的马克思主义者。1920 年 4 月，高君宇受陈独秀委托返回太原，在省立一中召开了有十三位进步青年参加的座谈会，与他们讨论了马克思学说和社会主义理论等问题。不久，太原学生也成立了太原马克思学说研究小组。高君宇注重在工人中间开展工作，帮助他们提高觉悟，自觉地同反动资本家做斗争。“五四”运动后，在北京长辛店、丰台等地的工人群众中经常可以看到高君宇活跃的身影。在太原期间，他不仅亲自调查了太原工人的生活状况，还派人去大同等工人集中的地区访贫问苦，写下了《山西劳动状况》一文，在《新青年》杂志第七卷第六期上发表。

1920 年 10 月，北京共产主义小组宣告成立，高君宇是最早的成员之一。同年 11 月，北京成立了社会主义青年团组织，第一批入团者有四十多人，高君宇不仅入了团，而且还当选为北京社会主义青年团首任书记。

1921 年 1 月，高君宇毕业于北京大学地质学系，从此他将自己完全献身于工农翻身求解放的革命事业之中。1921 年 4 月初，他和邓中夏再次来到长辛店铁路工人中，帮助工人们成立了自己的组织——职工联合会和职工俱乐部，创办了铁路工人子弟学校，并开展了平民教育运动。长辛店的工人运动在整个铁路系统中影响很大，不久，京汉路全线成立了十六个工人俱乐部。紧接着，京绥、京奉、津浦、正太等铁路工人俱乐部也纷纷成立。随着革命运动的蓬勃发展，1921年4月下旬，高君宇受李大钊委托再次返并帮助创建太原社会主义青年团。在省立一中教室内，高君宇召集王振翼、贺昌等十几位进步青年多次召开座谈会，商谈建立团组织的问题。在一次讨论人生观的座谈会上，他指出：一个有为的青年，必须有正确的人生观，只有这样，才能实现报效国家、造福人民的宏愿。他希望青年在流行的各种主义中，一定要深思熟虑，认定一条正确的道路，决不能随波逐流。经过一番紧张而又耐心的工作，在高君宇的指导帮助下，1921年5月1日，太原社会主义青年团组织正式成立，王振翼为团组织的第一任负责人，并确定其宗旨是"唤醒劳工，改造社会"，先前创办的山西《平民》周刊成为团组织的机关刊物。

中共一大以后，中共中央要求尽早成立各区执行委员会，积极领导工人运动。作为早期共产党员的高君宇与李大钊、邓中夏等人正式组成中共北方区委，负责宣传工作。1921年秋，在李大钊的直接指导下，以高君宇、邓中夏、罗章龙等为骨干成立了中国劳动组合书记部北方分部，专门从事工人运动。这以后，北方的工人运动一浪高过一浪，工人们积极参加工会，仅长辛店就有三千多工人成为工会会员。在高君宇等革命同志的组织发动下，长辛店的工人运动在整个北方影响很大，成为北方工人运动的中心，《共产党》月刊还专门刊登有关文章，介绍了其英勇斗争，并称赞长辛店"不愧乎北方劳动界的一颗明星"。

鞠躬尽瘁的革命先驱

1922 年 1 月 21 日，共产国际召开的“远东各国共产党和民族革命团体第一次代表大会”在莫斯科开幕。代表中国共产党出席会议的高君宇、张国焘、张太雷、邓恩铭、王尽美等八人被推举为大会执行委员。这次大会重点分析和总结了远东各国人民开展革命斗争的情况，还根据列宁关于民族和殖民地问题的理论，阐明了各被压迫民族和被压迫人民面临的反帝反封建的历史任务。1922 年春夏之交，高君宇等人返回国内。这时党的第二次全国代表大会即将召开，高君宇一回国便投入了紧张的筹备工作。5 月 5 日，他赶赴广州，出席了中国社会主义青年团第一次全国代表大会，参与起草了团纲和团章两个议案。在这次大会上，高君宇与张太雷、俞秀松、蔡和森、贺昌等人当选为团中央执行委员。

第一次团代会结束后，高君宇于 5 月底返回上海。1922 年 7 月 16 日，中国共产党第二次全国代表大会在上海开幕。高君宇作为党代表参加了会议，向全体代表传达了远东会议的精神和列宁有关中国革命的论述。根据远东会议的精神，这次党代会制定了中国共产党的最高纲领和最低纲领，第一次以党的决议的形式向全国人民提出了反帝反封建的任务和建立民主联合阵线的原则，指明了中国革命的方向。大会选举了党的新一届中央委员会，选举陈独秀、张国焘、高君宇、邓中夏、蔡和森等五人为中央执行委员。同时决定出版党中央的机关刊物《向导》，指定蔡和森和高君宇负责编辑出版工作。

8 月 29 日，中共中央在杭州西湖召开了探讨如何与国民党合作建立民主联合战线的特别会议，二届中央的五位执行委员以及共产国际代表马林，还有李大钊、张太雷也出席了会议。这次会议决定共产党员以个人身份加入国民党，实行国共合作。对于跟国民党合作，党内有一些同志表示不理解，提出了质疑。为了统一全党同志的思想认识，高君宇在《向导》上发表文章从理论上予以阐述，并对他们提出的问题做出明确答复。通过这些文章，他积极地宣传了党的统一战线策略，为推动国共合作、实现党的二大提出的国共联合革命的主张做出了积极的贡献。

1923 年 2 月 1 日，党决定在郑州成立京汉铁路总工会。正当会议如期举行之时，军阀吴佩孚忽然派重兵到达郑州，包围了会场，不准工人成立总工会，违者格杀勿论。工人们奋起反击，2 月 4 日，京汉铁路全线罢工。高君宇受党的指派，冒着生命危险来到长辛店调查罢工情况，与工会的领导人一起商讨对敌斗争的策略。吴佩孚听到工人罢工的消息后，立即向京汉铁路沿线军阀部队发出电令，要求以武力制止罢工。1923 年 2 月 7 日，京汉路的工人遭到了残酷镇压。“二七”大罢工失败后，高君宇和罗章龙编写了《京汉工人流血记》一书，揭露了封建军阀屠杀工人的真相，控诉了军阀政府的倒行逆施。《京汉工人流血记》问世后，在全国人民中引起了强烈反响。军阀政府的镇压不但没有扑灭革命烈火，反而在全国人民面前暴露了他们的反动面目，革命斗争在全国更加蓬勃地开展起来。1923 年 6 月，高君宇赴广州参加了中国共产党第三次全国代表大会，当选为中央委员，会后担任了党中央教育委员会委员。

1924 年初，第一次国共合作的局面正式形成。5 月中旬，高君宇又受李大钊委托回到太原，连开几次秘密会议，经过慎重考察，吸收前一年发展的彭真（傅懋恭）、李毓棠等人参加，建立了山西的第一个党组织，并促成了山西的国共合作。

1924 年 10 月，广州反动商团在英国唆使下，发动叛乱。在中国共产党和人民群众的支持下，孙中山决心采取断然措施，平定商团叛乱。党中央委托先期到达广州的高君宇等人全力协助孙中山指挥这场战斗。混战中，一颗流弹击中指挥车，高君宇负了伤。

1924 年 11 月，孙中山受冯玉祥邀请，进京共商国是。根据党的决定，高君宇随孙中山先生北上，积极参加国民会议促成会的筹备工作。1925 年 3 月 1 日，国民会议促成会全国代表大会在北大三院礼堂正式开幕，李大钊、高君宇等共产党员均为出席大会的代表。

3 月 2 日下午，高君宇感到腹部阵阵疼痛，但他仍然忍痛坚持工作。直到 3 月 4 日腹痛加剧，不能行动了，他才被送往北京协和医院。经大夫诊断，高君宇患的是急性阑尾炎。3 月 5 日大夫给他动了手术，高君宇感觉较好，不料当晚却发生手术感染，病情急剧恶化。3 月 6 日凌晨，高君宇与世长辞。

高君宇逝世后，党组织为他举行了隆重的追悼大会。他的遗体被安葬于他生前最喜爱的地方——北京陶然亭旁。

矢志不渝的青年革命先驱王振翼

王振翼是山西早期党团组织的创始人之一。在高君宇、李大钊等革命先驱的影响之下，他逐渐形成崇高的共产主义理想信念，勇于探索和坚持真理，立场坚定，敢于斗争。王振翼在创建太原社会主义青年团、创办进步刊物《平民》周刊、传播马克思主义思想、领导青年学生运动、发动群众反对阎锡山的反动统治等方面做出重大贡献；后来成为职业革命家，受党委派奔走南北，积极领导发动工人运动，创建地方党组织，为推动革命事业的发展立下不可磨灭的功勋。

接受革命思想　发起学生运动

王振翼，又名王仲一，字壮飞，1901 年 8 月出生于山西省天镇县（现河北省阳原县）小盐厂村的一个地主家庭。他七岁在本村私塾学习，后就读于东井集的阳高县第二高等小学堂。他自幼勤奋好学，关心时事政治，善于思考社会问题，在阳高第二高等学堂毕业考试时，就在作文《变法论》中提出："外国列强，当朝昏庸，百姓煎苦，是改朝换代的时候了。"高小毕业后，他考入大同第三师范学校。

王振翼在大同第三师范学校学习期间，正值辛亥革命失败，袁世凯搞封建复辟上演称帝闹剧之时，广大劳苦大众的生活没有得到丝毫改善。面对如此黑暗的社会现实，中国革命的出路究竟在何方？许多有志于社会改革的青年虽然心急如焚，但却一片茫然。就在这时，王振翼组织同学们开展了一场以“救国道路”为主题的热烈讨论。在讨论中，他慷慨激昂，滔滔不绝，历数中国现状的种种弊端，并发表了许多独特见解。从此，他的雄辩口才和卓越的组织能力受到大家的钦佩，身边聚集了一批进步学生，俨然学生领袖。大家有事都愿意向他请教，接受他的领导。后来，随着阅历和学识的增长，王振翼发现大同的信息闭塞，风气也不太开化，而且学校的专制也令他非常反感，于是他在 1917 年夏天离开大同第三师范，转学到太原省立第一中学。同年 11 月 7 日，俄国爆发了震惊世界的十月革命，省立第一中学所在地文瀛湖畔成了同学们讨论俄国革命和中国未来的场所。在此期间，他想方设法找来登载有关俄国十月革命和苏维埃国家的报刊文章，进行了反复学习。这些文章字字句句都说在了他心坎上，为他打开了另一个新奇的世界，开阔了他的眼界，他仿佛看到了中国革命的希望。

1919 年 5 月 4 日，北京爆发了以青年学生为主的反帝爱国运动。消息传入娘子关后，太原学生群起响应。5 月 7 日，太原十一所中等以上学校的三千余名学生在文瀛湖畔集会，声援北京学生的爱国运动。在大会上，王振翼、张友渔等学生代表发表了激情迸发的演说，愤怒声讨日本帝国主义的罪行，强烈要求废除“二十一条”，呼吁誓死收回青岛。会后，王振翼作为太原学生运动发起者之一，与进步学生团结在一起，积极组织参加了学生游行示威，发动罢课、罢市、焚烧日货、省学联、讲演团等活动。各校学生代表们联合起来，在大街小巷进行反帝爱国宣传。学生们高呼口号，散发传单，抗议北洋政府的卖国外交，呼吁各界人民团结起来，共诛国贼，剪雪国耻。学生爱国运动的壮举，打破了古城太原万马齐喑的局面。之后不久，王振翼被推选为省立第一中学学生会主席。

1919年5月下旬，由于工作需要，山西学联派王振翼为代表前往北京，直接与学生运动中心北京大学联系，争取获得其指导、支持与帮助。在北京，王振翼向北京学联介绍了山西学生运动的情况及此行的目的，这期间结识了高君宇、罗章龙等人。当时，高君宇和罗章龙是北京大学学生、“五四”运动的组织者和领导人。王振翼和高君宇既是山西同乡，又是山西省立第一中学的校友，两人志同道合。在高君宇、罗章龙的引导下，王振翼开始接触到《共产党宣言》（简译本）、《资本论入门》、《新社会观》、《共产主义 ABC》、《俄国革命纪实》等马克思主义著作和进步书籍。在联络工作之余，他如饥似渴地学习，从中汲取丰富的精神营养，思想上、政治上得到了进一步的充实和提高。

北京学联总会经过商讨决定，为加强山西学运，派高君宇回晋指导山西学生的反帝爱国运动。王振翼陪同高君宇回到太原。在高君宇的指导下，5月29日山西省学生联合总会发出《山西学生罢课宣言》。在省学联的号召下，大同、临汾、运城、汾阳、太谷、平定、离石、祁县、代县、崞县、晋城、霍县等地中等学校和高小的学生，也纷纷举行反帝爱国集会和游行示威，并组织讲演团、宣传队在各地县城和集镇进行反帝爱国宣传。山西的学生运动得到进一步发展。6月16日，全国学生联合会在上海举行成立大会，王振翼是山西学联所派的三个代表之一，出席了大会。

创办进步刊物　组建革命团体

1919年8月，在高君宇的指导和支持下，王振翼和贺凯、梁震、李毓棠等进步同学创办了《平民》周刊。这是晋阳大地上举起的第一面反帝反封建的大旗。该刊以“为人民奋斗”为宗旨，“以山西实况报告世人，代人民呼号”，“将世界思潮输入娘子关内，供晋民以奋斗有效的途径”。创刊号出版后，王振翼欣喜地把刊物寄给高君宇，高君宇又把这份宣传新思想、新文化、针砭时弊、呼吁革命的进步刊物，兴冲冲地分送给了邓中夏、张国焘、罗章龙、刘仁静等人。此后，高君宇也经常寄一些《国民》《新潮》等刊物给王振翼，以开拓他们的办报思想，并附信指出，“五四”运动虽然取得了胜利，但反对列强、反对封建军阀的斗争还远远没有结束，全国人民瞩目的山东问题尚未解决，希望《平民》周刊能配合斗争的需要进行宣传。

《平民》周刊不仅向社会披露了山西各地人民群众的疾苦，而且有力地抨击了阎锡山政府巧取豪夺的反动统治。它的传播打破了省立一中固有的“论学科注意读经，论校规注重道德”的迂腐沉闷空气，受到山西青年知识分子和广大读者的喜爱，推动了社会主义思潮在山西的传播。

1921年4月底，高君宇受李大钊的派遣第二次返晋，致力于山西的建团工作。经过与王振翼、贺昌等进步青年紧张而有序的反复讨论商谈，他认为创建太原社会主义青年团的条件已日趋成熟。1921年5月1日，王振翼与贺昌、李毓棠、武灵初、梁震、姚亨、高成哲等青年学生，在太原省立一中召开会议，正式宣告太原社会主义青年团成立。确定太原社会主义青年团以马克思主义为指导，以“唤醒劳工，改造社会”为宗旨，将《平民》周刊作为团机关刊物，选举王振翼为太原社会主义青年团的负责人。其时，恰逢“五四”运动两周年纪念日，太原青年学生和各界人士纷纷集会隆重纪念。会后，王振翼带领太原社会主义青年全体成员，分四路在太原市内秘密散发了两千余份介绍《共产党宣言》的油印宣传品。这件事情震动了省城，产生了极大的政治影响。

8 月，王振翼与贺昌同北京大学学生王昉商定，采取集资入股的办法，成立晋华书社，经销马列著作和其他进步书刊。10 月，王振翼与贺昌、刘廷英等人在省立一中发起建立青年学会，以“研究学术，服务社会”为目的，团结教育青年学生，并订购马列著作和其他进步书刊，供会员和青年学生阅读，被誉为“二十年代初期太原的马克思主义讲习所”。

面对山西革命形势的发展，阎锡山深感不安。为了抵制马克思主义思想的传播，他先后邀请了胡适、江亢虎等人来太原“讲学”。这些人在向青年学生做演讲时，散布“马克思主义使历史上演出许多不须有的悲剧”，“阶级斗争和剩余价值是被‘新分子’激出来的”等反动论调，一时迷惑了不少青年学生。王振翼在《平民》周刊发表署名为“虎啸”的文章，有理有据地对他们的谬论痛加驳斥。对此，山西当局甚为震惊和恐惧，阎锡山下令查封了《平民》周刊编辑部。当得知“虎啸”就是王振翼时，阎锡山立即指示省立一中校长张璞向王振翼“做工作”，张璞让王振翼的四叔（省参议员）和胞兄（阎军连长）出面，规劝王振翼“迷途知返”。叔兄二人对王振翼软硬兼施，威逼利诱，最后以“断绝经济”相要挟，但王振翼宁可不要这笔费用，也没有动摇自己的革命意志。1921 年，王振翼以第一名的成绩被清华大学留美预备部录取，但是为了革命工作，他主动放弃了这次留学机会。同年秋，他来到北京，经高君宇介绍加入中国共产党。

领导工人运动 创建党的组织

1922 年 1 月，王振翼以太原社会主义青年团负责人的身份赴莫斯科参加共产国际召开的远东各国共产党和民族革命团体代表大会，受到革命导师列宁的接见。5 月，他作为山西代表参加了在广州召开的中国社会主义青年团第一次全国代表大会，会后回到太原，向太原团组织传达了会议精神，并讨论了工人运动的问题，随之领导发动了大国民印刷厂工人的罢工斗争。同年 10 月，王振翼奉中共北京地方委员会的指示，与李震瀛、吴献瑞来到唐山，在铁路工厂发动和组织工人罢工。面对三百多名全副武装的警察，王振翼和工人们面不改色心不跳，坚持斗争，有力地支援了山海关铁路工厂工人的罢工。

1922 年秋天，王振翼被调到北京劳动组合书记部工作，从此开始了他职业革命家的生涯。1923 年初，他曾一度代理李大钊同志任中共北京区委委员长。在随后发生的“二七”大罢工中，王振翼是京汉铁路工人罢工最高领导小组成员，与何孟雄、高君宇、罗章龙等人驻守在北京前门车站，负责长辛店、郑州、汉口等站的联络、指挥事宜。2 月 7 日，王振翼得知罢工领导小组成员史文斌等十一人被捕、罗章龙等二十五人负伤后，根据中共北京地委的指示，日夜兼程赶到浦口镇，与京浦路工会主席王荷波发动有数千名工人参加的浦口卧轨斗争，使京浦路南段交通中断，有力地支援了京汉铁路工人的大罢工。由于江苏统治当局要缉拿他们，于是在浦口镇机车工人护送下，他们乘小船抵达南京，后转移到上海。

1923 年 6 月，中共第三次全国代表大会在广州召开，王振翼以上海代表的身份参加了会议。党的三大以后，王振翼又回到上海，担任上海地方（兼江浙区委）执行委员会委员，和甄南山负责工运工作。

8 月 5 日，上海地方（兼江浙区）执行委员会召开第六次会议。会议对上海地区的工人运动问题做了专门研究，在物质上、组织上进行了一系列的安排和部署。从此，工运恢复组织活动，并有了一定的物质保障。9 月，因王振翼会说蒙语，李大钊调他到中共北方区民族委员会工作，并参与创建中共蒙藏学校支部。

中共北京区委和李大钊认为，张家口是西北革命的枢纽和关键，可以从京绥路、张家口打通和苏联及蒙古的联系，争取国际合作与帮助，所以很重视京绥铁路沿线的工作。王振翼在张家口有妹妹和亲友，与京绥铁路很多工人熟悉。因此，他常通过“学生”身份，以“探亲”为名，活动于张家口、宣化及大同一线。1924 年 2 月，王振翼受北京区委和中国劳动组合书记部的派遣来到张家口，在产业工人和学生中秘密发展党员。在与何孟雄等人的共同努力下，将原来的党小组扩建为三个小组，并创建了京绥铁路党支部。这是中共在察哈尔的第一个支部，王振翼任支部书记。

1925 年 5 月 1 日，京绥铁路总工会成立，王振翼担任总工会秘书。6 月间，我党为了加强地方产业工人的团结教育，决定成立张家口市第一个工人俱乐部，由王振翼主持，虞和卿任总干事。俱乐部设在张家口桥东铁路工人自己盖起的八间土坯房内，王振翼白天在这里开会、办公，晚上也就睡在这里。从外表上来看，这里打牌、演戏、放映电影，是工人业余娱乐活动的场所。实际上，这里是组织工人学习文化技术、传播革命思想的地方。随着工农革命形势的迅猛发展，革命统一战线内部资产阶级对无产阶级争夺领导权的斗争日益尖锐，为适应革命斗争形势的需要，10月上旬，中共中央在北京召开了四届二中全会扩大会议。会上决定成立中共张家口地委，由萧子璋（萧三）任地委书记，王振翼任组织部部长，江浩任宣传部部长。这是在长城以北建立的第一个中共地方委员会。张家口地委同时领导察哈尔、热河、绥远三个特别区党的工作。1925年冬，奉系军阀发动了对冯玉祥国民军的进攻。我党组织发动工人将铁路机修厂变成了兵工厂，生产了铁甲车两列、迫击炮身二三十座，以及大批炮弹、手榴弹，同时铁路工人驾驶铁甲车到天津英勇参战。在此期间，地委职工运动委员会进一步组织工人纠察队，以大刀和轧制钢管作武器维持地方治安。工人纠察队俨然成为张家口的第二政权，使国民军的大本营张家口秩序井然。但是，这时铁路工人已三个月没开工资，生活更加困难，党支持工人群众开展“要小米，饱肚子”的索薪斗争。王振翼与工会骨干秘密商议，并坐镇总工会直接予以领导，最终取得了斗争的胜利。

一直坚持斗争　入狱矢志不渝

1927年春，王振翼被调到武汉，先后在中央局和湖北省委、武汉市委做宣传和工运工作，并参加了党的第五次全国代表大会。“七一五”反革命政变后，他随同中央军委书记周恩来到达南昌，在贺龙率领的国民革命军第二十军军部负责政治训练，后即参加了“八一”南昌起义。南昌起义队伍在潮汕遇挫之后，中共中央派他到天津参加顺直省委的工作。

9月，王振翼来到天津。他的老搭档王荷波已先期到达，同来的还有蔡和森，他们的任务是组建北方局，同时改组顺直省委。9月22日至23日，王荷波主持召开了顺直省委改组会议。会上传达了中央“八七”会议精神，批评了彭述之推行右倾机会主义的错误，撤销了彭述之的省委书记职务，产生了改组以后的新省委，王振翼负责工运工作。改组会议后，北方局和顺直省委受当时党内“左”倾盲动主义影响，过高估计革命形势，制订了“北方暴动计划”，决定在绥远、内蒙古、热河三个特区和京津、直南、唐山及京东四县（丰润、玉田、遵化、蓟县）发动暴动，以造成整个北方大暴动的局面，一举推翻奉系军阀的反动统治。结果，顺直省委发动了两次声势浩大的玉田农民暴动，但在敌人的强大武装围剿下均遭失败。

玉田暴动连遭挫折，北方局机关又遭破坏，许多领导干部被捕牺牲，组织处于瘫痪状态。顺直省委只有王振翼一个人了，天津地委的工作实际上也是顺直省委在那里维持。1928 年 1 月 27 日，蔡和森以北方巡视员的身份到达天津，对顺直省委进行第二次改组。这次改组，推举工人出身的王藻文为书记，王振翼又一次当选为省委常委，负责组织工作。这次会议还选举产生了出席中共六大的顺直代表团。1928 年 4 月，王振翼与蔡和森等九人组成顺直代表团，赴莫斯科参加中国共产党第六次全国代表大会，并任代表团代理书记。在这次会议上，王振翼被选为中央候补委员。

六大后，王振翼被中央分配到全国总工会党团部工作，1929 年 1 月被调到中央满洲临时省委，任满洲省委常委、省委职工运动委员会书记，不久又被调回上海。由于当时党内“左”倾机会主义路线占统治地位，王振翼受到了不公正的处分，但这并未使他的理想信念动摇。1931 年底，王振翼辗转到天津，继续从事革命活动。次年 2 月，因叛徒出卖以“匪魁”之名被捕，后以“要犯”身份被转押到北平草岚子监狱。由于遭受精神和肉体的非人折磨，他精神失常，1932 年 10 月 30 日因“摧残冻饿”在狱中去世。

王振翼一生中曾六次被捕入狱，但矢志不渝。他说过：“我活着就要干革命，坐牢也是为了干革命。”病逝后，狱中地下党组织和同狱的政治犯为他秘密开了追悼会。

王振翼的遗体由其弟王振洲收殓，寄埋于北京西直门外广通寺内。北平解放后，华北军区曾移灵至北京郊区烈士墓地。1958 年由其妻女扶柩迁返阳原县祖坟安葬。

1995 年 8 月 1 日，中共阳原县委、阳原县人民政府举行隆重仪式，为王振翼烈士墓树碑。“王振翼烈士之墓”的高大墓碑永远竖立于熊耳山下、桑干河畔，永远矗立于人民心中。

叱咤风云的青年革命家贺昌

贺昌少年时代就投身革命洪流之中，十五岁加入太原社会主义青年团，十七岁加入中国共产党，其后受党中央调遣辗转于大江南北，革命足迹遍及晋冀京沪两广湘鄂赣等地。他从事过学生运动、工人运动、武装斗争、部队政治思想建设等工作。无论做什么，他都能够认真贯彻执行党的指示，深入实际、密切联系群众，把工作搞得风生水起、有声有色。最后在江西留守红军突围作战中，由于敌众我寡，他献出了宝贵的生命，牺牲时仅有二十九岁。他的一生，是革命的一生，奋斗的一生。

开展学运工运身手不凡

贺昌原名贺颖，又名贺其颖，字悟庵、伯聪，“贺昌”为其笔名。1906 年 1 月 19 日，他出生于山西省离石县柳林镇的一个书香门第家庭。他的父亲贺雨亭是清末的拔贡，文化底蕴深厚，为人正直开明，看到国土沦丧，民生凋敝，深感忧虑，从小就教育贺昌长大后一定要报效祖国，改变这种贫困落后的局面。贺昌受父亲影响，自幼就具有远大的理想抱负，十三岁便写下了“扛罢笔杆再扛枪，经文纬武干一场。颈血常思敌国溅，寸心久欲报家邦。自古将相本无种，谁说好男不当兵。但得东风时与便，贺郎也不亚周郎”的《壮志歌》。

1919年“五四”运动爆发后，在离石县立高级小学读书的贺昌，积极参加当地中小学生声援北京学生爱国行动的游行示威，贴标语，散传单，异常活跃。登台讲演时，他高呼救亡图存的口号，受到大家的关注，崭露头角。

1920年，贺昌考入山西省立第一中学，结识了高君宇、王振翼等进步青年，受到革命思想的熏陶。由于表现突出，不久他就当选为太原中等以上学生联合会执委，协助王振翼等编辑进步刊物《平民》周刊。1921年5月，在北大学生高君宇的帮助指导下，他与王振翼、李毓棠等人发起成立了以“唤醒劳工，改造社会”为宗旨的太原社会主义青年团，当时负责人是王振翼。7月，王振翼毕业离晋后，贺昌担负起团组织的领导责任。在他主持太原地方团工作期间，积极吸纳优秀青年入团，团结带领更多的进步青年参加革命活动，很快使团的工作充满了生机与活力；创办了专门经销进步书籍的晋华书社，编辑出版了一中学生《青年》半月刊；创办了省立一中业余平民小学及成人夜校，免费招收贫苦子弟就读，边帮助工人学习科学文化，边传播革命思想；编辑出版了《五一特刊》，公开号召工人群众团结起来，成立自己的工会，开展同盟罢工，为工人阶级自身权益而斗争。在此期间，贺昌还发动领导了太原大国民印刷厂、制革工厂和正太铁路工人的罢工斗争。他以干练随和、富有亲和力与感染力的人格魅力，同工人群众打成一片，深得他们的信赖，在工人群众中享有很高的威望。1922年秋，贺昌发动省立一中青年学生开展了反对封建顽固校长魏日靖的斗争。面对军阀阎锡山的软硬兼施，在他的秘密指挥下，大家见招拆招，斗争坚持半年之久，最终取得了胜利。通过贺昌及其他同志的共同努力，太原地方团组织得到了较快发展，各项工作均走在了全国的前列。

鉴于贺昌在领导学生运动和青年工人运动方面所表现出的卓越才干，1923 年 10 月，高君宇、王振翼在北京介绍他由团转党。同年 10 月 30 日，在南京召开的团中央第一届执委会第二十一次会议上，贺昌被增补为团中央执行委员。当时，他仅有十七岁，是中国社会主义青年团历史上最年轻的中央委员。

1923 年 11 月，贺昌被中国劳动组合书记部和团中央派往江西安源协助刘少奇开展工人运动。在担任安源路矿工人俱乐部文书股长、青年团安源地委执委期间，他深入工人群众之中，调查了解工人的生活疾苦及思想动态，赢得了广大工人群众的尊重和支持，在一年多时间里做了大量的工作：一是在《工人周刊》上发文披露湖南军阀屠杀水口山工人的事件，号召工人要把经济斗争提高到政治斗争层面；二是创办《安源旬刊》，宣传革命道理，揭露帝国主义和封建军阀的罪恶统治；三是具体部署组织安源工人于 1924 年 5 月举行三次大规模的游行示威活动；四是整顿、调整、充实了安源路矿的团组织，重点抓“发展组织，训练同志”的工作。

1925 年 1 月，贺昌出席了在上海举行的青年团第三次全国代表大会，当选为第三届团中央执委。会后先担任团中央工农部主任，后出任共青团上海地委书记、江浙区执委。在沪期间，贺昌参与领导了“五卅”反帝爱国运动和上海总工会的成立工作。运动中，他深入工厂、码头、商店和学校，积极进行罢工、罢课、罢市的宣传发动和组织工作，还参与领导了上海工人三次武装起义。1927 年四五月，贺昌出席了中共第五次全国代表大会和共青团第四次全国代表大会，分别当选为中共第五届中央委员和第四届团中央执委，并先后担任共青团江浙（上海）区委书记、湖北区执委会书记、团中央劳动部部长兼湖北团省委书记。

投身武装斗争功不可没

大革命失败后，贺昌奉中共中央之命开始参与发动和领导革命武装斗争。1927 年 7 月，他受中央军事部指定，和聂荣臻、颜昌颐三人担任南昌起义前敌委员会军事委员，与前敌委员会书记周恩来等秘密前往九江进行起义前的准备工作。正当一切安排就绪，即将发动起义的前夕，张国焘以中央代表的身份从武汉赶到九江，企图阻挠起义，遭到贺昌、恽代英等人的强烈反对，贺昌以血的教训说明这次起义的迫切性和重要性。8 月 1 日，南昌起义枪声打响，起义军很快就攻占全城，但面临敌人的重兵包围，便主动撤离南昌，计划到广东重建革命根据地，再进行北伐。在前往广东的一路浴血奋战中，贺昌参加了多次激烈战斗，攻取惠州后被任命为中共汕头市委书记。不久因战斗失利，根据周恩来的意见，他与李立三、张国焘等人到香港，做起义失败后流散到香港岛同志的营救安排工作。11 月 18 日，贺昌出席了在香港召开的中共广东省委会议，研究讨论广州起义的问题。在会上，贺昌力主暴动，并提出具体组织问题。正当起义即将举行的时刻，贺昌接到中央的指令，让他和苏兆征赴湖北，解决长江局和湖北省委的问题。

1928 年 3 月 9 日，中共中央任命贺昌为中共湖南省委书记，与滕代远、朱宝廷等人组成湖南省委。未赴任湖南前，贺昌在上海参加了中央对湖南工作的研究会议，会议形成了《中共中央对湖南工作的决议案》。由于当时湖南的白色恐怖相当严重，敌我斗争异常激烈，有的领导同志被敌人杀害，有些党的高级领导者叛变自首，新建的湖南省委没有工作就流产了。就是在白色恐怖日趋残酷的形势下，5 月 11 日，贺昌化名毅宇，以中共中央巡视员的身份抵达湘潭。在以后的十天里，他冒着生命危险，调查了解各地斗争情况，收拢、寻找党的各级关系，多次召开会议，向中央请示报告，费了很大精力方重建湖南省委及湘西、湘东特委等地方组织，并对今后的工作进行了部署。5 月 21 日，贺昌带领新建省委的主要领导来到安源。由于安源群众基础好，贺昌以此为根据地对湖南的革命运动进行了卓有成效的领导。

和井冈山的毛泽东、朱德取得了联系，并大力支持井冈山的斗争，这是贺昌在湖南工作的重要功绩之一。贺昌以中央特派员和湖南省委的名义，写信对井冈山的斗争予以详细具体的指导，不少意见和观点得到毛泽东的赞同，一些建议被井冈山所采纳。贺昌主持的湖南省委先后将五百多名干部和兵员输送到井冈山，开辟和建立了中共中央、湖南省委与井冈山联系的七个交通站，除传达文件、护送干部外，还将许多急需药品、食盐、布匹、纸张等送到井冈山。毛泽东在给中共中央的报告《井冈山的斗争》中，对这些支援给予了高度评价。

在安源，贺昌还带领湖南省委对特委、县委各级组织进行了整顿、改组和重新建立，并按照中央对湖南工作决议案的要求，指示各党组织发动农村暴动，造成湘鄂大道沿赣边的武装割据。在这一系列的具体部署安排之下，7 月 22 日，爆发了滕代远、彭德怀领导的平江起义，与此同时，黄公略和贺国中、黄纯一也先后率部参加了起义，组建了中国工农红军第五军。贺昌和省委对平江起义极为重视，不断地联系和发出指示，指导他们的行动。经过艰苦转战，红五军于12月10日终于上了井冈山，与毛泽东、朱德领导的中国工农红军第四军胜利会师。

1928年10月，贺昌离开湖南，奉命以中央特派员身份赴香港指导广东、广西党的工作。在此工作期间，特别应提到的是他与邓小平共同发动领导的广西百色起义。1929年12月11日，在中共中央和广东省委贺昌的指导下，趁蒋桂军阀混战的机会，中共中央代表邓小平和张云逸、陈豪人、韦拔群等在广西百色举行武装起义，宣告成立中国工农红军第七军。

1930年2月，中共中央调贺昌去天津任顺直省委书记兼组织部部长。他对顺直省委、天津市委和各地特委进行了大刀阔斧的整顿和改组，使当地的党组织迅速恢复、发展。不久，由于受党内“左”倾盲动主义路线的影响，他领导的顺直等地举行的游行、集会、罢工、罢课相继遭到失败，当地党的各级地下组织遭到很大破坏。

8月上旬，中央决定贺昌任北方局书记，同时兼任总行动委员会主席。在此后的一个多月时间里，由于推行李立三冒险主义路线，致使北方各地的多次暴动都遭到失败，革命力量受到严重损失。

9月上海召开的中央六届三中全会，纠正了李立三的“左”倾冒险主义错误，贺昌仍任北方局书记。之后，他检讨了执行“左”倾冒险主义的错误，并根据国内形势的变化，主动调整斗争策略，和薄一波一起领导组建了晋西红军游击队，成功策划了平定兵变，成立了中国工农红军第二十四军。1930年12月北方局解散，贺昌回到上海中央。之后，由于受到王明等人的排斥打击，于1931年6月前往中央苏区。

从事政治工作有声有色

贺昌到达中央苏区以后，被苏区中央局任命为兴国县的副书记。贺昌到兴国县后，经常深入群众，重视调查研究，并从实际出发指导工作，深受广大干部和群众的欢迎。兴国县在开展生产运动、动员参军、支前作战等项工作中都取得很大成绩，成为中央苏区的模范县之一。第三次反“围剿”的主战场在兴国县，贺昌带领兴国群众组织赤卫队、侦察队、运输队，掩护红军主力的转移和集中，对敌人实行坚壁清野，给了红军有力支持。1932 年 3 月，贺昌被任命为红三军团第五军的政委，军长为邓萍。在以后的水口战役、宜黄战役中，贺昌都身先士卒，和战士们一直战斗在最前线。9 月，贺昌被任命为中国工农红军总政治部副主任，不久又兼任红三军团政治部主任。

兼任红三军团政治部主任后，贺昌仍很重视调查研究，了解部队的思想状况。他这个政治部主任并不仅仅是平时在后方开开会，找战士谈谈话，而是能够带领一班政工人员深入一线作战部队，开展多种形式的战时政治工作，激发斗志，鼓舞士气，使这支红军主力部队始终充满着战斗热情。

1933 年 5 月，总政治部主任王稼祥因伤重住院治疗，贺昌以总政治部副主任和代理主任的身份主持总政工作。他认真负责，对自己的要求也十分严格，工作之余孜孜不倦地阅读马列主义著作，经常自己起草重要文件，为《红星》《红色中华》《斗争》等报刊撰写文章和社论，给红军学校、红军大学讲课，做形势报告。他胸怀宽广，善于团结同志，对被打成犯了所谓“罗明路线”错误的邓小平、萧劲光、余泽鸿等人，在他们被撤职后仍然将其安排在总政、红军大学等部门，并担任重要领导职务。

政治工作是红军建设和发展的生命线，是红军取得作战胜利的重要保证。贺昌主持总政期间，为了调动广大红军指战员英勇作战的积极性，经中革军委批准发布了《关于制定颁发红星奖章的命令》，对作战有“特殊功绩”的红军军人，按功绩大小，分别授予一、二、三等红星奖章；为了激发广大红军指战员的荣誉感和革命责任感，开展了创建模范支队、模范连队、模范团队的活动，涌现出“模范红五团”、“英勇冲锋”红四团等大批先进单位和英雄人物；专门设立了破坏部，并具体制定了瓦解敌军，进行兵运工作的任务、方法和要求。在贺昌领导下，总政制定颁发了许多文件，这些文件是多年经验的总结，长时间发挥了指导作用，是我党我军的宝贵财富。

1934 年 2 月 1 日，第二次全国苏维埃代表大会进行选举，贺昌被选为中央执行委员。

喋血会昌河畔的英雄

1934 年 10 月，由于以王明为代表的“左”倾冒险主义的错误领导，苏区放弃了过去几次反“围剿”中行之有效的积极防御方针，“御敌于国门之外”，结果导致中央红军奋战一年未能粉碎国民党的第五次“围剿”，被迫实行战略转移。当时把持中央大权的李德、博古等人对长征战略转移这样的重大决策既未提前准备，又未进行相关的传达，在红军主力转移出发前夕才通知贺昌，让他留下来，与项英、陈毅、陈潭秋等人组成中央苏区中央分局。又隔了十多天，接中革军委电令，他又担任留守部队中央军区政治部主任。

中央红军主力转移后，摆在中央苏区面前的一个严峻问题，就是如何同几十万国民党军队做斗争。当时留守中央苏区的部队只有红二十四师和十多个地方独立团，共一万六千余人。在敌我力量如此悬殊的情况下，作为留守中央苏区主要负责人的项英却认为，红军主力突围到湖南后，必然会打几个大胜仗，那时“围剿”中央苏区的敌人就会撤退，因而仍不愿意放弃阵地防御战，开始调集留守红军与国民党军进行大兵团作战。陈毅提出应该赶快转变斗争方式，分散部队，开展游击战争，贺昌也支持陈毅的意见。但项英听不进别人的意见，一意孤行，中央根据地的困难形势越来越严重。不久，兴国、宁都、瑞金等县城相继失守，中央苏区的面积只剩下宁都、瑞金、会昌和于都四个县城之间的一块三角地区。

12 月中旬，在长征途中的中共中央给中央分局发来电报，要求中央分局动员军民缩小机关，巩固部队，积极开展游击战。这时项英才召开中央分局会议，决定改变斗争方式，进行游击战争。面对越来越危急的形势，贺昌做了许多艰苦细致的工作。例如，通宵熬夜写出了《中共中央给中央分局训令的讨论提纲》，明确指出“中央苏区党的基本任务是发展广大的游击战争”；开办了游击干部训练班，经常来学习班讲课；带领有关人员安置、疏散留在苏区各医院的三千多名伤病员。

1935 年 1 月，中央分局坚持战斗的“三角地区”，南北长仅百里，东西宽仅六七十里，而敌人在这一地区周围至少部署有十二个师的重兵。中央分局及其领导机关的处境越来越困难，缺少粮食，弹药也供应不上，与周边苏区的联系中断，如不能迅速突围，很可能全军覆没。如何突围？意见又不统一。等到 2 月 5 日接到中央书记处的电报，指示其在中央苏区及邻近苏区坚持游击战争，方决定突围到各地打游击。

2月下旬，贺昌和项英、陈毅在红二十四师第七十团掩护下到达于都南部上坪山区的一个小山村，指挥各路部队的突围行动。然而，突围部队都遭到敌人的重兵堵截，仗打得异常惨烈、悲壮。3月9日，各路突围部队都离开了于南地区，贺昌与项英、陈毅根据中央指示，决定率领红七十团穿过会昌封锁线，向福建长汀地区转移。突围前，贺昌将部队编成四个大队，然后他带领第三大队和第四大队从上坪山区出发，当晚渡过安远河，冒雨来到会昌河边。然而波涛汹涌，浊浪排天，人员根本无法涉渡。贺昌只好命令部队返回天门障山。不久敌人发现了他们的行踪，便将天门障山团团围住。在激战中，第四大队战士大部分牺牲，贺昌带领第三大队的一部分战士冲出重围，转移至会昌县晓龙乡的归庄，在这里又被敌人包围。掩护突围的战士大部分中弹牺牲，贺昌也负了重伤——本来他腿部就有伤，这时行走更加困难。当敌人向他扑来时，他誓死不屈，壮烈牺牲。贺昌用生命最后时刻的浩然正气和英雄壮举，体现了他对党和人民的赤胆忠心，为中国人民的解放事业流尽了最后一滴血！

坚贞不屈血染杭州刑场的张叔平

1928年1月20日凌晨，寒风呼啸，一片昏暗。国民党杭州陆军监狱后院的刑场上，忽然响起了一阵杂乱的枪声，瞬间七位革命志士倒在血泊中。这时负责监刑的国民党浙江省党部“清党”科科长何秉达狞笑着对最后一位年轻的革命志士说：“张先生，你看见了吧？这就是你们信仰共产主义的下场。不知此时张先生有何感想？”这位受尽酷刑、身姿仍然挺立的革命志士高声答道：“野火烧不尽，春风吹又生。共产党人是杀不尽、斩不绝的！为共产主义哪怕抛头颅，为劳苦大众甘愿背十字架！”

“那好哇！我今天就成全你了！”何秉达狂叫一声，喝令刽子手把这位革命志士拉到墙边，用八寸长的钯钉将他的双手钉在墙上，接着又用两枚长钉穿过他的的脚背深深钉入土中。随着热血的喷涌，这位革命志士竭尽全力连声高呼：“打倒国民党反动派！中国共产党万岁！”

共产党人视死如归的凛然正气，使全场的军警惊骇万分，准备钉在这位革命志士心窝的最后一枚长钉，也从刽子手颤抖的手中掉到了地上。一向被称为“杀人魔王”的何秉达也惊得脸色灰白，连声狂叫：“开枪！快开枪！”一阵枪声过后，这位年轻的革命志士壮烈牺牲……

这位宁死不屈的革命志士就是共产党员张叔平。

参加反帝爱国运动　创建山西省党组织

张叔平，原名张秉铨，1897 年出生于山西省方山县大武镇一个普通农民家庭。八岁入本村私塾读书，十四岁时因家境窘困被迫中途辍学，回乡务农。回乡期间，方山爆发了以焦四则、海泉则为首的农民起义，倡导抗捐抗税，除暴安良。后来这次起义虽然被镇压了，但年少的张叔平同情农民的苦难遭遇，钦佩农民起义英雄的反抗精神，心灵深处暗暗萌发了抱打不平、拯救天下的人生志向。

1914 年，在亲友的资助下，张叔平考入离石县立高等小学。1915 年 5 月，袁世凯与日本签订了丧权辱国的“二十一条”。在举国讨伐声浪中，张叔平和同学们一起编印传单、张贴标语、发表演说，走遍离石的大街小巷，呼唤群众一同起来参加反对袁世凯卖国求荣的斗争。

1917 年，张叔平考入太原山西省立第一中学。在这里，他结识了高君宇、王振翼、贺昌等革命青年，经常阅读《新青年》杂志，受到了进步思潮的影响。在山西省立第一中学，他协助雷梦麟在太原开办觉民报社，同时和同学们筹资开设文具书报部，销售各种进步书刊，传播反帝反封建的革命思想。

1919 年，“五四”爱国运动的浪潮波及太原，山西大学、省立第一中学等十一所大中学校的师生立即行动起来，于 5 月 7 日成立了太原大中学校学生联合会，声援北京学生的爱国行动。张叔平怀着满腔的爱国热忱，参加了学生联合组织的讲演团，上街奔走宣传，发动广大市民和商业界爱国人士查禁日货，举行罢市。在全市学生声势浩大的反对声中，山西当局被迫答应了向北京政府转呈学生会关于“废除二十一条”“收回青岛”“抵制日货”等爱国要求的通电。

1921年，张叔平从省立一中毕业考入山西省立法政专门学校。1923年加入了社会主义青年团。1924年，太原团地委进行改选，张叔平被选为团地委委员，并于同年夏天经高君宇、王振翼介绍，被吸收为中共候补党员，和侯士敏、李毓棠、潘恩溥等组成了太原第一个党小组。这年暑假，高君宇受中共北方区委派遣，由北京返抵太原，筹建山西地方党的组织，正式成立了中国共产党太原支部，刚刚转为中共正式党员的张叔平被选为支部书记，彭真、纪廷梓任委员。

中共太原支部建立后，遵照中共北方区委的指示，积极开展工作。此时晋南一带无政府主义思潮泛滥，张应川等人鼓吹克鲁泡特金的“社会主义”，迷惑了不少进步青年。张叔平派彭真前往晋南，同张应川等人就“科学社会主义与克鲁泡特金主义”问题展开了激烈的论战，使无政府主义思潮受到批判，在思想上、理论上为晋南党组织的创立和发展打下了基础。与此同时，张叔平还专程前往汾阳指导工作，先后吸收韩蔚生、李伯生等优秀团员入党，正式组成了汾阳地下党支部。

在短短一年左右的时间里，由于张叔平和太原支部全体成员的努力，晋南、晋中、晋北的十余个县先后建立了党的基层组织。

积极领导学生运动　推动省内革命斗争

1925年春，阎锡山为维持其反动统治，借口抵御冯玉祥、胡景翼所部国民军进兵山西，在“保境安民”的幌子下，大肆扩充军备，将其晋军由两个旅扩充为四个旅，年度财政预算由七百万元猛增到两千万元。强令在全省范围内按“值百抽九”的税率加收房税，老百姓若不能按时缴纳，便滥施刑罚，以致民怨沸腾。张叔平觉察到这是发动群众展开对敌斗争的极好机会。于是，他在党团组织的动员会议上尖锐地指出：反房税斗争是关系全省千家万户切身利益的事情，它不仅可以打乱阎锡山扩军备战的计划，策应国民军进兵山西，同时也可减轻农民群众的负担，扩大党的政治影响。

当时，太原支部成员彭真、纪廷梓及潘思溥分别担任省立一中、进山中学和法政专门学校的学生会主席，又都是省学联成员。张叔平和党支部研究决定，由他们出面，通过省学联推选学生代表进行请愿，同时举行罢课游行，争取舆论支持，向阎锡山施加压力。

由于阎锡山拒绝了学生代表免征房税的请求，1925 年 5 月 18 日，太原各大中学校学生云集文瀛湖公园，举行示威，将省议会查封、捣毁，并到阎锡山的督军府门前请愿。接着，又捣毁了助纣为虐、省政府秘书贾景德等三个贪官污吏的公馆，迫使阎锡山当场下达了取消征收房税的命令。

不久，上海爆发了震惊中外的“五卅”惨案。张叔平指示省立一中学生、共产党员王瀛以太原市学生联合会为核心，团结各界人士组成太原市民沪案后援会。沪案后援会成立后，由王瀛和中共太原支部成员彭真分别担任正副主席，一起主持实际工作。

在中共太原支部的组织领导下，太原市民沪案后援会于 6 月 10 日、6 月 25 日先后召开了太原四十余所大、中、小学校师生和工、农、商各界数万人的群众大会。张叔平、彭真主持会议，进行演讲，愤怒声讨英日帝国主义屠杀中国人民的罪行。会议一致决定，“与英日经济绝交”，“募捐援助上海罢工工作”。会后，举行了声势浩大的示威游行。省立一中和国民师范学生还奔赴街头城郊宣传讲演，募捐款项，先后募捐到一万四千余元，及时汇往上海，支援爱国同胞的反帝斗争。同时，张叔平还前往汾阳等地，组织各界“沪案后援会”，发表宣言、通电，号召全国民众“不分国籍，不分宗教，不分阶级”，一致奋起，团结救国。

为了推动反帝爱国运动的深入开展，粉碎阎锡山反动当局唆使部分买办商人从中作梗、捣乱的阴谋，张叔平指示彭真以副主席身份召开太原市民沪案后援会全体大会，决定将该会改组为山西各界为帝国主义惨杀同胞雪耻大会（简称“山西雪耻会”）。会议推选张叔平为主席，并将原先的《铁血周报》改为《雪耻周报》，张叔平兼任主编。8 月 1 日，《雪耻周报》发表了《太原市民沪案后援会改组宣言》，明确宣告：山西雪耻会的主要任务就是要领导民众，促成全国工农学商大联合，打倒帝国主义及媚外军阀，废除不平等条约，募捐款项，抵制英日货物。并揭露了总商会李云阶之流见利忘义、媚外求荣的行径，呼吁全省人民赶快团结起来，参加反帝爱国运动。

9 月 18 日，在张叔平的主持下，山西雪耻会在新华舞台举行市民大会，一致通过了反对段祺瑞政府和声讨奉系军阀张作霖压迫工人学生的通电，从而把山西的革命运动推向了新的阶段。

1925 年冬，由于全国革命高潮的出现，迫切需要干部，太原党组织遵照中央指示，先后派遣宋熹等同志入黄埔军校，纪廷梓、李毓棠等到苏联东方大学学习，彭真调正太路总工会工作，张叔平也于 1925 年底奉命调离山西。

投身工人运动之中　促进上海武装起义

1926年初，张叔平经北京来到十里洋场的黄浦江畔，担任中共上海区委（亦称中共江浙区委）杨树浦区部委书记，以报馆记者身份开展革命工作。为便于工作开展，组织上选派老怡和纱厂女工、共青团员范介宝到区委机关，与张叔平假扮夫妻（不久正式结婚），协助张叔平工作。范介宝的姐姐范介梅和姐夫陈定观（陈良）在区委任交通员。他们四人组成一个家庭，以此作掩护，在司文里秘密开展革命活动。

同年3月13日，区委决定林仲南（林育英）担任杨树浦区部委书记，张叔平改任组织部部长。张叔平首先发动老怡和纱厂工人进行罢工。时值纱价下跌，资本家遂以自动关厂的手法进行对抗，罢工出现僵局。张叔平当机立断，选派富有斗争经验的张维桢前往恒丰纱厂，组织该厂工人罢工声援。恒丰纱厂的罢工开始后，受资本家操纵的“两湖同乡会”开始竭力进行破坏。针对这种状况，张叔平和张维桢等在湖南、湖北籍工人中积极开展工作，揭露“两湖同乡会”头子为资本家效劳的嘴脸，使“同乡会”濒于解散。该厂资本家无计可施，只得接受了工会提出的十一项复工条件。紧接着，张叔平又指示张维桢等组织恒丰纱厂罢工的部分工人前往老怡和纱厂助威，造成很大的声势，迫使英国资本家接受了工人们的部分复工条件，赢得了斗争的初步胜利。

1926年7月1日，广州国民政府发布“北伐宣言”，兵分三路出师北伐。7月12日，中共中央号召各地革命民众采取措施支援革命军北伐。9月8日，中共上海区委召开特别会议，研究用武装起义迎接北伐军的准备工作，决定着手组织工人纠察队，进行军事训练。张叔平再次被任命为杨树浦区部委书记，负责组织领导杨树浦、沪东区的武装起义。

上海工人的第一次武装起义失败后，1927 年 1 月，张叔平在榆林路参加了讨论第二次武装起义问题的会议。会中，由于提篮桥巡捕房爪牙告密，与会的百余名同志被巡捕房抓走，张叔平机警地跳窗而出。脱险后，他立即通知各厂工会展开营救活动，让各厂资本家出面保释被捕的工人领袖和积极分子，否则就实行同盟罢工。在工会的强大压力下，资本家纷纷打电话要巡捕房放人，弄得巡捕房一时不知如何是好。在张叔平的督促下，杨树浦电灯公司的英国经理也亲自出面，到巡捕房首先保释了该公司的工人。当晚九时，除被引渡到淞沪戒严司令部的五位同志外，陈云、张维桢等一百余人全部获释。之后，张叔平又与区委有关负责同志一起，通过提篮桥的内线买通监狱当局，由外国人出面，把扣压在淞沪戒严司令部的李泊之等五人要回提篮桥英国租界，经过临时特种法庭审理后，无罪释放。张叔平在这次营救活动中的机智果敢，受到组织和同志们的赞赏。在 1927 年 2 月 9 日中共江浙区委第一次代表大会筹备工作会议上，张叔平被提名增选为区委候补委员，不久又被选为区职工运动委员会委员。

这时，北伐军已占领杭州，先头部队到达嘉兴。中共中央和上海区委决定举行第二次武装起义，张叔平和张维桢奉命率领沪东两万名工人向闸北进攻。由于事先缺乏武装暴动思想与技术准备，没有向工人群众灌输夺取武装的思想，第二次上海工人武装起义依旧未成功。

2 月 24 日，张叔平出席了中共上海区委召开的各部委书记联席会议，向区委汇报了杨树浦、引翔渡第二次武装起义时的情况及其经验教训。出席会议的周恩来对张叔平的汇报十分关注。当日下午亲临沪东，在详尽地了解全面情况之后，他指示部委要尽快组织一些当过兵、会使用武器的工人，请他们帮助训练出一支武装纠察队的骨干力量。当周恩来得知沪东工人中十分缺乏有军事斗争知识的领导干部之后，不久即选派从苏联回国、懂得军事武装斗争的徐航安来到沪东，担任工人纠察队总指挥，同时还设法送来一批枪支弹药。张叔平在积极组织、领导全区武装起义准备工作的同时，还常常挤出时间参加军事训练，练出了双手打枪的本领。

经过一番周密安排部署，3 月 21 日，上海工人第三次武装起义爆发。张叔平与马玉夫等指挥浦东工人纠察队按照预定方案，首先攻占了烂泥渡第三警察所，缴获武器百余件，接着又分头进攻直鲁联军巡防队驻地，并乘胜攻占了烂泥渡第三警察所下属的第一分所和第二分所，将浦东区的反动武装力量全部摧垮，成立了以工人武装纠察队为主体的浦东区临时保安局。在此基础上，张叔平、马玉夫等又联络各界人士，组成浦东区市民委员会，实现了“工人取得武装”和“建立民众政权”这两项预定的起义计划，为上海工人的第三次武装起义做出了贡献。

面临危境坚持工作　甘洒热血书写春秋

1927 年，蒋介石发动了“四一二”反革命政变，上海形势急剧恶化。为保存革命力量，中共江浙区委将张叔平调往杭州。5 月，张叔平化名张侬，偕同爱人范介宝、妻姐范介梅和姐夫陈定观到达杭州，根据党中央和江浙区委的指示，筹组浙江省委。6 月间，浙江省委正式成立，庄文恭任书记，赵济猛任宣传部部长，张叔平任组织部部长兼工人部部长。

不久，省委书记庄文恭因病请假，省委工作由张叔平主持。在张叔平的主持下，浙江省委通过杭州的党团组织和工会组织，积极开展宣传活动，惩处了一些罪大恶极的反动头子，使白色恐怖下的广大人民深受鼓舞。

不久，由于叛徒葛耀祖的出卖，杭州市的党组织遭到破坏。接着，张叔平夫妇和陈定观夫妇也被捕，被关进杭州陆军监狱。

在张叔平被捕的当天晚上，国民党浙江省党部“清党”科科长何秉达立即亲自审讯。此时张叔平化名张石州，坚称自己是上海老怡和纱厂的职员，携眷属来杭州游览。何秉达见威胁利诱均无效果，即命令对其进行严刑拷打。但是，任凭敌人施用压杠子、坐电椅、灌辣椒水、上老虎凳等酷刑，张叔平始终坚守革命气节。他被打得死去活来，双腿被压断，几次昏死，但苏醒后仍怒骂不止。

敌人见张叔平宁死不屈，就想在范介宝身上打开缺口，他们故意把浑身血肉模糊、双腿被压断的张叔平拉来与妻子见面。范介宝见丈夫被折磨成这副样子，心如刀绞，泣不成声。张叔平安慰她说：“这不是流泪的地方，也不是流泪的时候。”他暗示妻子：“这次真不该带你来杭州游览，凭空惹下这场麻烦。”机敏的范介宝立刻领会到张叔平的意思，做好了应付敌人审讯的准备。尽管敌人施尽诡计，也没有从她口中套出任何他们想得到的东西，只好把她押回女牢。

张叔平等被捕的消息传出后，中共江浙区委立即派人由上海赶赴杭州，积极进行营救，经过努力，将范介宝姐妹保释出狱。

后来，张叔平被叛徒葛耀祖指认，身份已经暴露。他自知将不免于难，就一反平时的沉默寡言，利用庭审、放风等一切机会揭露和痛斥敌人，并和被捕入狱的赵济猛、王政、胡公达等取得联系，领导难友进行斗争，鼓励同志们保持革命气节。他还组织狱中难友学唱《国际歌》，为临刑就义的难友送行。

凶残的敌人恼羞成怒，决定秘密杀害张叔平等革命志士。张叔平获悉这一情况后，泰然自若，通过狱中难友给范介宝寄出一封绝笔信，嘱托妻子与党组织保持联系，代他向“母亲”（即党组织）致意，并转告“母亲和亲友”，说“我已完成了自己的学业，出国深造去了”，充分表现了自身视死如归的献身精神。

1928年1月20日，无产阶级革命家张叔平被敌人杀害，年仅三十一岁。

坚持斗争视死如归的王瀛

王瀛的生命虽然很短暂，牺牲时年仅二十五岁，但他的一生是革命的一生、斗争的一生。王瀛的革命斗争事迹都发生在山西，如带领青年学生反对强征房税的斗争，组织群众成立沪案后援会的反帝爱国斗争，发动太原各校学生声援晋华纺织厂工人的斗争，反对山西国民党右派的斗争。在以上所提到的历次斗争中，都可以看到他活跃的身影，看到他代表党组织发挥的重要领导作用。在历次对敌斗争中，亦可看出他立场坚定、斗志顽强，以及对党的赤胆忠心。

接受进步思想　参加革命组织

王瀛，原名义昌，字海峰，1902 年出生于陕西省神木县城内皮房巷一个贫苦的小商人家庭。由于家境贫寒，王瀛九岁才上私塾，半年后又考入神木县公立小学校，1919 年秋进入神木县高级小学校读书。1922 年秋，王瀛从高级小学校毕业。这时，汾州（山西汾阳县）基督教的“公理会”传教士到神木为铭义中学招生，王瀛向亲友借了路费，东渡黄河，赶到汾阳应试，被录取。自此，他与三晋大地结下了不解之缘。当时的汾阳县城风气比较开化，文化经济也较为发达，王瀛在铭义中学学习期间，初次接触到英语、物理、化学等新鲜知识，并能够阅读到《独秀文存》《胡适文存》《新青年》《新潮》《每周评论》等进步书籍杂志。这些开阔了他的眼界，使他懂得了许多以前从未听说过的道理。但因不满这所教会学校主要课程为枯燥无味的圣经，星期天还要强迫学生到教堂做礼拜、祈祷等，入学半年后，王瀛便找了个借口离开铭义中学，返回陕北去了。

王瀛第二次东渡黄河来到太原是在1923年春天，在二舅父王纲的资助下，他考入山西省立第一中学。在一中读书的四年间，他刻苦好学，成绩常常名列前茅，在同学中很有威信。省立一中是“五四”运动以后山西传播新思潮、传播马克思主义和进行革命活动的中心。王瀛到一中后，在新思潮的推动下，思想进步很快。他不仅认真阅读学校流传的书报杂志，还同陕西旅京进步团体共进社联系密切，经常阅读该社出版的《共进》半月刊。接着，他又和汪铭等同学成立了见闻观摩会，团结进步青年，探索救国之道。鉴于各方面的突出表现，同年5月，王瀛经贺昌、彭真介绍，加入了太原社会主义青年团。从此，他以旺盛的革命热情，投身反帝反封建的革命斗争中。

在太原一中，彭真等创办了一所平民小学（即一中附小），彭真任校长。这所小学开始只吸收贫苦人家的子女读书，后来又增设了平民夜校，由彭真、王瀛、邓国栋负责领导和讲课，组织工人进行学习，提高工人的觉悟。平民夜校还是党团员活动的秘密据点（后来曾作为省委机关的秘密据点），彭真、王瀛等经常在这里接触工人，召集会议，讨论问题，布置工作，使之实际上成了开展工人运动的指挥部。

山西省学生联合会最初成立于1922年，首任主席是彭真。王瀛入省立一中不久就当选为太原市学联主席。在省学联领导下，太原市各中学教职员、学生与各机关下级公务人员成立了进步团体太原民权运动大同盟，并出版《太原民权》周刊。省学联、市学联还有一项重要工作，就是领导全省和全市的“反基督教运动”。当时的基督教打的旗号是传播教义、发展信徒，但实际上却是帝国主义披着宗教外衣对中国进行文化侵略的工具。王瀛等人带领学生向群众做宣传，揭穿它的反动本质，并在《新民日报》开辟反基督教副刊，使这一运动扩展到全省，沉重打击了帝国主义的侵略势力。

1925年初，彭真、王瀛等人还领导了国民会议促成会运动。皖系军阀头子段祺瑞执政时，为了打击以孙中山为代表的革命力量，对抗孙中山召开国民会议成立民众政府的主张，顽固坚持召开他御用的“善后会议”，以便使他的封建专制独裁披上合法外衣。于是，为了实现国共两党联合结成统一战线，省学联、市学联联络各界人士成立了太原各界国民会议促成会和全省国民会议促成会筹备会，在省学联主持下在太原召开了国民会议促成会全省代表大会，还派张叔平（中共太原支部书记）出席了在北京召开的国民会议促成会全国代表大会，同以段祺瑞为代表的反动势力进行了针锋相对的斗争。

投身学运工运　推动革命高潮

1924年5月下旬，高君宇由北京回到太原，帮助山西建党，一批青年团员转入中国共产党。1925年冬天，王瀛等人也转为共产党员。

1924 年 10 月，冯玉祥发动“北京政变”，国民军的势力波及绥远、察哈尔、河南和陕西等省，对山西形成了三面威胁之势。山西督军兼省长阎锡山看到形势不妙，打算扩军备战。为了解决军费问题，阎锡山决定在全省农村强征房税，规定房屋不分好坏，一律估价收税。这一巧立名目、加重农民负担的举动，遭到各个阶级和阶层的强烈反对。不少家长给在太原读书的子女写信，指控收房税带来的灾难，引起了学生对阎锡山政府的极大不满。在这种情况下，太原党组织决定，由太原市学联出面领导，在省城发动青年学生开展一场反对强征房税的斗争。

1925 年 5 月 18 日，由彭真等人坐镇指挥，王瀛积极组织山西大学、省立一中、进山中学等校学生万余人，手持“为民请命”“取消房税”的标语，先聚集于文瀛公园（今儿童公园）开了个简短的动员会议，接着就举行游行示威。因为征房税是经省议会通过的，学生们便先到省议会找议员算账。议员们闻讯早已逃匿一空，愤怒的学生便捣毁并查封了省议会。之后，学生们结队到阎锡山的督军公署请愿，把督军公署围了个水泄不通，“打倒军阀”“取消房税”“反对贪官污吏”等口号惊天动地。老奸巨猾的阎锡山让学生派代表进公署商谈。二十三名学生代表进署后，阎锡山却并无商谈诚意，双方相持斗争了四个多小时。这时，大门外的学生和军警发生了冲突，阎锡山怕事态扩大，只好被迫宣布：“房税当日取消，已收者全部退回。”请愿胜利后，学生们闻知征收房税原来是贾景德（督署秘书长）、杨兆泰（省财政厅厅长）、徐一清（省银行总经理）三人出的主意，又高呼着“铲除三害”的口号，捣毁了他们的公馆。次日，阎锡山下令撤换了收房税最卖力的朔县和武乡县县长，一场风波才平息下来。这次斗争的胜利，打击了以阎锡山为代表的反动势力，鼓舞了群众的斗志，扩大了党在群众中的影响，有力地推动了山西革命运动的发展。

同年5月，上海“五卅”运动掀起了全国反帝爱国运动的怒潮。消息传到山西，山西人民对英日帝国主义的暴行无不义愤填膺。太原支部根据革命形势的发展，决定组织群众进行反帝爱国斗争，指示以王瀛为主席的太原市学联牵头，联合各界成立太原各界沪案后援会。在后援会的领导下，6月10日省城五万余人举行了声势浩大的反帝示威游行，通电支持上海工商学联合会向帝国主义者提出的“十七条”。王瀛还领导山西大学、太原一中、国民师范等在校学生奔向街头和郊区进行宣传，开展募捐和抵制日货活动。当时，共募捐了一万四千元现款，及时汇往上海，有力地支援了上海人民的反帝斗争。

1925年12月下旬，经中共北方区委批准，太原地方执行委员会（简称“太原地委”）正式成立，王瀛任候补委员，分管宣传工作。太原地委成立后，即派王瀛前往榆次晋华纺织厂进行建党工作并开展工人运动。王瀛深入工人中，用讲故事的方式向工人讲述国内外形势和工人阶级的历史使命，启发工人的觉悟，引导工人进行斗争。在他的教育下，一批先进工人迅速成长。1926年春，发展了籍中发、杨继雄等第一批共产党员。3月20日，该厂成立了山西纺织工人中的第一个党支部。

同年7月，邓国栋等领导晋华纺织厂工人，举行了震惊全省的大罢工。8月26日，当罢工坚持到第四十天时，厂长曲佩环勾结榆次反动当局调动武装，对工人实行突然袭击，逮捕了共产党员李儒林等，捣毁了工会，并将被捕的工人代表和积极分子十二人押往太原。王瀛得知后，27日亲自起草了《山西省学联声援晋华纺织厂罢工的宣言》。当天，山西大学、太原一中、国民师范等校五万多名学生，立即在太原一中召开紧急会议，并到阎锡山的督军公署前举行抗议示威。阎锡山只好派秘书出来接受了省学联的抗议书。10 月，国民党第一次全省代表大会在太原召开。会上，共产党代表王瀛强烈要求释放晋华纺织厂秦金翰等十二人，要求资本家答应工人提出的条件。晋华纺织厂工人闻讯立即派代表到太原请愿，迫使阎锡山不得不释放被捕工人，资本家在经济上也对工人做了让步。晋华纺织厂工人的罢工，支援了北伐战争，推动了山西工人运动的发展，并以“山西工人运动高潮的第一个顶点”被载入史册。

这一年底，太原地委改为山西临时省委，王瀛仍为候补委员，分管宣传工作，并任学生委员会书记、国民运动委员会书记等职。

坚持我党正确立场　同国民党右派斗争

国共合作的北伐时期，王瀛以公开共产党员的身份加入了国民党，积极帮助国民党筹建山西省党部及太原市党部。

1925 年 3 月 12 日，伟大的民主革命先行者孙中山逝世。此后，国民党内部分化，右派势力日益猖獗。山西国民党右派首领韩克温、苗培成等，公然叫嚷“共产党背离三民主义”，疯狂反对国共合作，反对“三民主义”和“三大政策”。1926 年 10 月，有共产党员参加的国民党山西省第一届代表大会在太原召开。韩克温、苗培成等为了削弱共产党的力量，在选举省党部执行委员时，极力争夺省党部的领导权。王瀛以共产党首席代表的身份同他们进行了针锋相对的斗争。当韩克温无理要求王瀛交出参加国民党的秘密共产党员的名单时，遭到他的严词拒绝。选举前，韩克温坚持在九名执委中，国民党员占七席，共产党员占两席。当时，斗争非常激烈，因为右派挑唆，双方的纠察队发生了械斗，使选举无法进行。后来经过王瀛等人跟与会代表沟通、做工作，选举结果公布时，在九名正式执委中，共产党员占四席，国民党员占五席；五名候补执委中，共产党占一席，国民党员占四席。最终韩克温的阴谋未能得逞。王瀛当选为省党部正式执行委员，担任财务部部长。

1927 年 3 月 12 日，国民党山西省党部在文瀛公园举行大会，纪念孙中山先生逝世两周年，参加的绝大多数是青年学生、工人和市民。会上，苗培成利用他担任大会执行主席之机，首先发难。他狂叫：“我们党内有一部分人，表面上拥护孙总理，实际上反对孙总理……口头上讲三民主义，实际上搞共产共妻。”王瀛听后，立即愤然登台据理驳斥道：“我们党内也有一些人，不是为了革命，而是为了升官发财。他们不是扶助农工，而是为了反对农工。他们不是联俄、联共，而是反苏、反共。他们对总理的遗嘱背得很熟，就是不执行！”驳得苗培成哑口无言，博得了与会群众的热烈掌声。

韩克温、苗培成等眼看人心向着共产党，满腹怨恨无处发泄，就狗急跳墙，使出下三烂手段，雇佣流氓无赖数百名，大打出手，砸毁了我党领导的太原总工会。为了给右派势力以反击，3 月 14 日，王瀛、薄书存（薄一波）、邓国栋、杨高梧等指挥进步工人和学生四百余人，捣毁了韩克温控制下的国民党山西省党部和苗培成的“平民中学”校长办公室，并把韩克温从“花窖”里拉出来痛打了一顿。15 日，杨高梧、王瀛等人以太原总工会的名义在文瀛公园召开大会，公审韩克温，迫使他交代了指挥工贼杨笑天雇佣流氓打手砸总工会的内幕。通过这样几次针锋相对的斗争，有力地维护了我党在统一战线中的合法地位。

临危不惧继续奋斗　怒斥敌人慷慨就义

王瀛的革命活动以及在群众中的崇高威望，使敌人对他既怕又恨，多次欲除之而不能得手。1927 年蒋介石集团发动“四一二”反革命政变后，南京国民党当局下令改组山西国民党省党部，清除参加省党部的共产党员。阎锡山紧步蒋介石的后尘，也开始在山西实行“清党”，下令通缉崔锄人、王瀛、邓国栋、薄书存、王鸿钧、朱志翰（王瀛的妻子，太原女子师范补习班学生，党支部书记）等二十多名山西的著名共产党员。面对敌人的疯狂搜捕，临时山西省委决定让一部分已公开身份的同志立即转移到外地去。党决定派王瀛、梁其昌、朱志翰、贺秀英到武汉汇报工作。1927 年 6 月，王瀛一行离开太原，到武汉向中央汇报工作后，瞿秋白安排他们到武汉中央农民运动讲习所学习。在此期间，王瀛以山西学联代表的资格，参加了全国学联在武汉召开的代表大会。不久在武汉的一座小楼上，瞿秋白召集他们四人说：“目前形势急剧恶化……你们最好还是回山西去工作。不要同路走，避免被敌人抓住。”王瀛等人接受了任务，把党中央给山西党组织和搞农民运动的活动经费共五千银圆兑回解州某钱庄，支票由朱志翰藏在鞋内，然后分两路回太原。8 月下旬，王瀛和朱志翰一路从武汉搭船出发，经上海、天津到了北京。这时恰遇正太路火车停运，就改乘京绥路，经张家口到达大同。第二天，当他们从大同坐马车向太原返回时，行踪被国民党省党部特务发觉。走至崞县城外，不幸被国民党警察局逮捕，押解回太原。

山西省委的同志得知王瀛被敌人逮捕的消息后十分愤慨。10 月初，省委在双塔寺二层塔上召开紧急会议，决定在“双十节”那天，利用敌人举行庆祝会的时机，组织地下武装营救王瀛。然而由于消息泄露，营救计划未能实现。

敌人抓住了王瀛，原以为从他口中可得到山西共产党组织的许多机密，但“匹夫不可夺志”的事实很快让他们的图谋落空了。在审讯中，他们用尽了酷刑，把王瀛打得皮开肉绽，鲜血淋漓，但王瀛始终未供出一个字的党内机密。而在敌人的法庭上，他的痛斥往往使梁永泰、苗培成以及大法官韩生万等哑口无言、大惊失色。敌人逼他供出共产党员名单，他正气凛然地说：“我是共产党员。共产党人是杀不尽的，而且会越来越多；革命的烈火是扑不灭的，而且会越烧越旺！”他还严厉斥责蒋介石、阎锡山之流的所谓“清党”运动是背叛“总理遗嘱”、祸国殃民的反革命行径。敌人黔驴技穷，只得强加一个“扰乱地方治安”的罪名，将他判处死刑。

1927 年 10 月 11 日，敌人将王瀛从法院押往新南门外刑场（今五一广场），他虽被五花大绑，但昂首挺胸，毫不畏惧。刑车经过新南门大街闹市时（今五一路）时，王瀛要向围观的群众宣讲革命道理，惊恐的刽子手们赶紧用破布塞住了他的嘴巴，他却怒目圆睁、扭动着身子仍然挣扎着要讲。看到如此的钢铁硬汉、如此的壮烈行为，不少围观群众被感动得流下了热泪，更加深了对共产党人的认识，更加深了对国民党反动派的痛恨。

到了刑场，王瀛被推下马车。当两个刑警要去架扶他时，他使劲甩开敌人，大步走到就义处（今山西省银行所在地）。敌人取出塞在他嘴里的破布，问他还有什么话要讲。他用生命的最后一瞬间，愤怒地向敌人大声宣告：“你们可以杀害我。但无产阶级革命战士是杀不完的。在中国，革命者到处都是，共产党人越来越多！”最后，他高呼着“打倒蒋介石”“中国共产党万岁”等口号，英勇就义。

大革命后期山西党组织的杰出领导人王鸿钧

在大革命后期，山西省委党组织的早期领导人高君宇、王振翼、贺昌、彭真、张叔平等先后被调往外省工作，领导山西全省党组织继续开展革命工作的重担便落在王鸿钧、崔锄人、周玉麟等同志的肩上。王鸿钧先任中共太原执行委员会组织部部长，后任山西省代理省委书记。他与其他同志一起，不管在革命高潮时期，还是在革命低潮时期，都能贯彻执行党中央的指示，建立和发展地方党组织，培训工农革命干部，深入农村基层发动工农运动，为推动山西革命事业的发展做了很多工作。由于王鸿钧在河东地区的影响，不了解的群众竟把他的名字错当作毛主席的代号。要了解大革命后期山西党的历史、革命斗争史，就离不开王鸿钧这个名字。

少年时代就投身革命洪流

王鸿钧，字秀民，别号百举，山西省临猗县楚侯村人。1909 年农历一月二十二出生在一个普通农民家中。八岁入私塾读书，由于他天资聪颖，悟性很好，对功课勤学好问，深得先生赵铭金的喜爱。赵铭金悉心指导他的学习，期望他将来能成为一个经邦济世的人才。

1920年，王鸿钧以优异成绩考入猗氏县立第四高级小学李汉学堂。校长张沛铭是个思想比较激进的知识分子，所以新思想在该校比较畅行。张校长经常向学生们讲列强侵华和“五四”运动的情况，王鸿钧每当听到那些关系到国家、民族生死存亡的事，就心头激荡。在校三年，他在张校长和进步教师的熏陶下，思想逐步从忧国忧民转向救国救民。

1923年，王鸿钧高小毕业。为了拓宽视野，继续深造，他不顾家里人阻拦，千里迢迢步行到省城太原，考入山西省立第一中学。当时的一中是革命思想和学生运动比较活跃的地方，王鸿钧来到这里后，经常利用课余时间参加各种社会活动，如一中学生会发动的反对曹锟贿选的游行、太原学生声讨反动基督教的运动、太原各界组织“国民促成会”和“民权运动大同盟”的活动。同时，他经常去工厂参加劳动，接触工人群众，还多次进行社会调查，向工友们进行各种进步思想的宣传。这些活动为他日后到工人中开展党的工作积累了经验，奠定了基础。这些社会实践也使他更加深刻地感到知识的重要。于是，他一有机会就搜集和阅读各种进步书籍。一中青年学会发行的《非基督教大同盟特刊》《民权》《青年》《一中学生会半月刊》《新华报》《新民日报》等都是他喜欢的读物。尤其是他读了一些有关俄国十月革命和社会建设的书籍以后，对苏联的社会主义建设有了更深刻的了解，产生了对社会主义、共产主义社会制度的向往，希望中国将来能走十月革命的道路。当时有人要介绍他加入国民党，被他拒绝了。他说：“我想加入中国共产党，有人介绍我加入中国共产党我就参加。”

1924年，年仅十五岁的王鸿钧，在太原一中和王枢盛、景望廉等一起加入了中国社会主义青年团，从此开始了他革命人生的旅途。正当他一心一意从事革命活动的时候，父母却多次捎信催他回家结婚。尽管王鸿钧多次给父母去信拒绝婚事，但终究未能说服他们。就在这年寒假，家里为他做好了成亲的准备，只等他放假回来就完婚，而他却与邓国栋等同学利用假期在晋南从事建团的工作，竟路过家门而不入，致使已定好的婚期就要眼睁睁地错过去。他的父母在无法向亲友、女方交代的情况下，结婚那天只好让其堂妹王青赞手持他的靴帽代为迎亲。这一趣闻，曾在他的家乡传闻了好一阵子。由这一件事，我们也可以从中看到他对革命事业的执着。

王鸿钧自到太原上学，就很少回家，偶尔回到家中，不是为了给革命事业筹措经费，就是带着革命同志在家里借宿。不过即使来去匆匆，他也要向弟妹和孩提时的朋友讲许多外面革命的新鲜事，常常使他们耳目一新。因此，弟弟和妹妹对他非常尊敬，总盼望他能常回家来同亲人们团聚。有一次，他的堂妹王青赞问他："大哥，您何时才能不再在外头东奔西跑呀？"他笑着回答说："革命成功了，我就回家不走了！"孰知，这竟是他留给家里人的诀别词。

把党的火种播到全省各地

1925 年，是山西民众运动蓬勃发展的一年。在山西学生反对阎锡山向全省人民增收房税的斗争中，王鸿钧是一中的学生骨干。"五卅"惨案太原市民沪案后援会召开群众大会支援上海工人的反帝斗争中，王鸿钧在团组织的领导下，深入工人和市民中间，进行宣传与发动，为掀起全省反帝爱国运动高潮四处奔走。为了把党的火种播到全省各地，1925 年 6 月王鸿钧和王瀛、邓国栋、王世隆以太原市学联和省城沪案后援会工作人员的身份，到榆次晋华纺织厂去开展工作。他们向工友介绍了“五卅”惨案的经过，激发工人们反帝爱国的热情，在青年工人中发展了一批团员，建立了榆次青年团特别支部。又通过与厂方交涉，办起了工人业余夜校，他们利用夜校讲“劳工神圣”、团结起来就是力量的道理，号召工人阶级团结起来，为自身解放而斗争。这些前期活动，为后来晋华纺织厂建立党支部、组织领导工人罢工奠定了基础。

是年秋，中共北方区委把从北方区党校毕业的崔锄人派往山西，从事组织发展工作，王鸿钧等由团员转为中共正式党员。接着，他们深入全省进行建党和民众运动的发动工作，很快，党员人数增加为三十余人。是年底，经中共北方区委批准，中共太原地方执行委员会成立，由崔锄人、王鸿钧、周玉麟三人担任执行委员，王鸿钧分工任组织部部长。从此，为党组织的发展，他几乎走遍了整个山西。

他们在发展党员的基础上，先后建立了中共太原一中支部、进山中学支部、印刷工人支部、制革工人支部、正太铁路工人支部和一个混合党支部。同时还在太原国民师范、山西一师、法政专门学校、平民中学、山西报馆、并州报馆建立了青年团支部，彻底改变了山西在发展党团过程中的关门主义倾向，为党的肌体注入了新鲜血液。

1925 年冬，王鸿钧和崔锄人一起来到运城从事建党工作。他们先到运城二中，在同进步学生王月春取得联系以后，以运城二中、二师的进步学生为骨干，建立了“河东旅运青年社”和“读书会”两个学生组织。他们提出的宗旨是“联络感情，研究社会科学”，其实是以这样的名义来培养建党对象。为了锻炼和考察“河东旅运青年社”和“读书会”的骨干，王鸿钧和崔锄人把他们分派到各县去发动和组织支持上海工人反帝斗争的沪案后援活动。这批骨干回到河东各县，一面宣传，一边募捐，把“五卅”反帝爱国运动的火种播到了各县。通过实际斗争的锻炼，为河东地区建党培养了一批骨干。

1926 年 1 月，王鸿钧接上级通知，要山西党组织派人到北方区委党校学习。为了提高思想，他带领韦恩恭等三人前往。在那里共学习了两个月，他亲耳聆听了陈延年同志主讲农民运动、蔡和森同志主讲社会发展史，受益匪浅。结业返晋以后，他们还带回了二百五十本《共产主义 ABC》，为以后在山西主办党员培训班创造了极有利的条件。

返晋后，他立即和崔锄人一道南下临汾从事建党工作。他们在临汾吸收张振山等一批进步青年入党后，组建了中共平阳支部。平阳支部的成立，使马列主义占领了青年的思想阵地，多年流行于平阳的无政府主义思潮失去了市场。在此前后，王鸿钧还多次去过霍县，指导那里的建党工作，使霍县在特支的基础上较早地成立了县委。4 月，王鸿钧又到祁县从事建党工作，在吸收韩钟乾、高遵、田文甫、刘桂五、泽霖等入党以后，批准他们成立中共祁县支部。这一时期，他和王世隆还到过平定，介绍平定中学学生甄华等人入党，帮助建立了平定特支。是年冬，王鸿钧到汾阳巡视，由于汾阳有贺昌同志的先期指导，党员发展人数较多，在他的帮助下，以中共汾阳特支为基础成立了中共汾阳地方执行委员会。汾阳执委下辖五个支部，即铭义中学支部、河汾中学支部、崇德女校支部、神道学校支部和一个小学教师支部。在建党的过程中，为了提高新党员的素质，保证党员质量，由王鸿钧曾主持在太原省立一中举办过一期党员训练班，对新党员和全省党员骨干进行了党的基础知识、剩余价值理论和阶级斗争理论的教育。通过培训，这批骨干在理论水平上有了长足的进步。

1927年初，由于北伐战争的胜利，阎锡山的态度发生了明显变化，由“讨赤”转变为和武汉国民党政府互派代表往来不断。这种形势为山西党组织的发展造成了有利的条件，因此形成了山西建党的高潮。截至1927年2月至3月，中共太原特别党部成立，并成为全省的领导机关，党员人数发展到四百二十人。4月27日至5月9日，中共第五次全国代表会议在武汉召开，王鸿钧作为山西代表出席会议。会后，王鸿钧带回了中央批准成立山西省委的决定。5月19日，山西省委成立，书记颜昌杰，组织部部长王鸿钧，宣传部部长崔锄人。省委的成立，标志着山西党的领导力量已由小到大，走向成熟。尽管当时省委负责人均是二十岁左右的青年，年龄最小的王鸿钧还是一位年仅十八岁的中学生。然而，正是他们把党的火种，从先驱者高君宇、王振翼和贺昌等人的手里接了过来，播在了山西的大地上，并在其身后燃起了熊熊烈焰。

临危受命主持山西党的工作

1927年6月，阎锡山接受了蒋介石的委任状，在海子边宣誓就任北方国民革命军总司令，随即按照国民党山西省党部“清党”委员会草拟的“跨党分子”名单，通缉王鸿钧等已公开身份的共产党员。王鸿钧因到汉口汇报工作而未遭不测。然而当他返回山西时，太原的党组织已遭到严重破坏，不少党的骨干分子或者被捕，或者因身份暴露而离开山西。这时，中共北方区委派王红玉来山西工作。由于情况特殊，来不及请示中央，他们便开会研究决定改组山西省委，由王鸿钧代理省委书记，临危受命主持山西党的工作；崔锄人任省委组织部部长；王红玉任省委宣传部部长。之后，他们开始重新恢复山西的基层党组织并领导民众同阎锡山反动当局进行斗争。

鉴于山西的严峻形势，他们遵照中央 8 月 4 日的来信精神，决定将党的工作由城市转入农村。王鸿钧等把省委机关由太原撤出，在祁县乔家堡的一个农民家中建立了省委办事处。当时的分工是：王鸿钧巡视河东；崔锄人驻守祁县；王红玉留守太原，通过发动群众恢复党的基层组织。到了 11 月，全省三分之一的县份党的组织重新恢复和建立起来，同时在祁县、霍县、赵城、夏县、安邑、猗氏和荣河等十五个县成立了党领导的农民协会，在太原和运城盐池、榆次、介休成立了工人协会，全省农民、工人协会的会员达到十余万人。是年冬，王鸿钧还通过汪铭，接受河东群众领袖嘉康杰加入了中国共产党。嘉康杰入党以后，在他的学生中发展了一批党员，为大革命失败以后处在危难之中的山西地方党组织补充了新的血液。

汪精卫在武汉背叛革命后，许多奔赴南方的山西籍青年根据中央指示，也纷纷返回本地，深入农村开展土地革命斗争。他们返晋后，也来到河东地区。因为河东距山西省府较远，又处在同河南、陕西交界的边缘地带，国民党山西省党部“清党”委员会一时鞭长莫及，于是这里云集了许多进步力量。省委改组以后，王鸿钧带着邓国栋、周玉麟、王世益等一批骨干分子来到河东巡视。为了把党的“五大”和“八七”会议精神传达贯彻下去，他通过省委特派员郭巨才，决定在党的基础比较好的夏县下流村小学召开一次河东党的活动分子会议。在会上，他对党的“五大”和“八七”会议精神进行了传达，并在最后发表了有针对性的讲话，要求各县按照“五大”的规定，把各县县委建立起来，领导和发动民众同反动势力进行斗争。由于他深入细致的发动和组织工作，大革命后期的河东工农、学生运动轰轰烈烈，颇有影响。夏县曾发生了农民、学生进城怒打差役局长、“清党”委员秦中兴的斗争；安邑数千名农民、学生齐集城北召开了“驱赶贪官县长郑裕孚”的斗争大会，统治安邑人八年之久的郑裕孚被吓得狼狈逃窜。尤其是猗氏发生的“八一”农暴，此事由土豪劣绅刘延训和公款局长王万年贪污沪案后援会捐款而起，五千农民、学生进城声讨贪官污吏，遭到血腥镇压。学生们通电全国，呼吁声援，要求惩办刽子手。山西当局迫于民众的压力，惩办了凶手，安抚了死难群众，这才暂时平息了这场斗争。

面对险境　矢志不渝

巡视河东以后，王鸿钧返回太原。这时恰逢王瀛夫妇被捕，他们准备组织省城工人暴动予以营救。结果暴动未成，许多人被捕，王瀛同志被反动派杀害。王鸿钧等无法在太原落脚，于是便和崔锄人、王红玉先后来到驻井陉县贾林镇的国民三军留守处，在这里召开省委碰头会议。在会上交流了情况以后，批准成立中共太原和阳泉两个市委以及各地区的十九个县委。

由于受党内“左”倾路线的影响，他们决定在南路的安邑、猗氏、夏县，中路的赵城、平阳、洪洞、汾西、霍州，靠太原的介休、崞县，西路的离石，东南路的长治、晋城，北路的定襄以及太原的工人中，组织暴动，准备马上夺取政权。结果，因为错误估计了形势，更大的失败接踵而来。在这种极端的困难情况下，省委决定召开霍州扩大会议，研究新的部署。

1928 年 2 月 11 日，省委扩大会议在霍州城东的破庙里召开。会议由王鸿钧主持，根据“八七”会议的通告总结了省委的工作，一方面批评山西党组织自 1927 年 10 月以来的盲动错误；另一方面又把山西划分为祁（县）介（休）、赵（城）霍（州）、灵（石）汾（阳）、晋（城）、河东、太原、阳泉七个暴动区，准备在阎锡山预征下一年度钱粮时发动全省暴动。会议还按照党中央关于“在党的各级领导干部中，工人成分要占到三分之二”的指示精神，重新改组了山西省委。在新当选的七名省委委员中，除保留了王鸿钧、邓国栋、关广荃三位知识分子外，其余四人均为工人党员。书记由工人出身的王世益担任，王鸿钧改任省委宣传部部长。

霍州会议不久，省委委员王世益、关广荃、邓国栋分别在太原和祁县被捕；团省委书记周玉麟在新绛县被捕，敌人从他身上搜出了与上级联系的河东党团员名单和通讯地址，使河东各县党的力量遭到极大破坏。同时关广荃叛变，山西党员被捕者总计达二百余人。这时，王鸿钧和汪铭途经河南开封，从报纸上获悉了山西党组织遭到大破坏的情况。他经与河南省委负责人易云研究，决定给中央写一封信，详细汇报山西的情况，以及他本人对今后山西工作的意见。王鸿钧让汪铭将信带到上海交给党中央，自己则由河南陕县渡过黄河，准备先到运城了解了情况。到了之后，方知省委已有四人被捕，两人失去联系。

5 月间，汪铭从上海回来，传达了中央于 3 月 26 日给山西省委的复信，信中指出：山西省委在条件不成熟的情况下，决定组织武装暴动，是犯了盲动主义的错误。王鸿钧受到中央的批评，始知自己在思想认识和指导思想上脱离了山西的实际，犯了“左”的错误，于是抱着学习的态度到洪赵地区去搞农村调查。8 月，王鸿钧由赵城来到平遥，与汪铭和赵源开了个碰头会，决定由王鸿钧到上海去找党中央。王鸿钧先回到运城，经几个农民朋友资助，筹足了路费。他抵达上海以后，向中央写了详细的工作报告。

事后，他再也没有回到山西。

1928 年冬，王鸿钧离沪，乘船抵符拉迪沃斯托克，然后乘车穿过西伯利亚到莫斯科学习。在苏联受党内斗争的迫害，于翌年病逝于异国他乡。历史是公正的，尽管有这样那样的不足，然而王鸿钧这个名字将依旧永远镌刻在山西党的历史上。

威震省城太原的早期工运领袖王世益

王世益家境贫寒，早先是个排字工人，受进步思想影响，1922年4月加入中国社会主义青年团。在党的培养下，他逐渐成为一名杰出的工人运动领导者。他深入工厂矿区，宣传革命道理，号召工人同资本家做斗争，发动领导了太原印刷厂工人的两次罢工。在他任山西省职工运动委员会书记期间，组织带领工人痛砸国民党的黄色工会，筹划刺杀黄色工会头子杨笑天，亲身参加了太原新华舞台炸弹事件。在以工人身份担任山西省委书记期间，他制定了全省武装暴动的宏伟规划。这些行动事后看来，虽然受当时“左”倾盲动主义影响犯有过高估计革命形势的错误，但亦表现了他大无畏的革命精神，使处于白色恐怖中的广大人民群众受到了鼓舞、振奋。后来，他不幸被捕入狱，顶住了敌人的严刑拷打、威胁利诱，始终没有出卖组织秘密，保持了一个共产党人的崇高气节；同时，他组建狱中党支部，领导发动绝食、巧妙应对“反省”阴谋，与狱中难友一起同反动派展开机智勇敢的斗争。

领导职工运动

王世益，字元文，又名王焕文，1903 年 10 月出生于山西省榆社县潭村。小时候家境贫寒，只读过三年冬学，在家帮父亲种地，给地主放牛；十六岁到太原当印刷徒工，十九岁在《山西公报》报馆做排字工。“五四”运动后的太原，各种思潮纷至沓来，报刊、学社的创立如雨后春笋，排字工人自然要接触大量不同思想的文章。王世益虽然文化程度不高，但求知欲很强，凭借一本字典渐渐地也能明白其中的道理，逐步接受着进步思想。特别是《平民》周刊上的文章，笔锋犀利，论证有力，深深吸引了王世益。李毓棠时为太原社会主义青年团创始人之一，经常利用印刷刊物之便，在印刷工人中宣传无产阶级革命主张。李毓棠每次来，王世益都会向他请教各种问题。在和李毓棠的交谈中，王世益热切向往着穷人翻身作主的社会制度。

1922 年 4 月，经李毓棠介绍，王世益加入中国社会主义青年团，年底被送入成人夜校学习。他在这里学习科学社会主义和文化知识，政治觉悟提高很大。在 1922 年春太原第一次印刷厂工人罢工和 1923 年 10 月反对军阀曹锟贿选的斗争中，王世益义无反顾地站在最前列。他奔波于太原各家工厂和报馆，散发传单，宣传革命主张，发展工人团员，筹建行业工会，受到了工人们的爱戴和尊重，威望日益提高。

1923 年 9 月至 10 月间，王世益两次参加太原团地委召开的全体团员大会。这时太原的团员已发展到五十四人，并专门组建了印刷工人团支部。1924 年 4 月，太原团地委将所属十二个团支部整合为五个，王世益任第四团支部书记。同年9月14日，太原团地委改选，王世益被选为太原团地委委员兼农工部部长，同时负责职工运动委员会的工作。9月21日，太原团地委召开扩大会议，王世益在会上报告了太原各工厂的活动情况，及时揭露了“安和祥事件”（工人安和祥被工头残害致死）的真相，激起太原工人的强烈愤慨。10月5日，太原团地委召开工人座谈会，会上工人们控诉遭受欺压的遭遇，希望成立一个能代表工人利益的公开团体。经过王世益及有关同志的紧张筹备，1925年1月1日，在文庙三立阁召开了山西工人联合会成立大会。参加大会的有太原十五个工厂的工人代表一百多人，选举王世益为山西工人联合会委员长，并通过了《山西工人联合会简章》。

为了提高印刷行业徒工的待遇，缩短工时，增加工资，1925年5月15日，王世益领导发动了第二次太原印刷厂工人罢工，发表了罢工宣言，揭露资本家对印刷徒工的残酷压榨。印刷行业工人的同盟罢工，导致各印刷厂资本家受到前所未有的冲击，不少报馆纷纷倒闭。太原团地委在给中央的报告中说：此次罢工，“工人的精神和团结力在太原可说是破天荒，此次举动之雄烈也可说是破天荒”。

后来由于警方搜捕罢工领导人，王世益被迫转移到阳泉保晋煤矿，以矿工身份作掩护发展团员，建立团小组，开展保晋煤矿和保晋铁厂的工人运动。他将这里的工作向太原团组织汇报，并希望能到京津唐地区学习那里火热的工人运动的经验。

到北京后，王世益与从事职工运动的罗章龙取得了关系。党组织安排他到北京中共北方区委党校接受短期培训。在这里，王世益聆听了北方区委书记李大钊的教导，对共产主义思想有了更为深刻的认识。培训结束后，王世益被留在北京总工会工作，公开的职业是北京印刷厂的工人。北京地区负责职工运动的陈为人，他极为赞赏王世益的组织能力，介绍他由共青团员转为中共正式党员，担任中共北京市城南区委书记。1925 年秋，年仅二十二岁的王世益便成为一名职业革命家。

1926 年春，应全国铁路总工会的请求，北方区委派王世益到京汉铁路长辛店车站工作，任工会秘书、党支部书记，兼管丰台车站工会和党的工作。自从 1923 年“二七”大罢工失败以后，长辛店和丰台地区的工人运动便处于低潮。为了扭转这种局面，王世益和工人们吃住在一起，做细致的思想工作，戳穿工贼的阴谋，发动铁路工会会员参加了关税自主运动和“三一八”反帝大示威。他还出席了天津全国铁路工会代表会议，控诉北洋军阀政府枪杀游行群众、逮捕爱国志士的罪行，介绍了长辛店、丰台铁路工人英勇斗争的事迹。

1927 年 4 月，革命形势急剧变化，蒋介石在上海发动了反革命政变，奉系军阀在北京将李大钊等十九名革命者杀害。正在汉口参加全国铁路工人代表大会的王世益回北京参加完李大钊先生的葬礼后，因与党组织失去联系，自己也遭到通缉，只好又返回山西。

组织革命暴动

在太原，王世益与省委接上了组织关系，担任山西省委巡视员。8 月 4 日，中共中央写信给山西省委，批评了山西党的右倾机会主义错误，指出党在山西的工作方针为：发动工农运动，武装工农群众，推翻军阀阎锡山的统治。此时，山西省委书记颜昌杰因病去北京治疗，北方区委决定由王鸿钧代理省委书记，崔锄人为组织部部长，王红玉为宣传部部长。省委任命王世益为职工运动委员会书记，领导全省的职工运动。

王世益遵照中央8月4日来信指示，着手重建太原总工会。原太原总工会被查封后，许多工会骨干或被捕或隐蔽到农村，重建工作极难开展。王世益和职工运动委员会其他两名成员阎念先、赵焕星，一起租了大北门街一间小房子作为据点。因为得不到经费接济，三个人合盖一条被子过夜，靠打零工、走街串巷卖水维持生活。虽然生活十分艰苦，但王世益非常乐观，不分昼夜为党工作，短时间内就联络了三百多个积极分子，9月下旬在鞋业、印刷、织布等行业工会的基础上，秘密恢复了太原总工会。此时，交城、汾阳、阳泉、河东、介休、平遥、霍县、祁县也陆续建立和恢复了工会组织，全省有组织的工人达数万人。王世益积极筹备召开全省工人代表大会，为建立山西省总工会辛勤工作。

正当职工运动有序蓬勃发展的时候，山西杰出的共产党活动家王瀛被捕，打乱了预定的进程。省委在双塔寺召开秘密会议商讨对策时，认为阎锡山大批军队正在大同等地与奉军作战、太原守备空虚可乘机举行暴动的意见占了上风。会议最后决定：在国民党右派的山西工人代表联合会庆祝“双十节”外出聚集时，砸烂它的巢穴，进而捣毁国民党山西省党部，打开监狱，救出王瀛同志。王世益对此虽有不同意见，但坚决服从集体决定，担任暴动总指挥，负责具体组织。

“双十节”那天，王世益一马当先，带领五百多名年轻力壮的工人，手执棍棒，冲进国民党的黄色工会，捣毁了门窗玻璃，打伤了两个右派小头目。工人们离开黄色工会正要去砸国民党山西省党部时，忽然遭到反动军警的伏击，一名工人被当场打死。王世益沉着冷静，掩护工人们迅速撤离。10月11日，王瀛和两名因打“工联”而被捕的工人积极分子惨遭杀害，警方又陆续逮捕了三十多名工人积极分子。为了表示对敌人暴行的反抗，当晚，王世益带领四百多名鞋匠工人，手执棍棒、短刀，上街游行示威，在山西第一次公开喊出“打倒国民党”“打倒阎锡山”“拥护共产党”的口号。阎锡山如临大敌，迅速向太原增派警备部队，清查共产党和赤色工会组织，太原总工会和全省许多党组织由此遭到破坏，十月暴动失败了。

由于当时全党陷于“左”倾冒险主义的错误之中，11 月 5 日，中共中央北方局认为：阎军与奉军作战已基本失败，现在是发动暴动的最好时机，要求山西党组织积极发动群众，建立武装，夺取政权。省委决定由王世益组织暗杀队，以“红色恐怖”对抗白色恐怖。第一个目标就是罪大恶极的黄色工会头子杨笑天。杨笑天自知双手沾满工人的鲜血，恐有不测，因此行踪诡秘，防范很严。王世益和赵焕星等队员几次设伏，都未成功。

1928 年元旦，国民党山西省党部将在太原新华舞台举行新年同乐晚会，庆贺他们的胜利。王世益认为时机到了，遂向省委提议炸主席台，炸死在主席台就座的军政要员。此时省委片面强调“无动不暴”，寄希望于此举能给全省各地的暴动树立榜样，便指示王世益加紧付诸行动。经过周密策划，王世益决定由三人参加，赵焕星扔手榴弹，王世益在场内放火，另外一名姓王的队员在场外掩护。暗杀队还不惜高价买了两张靠近主席台的票。元旦晚上，新华舞台门前灯火辉煌，军阀头目、右派首领、达官显贵弹冠相庆。王世益身穿长袍，腹部拴着装了汽油的猪尿泡；赵焕星则一身精干的打扮，腰间藏着手榴弹。俩人大摇大摆地进了会场。然而晚会刚刚开始，还未到约定时间，赵焕星由于过度紧张，手榴弹还没扔出去就爆炸了，旁边一个县长被炸死，他本人当即牺牲。会场顿时大乱，惊慌的人群将王世益用于放火的猪尿泡挤破，汽油流了他一身，幸好混乱中没有引起注意。王世益在场外队员的接应下，冲出人群，安全脱险。翌日，太原各报头版纷纷刊登“新华舞台事件”，街头巷尾到处流传着“赤党”的神话。反动当局借机大肆谩骂共产党，山西地下党的活动陷入更加不利的境地。

1928 年 2 月 11 日黄昏，省委扩大会议在霍州城东的一座破庙里秘密举行，省委代理书记王鸿钧主持会议。王世益主动承担了一次次冒险行动失败的责任，请求省委给予严厉处分。会议认为，太原工人十月暴动和炸新华舞台的失败，王红玉要负主要领导责任。根据中央关于“在党的各级领导干部中，工人成分要占到三分之二”的指示，会议选举王世益、杨高梧、彭芳、李旺（以上四人系工人）、王鸿钧、邓国栋、关广荃（以上三人系知识分子）组成新的省委，王世益任省委书记。

尽管霍州会议对“左”倾盲动错误有所认识，但并没有从指导思想这个根本问题上予以解决。会议依旧传达贯彻了中共中央“十一月会议”关于发动全国革命武装暴动的精神，同时认为山西存在着“广大暴动的先兆”，山西革命形势仍在不断高涨，只要组织领导得力，工人、农民就可以立即行动起来。会议提出在全省实行武装暴动的口号，将全省划分为祁（县）介（休）、太原、离（石）汾（阳）、赵（城）霍（县）、河东、晋城、阳泉等七个暴动区域，准备在阎锡山预征下一年度钱粮时，发动全省暴动。霍州会议后，王世益秘密返回太原，迅速做出举行暴动的具体部署，开展恢复赤色工会和普遍发展农会的工作。

身陷囹圄仍坚持斗争

1928 年 3 月，风云骤起，噩讯频频传来，派出的省委干部相继被捕。敌人从被捕人员身上搜出全省各地党团组织接头名单。王世益紧急通知附近党员隐蔽，切断秘密联络线，藏匿党的文件，把住地转移到棉花巷四十二号。

3月13日凌晨，王世益和太原市委书记王纪在住处被捕，先关押在国民党山西省党部监狱，不久又转到山西省高等法院。他和王纪早已编串好应急的口供和化名，巧妙对付了敌人的初审。几天之后，“清党”委员会从陆军审判处调来打黄色工会后被捕的鞋匠党员宋喜寿。宋指认王世益就是打黄色工会的领导人，敌人奸笑着让王世益交代其他党员和行动，遭到他的愤然拒绝。“清党”委员们声嘶力竭地叫喊着上刑，通红的烙铁熨在王世益的身上，他只觉得眼前滋滋地冒着白烟，便失去了知觉。打手们每天都要对他严刑拷打两次，他的双腿已不能行动，眼睛因被灌辣椒水而斜视。他用血肉之躯体现了共产党人坚贞不屈的钢铁意志。

后来一名叛徒供出了王世益省委书记的身份，“清党”委员们如获至宝，在他面前满脸堆笑，封官许愿，妄图以此获取他的一纸自白。王世益嗤之以鼻，宁愿站着死，不愿跪着生。9月，山西特种刑事法庭以“颠覆国民政府的共党重要分子”之“罪名”，判处他无期徒刑，关押在山西省第一监狱。此时在山西各地被捕判刑的党团员和积极分子，大部分被关押在这里。许多政治犯知道他是工人成分的省委书记，对他格外敬重。同志们悄悄地问他应该怎样坐监牢，王世益回答：要加强自我教育，同时做好对普通犯的教育工作，团结一致，共同反抗狱方。一有机会，王世益就积极和普通犯联络，倡导政治犯与普通犯拧成一股绳。

监狱秘密成立了党支部，王世益协同郭洪涛、赵秉彝、侯丰利、高举等人开展活动。经过耐心观察和教育，狱中支部秘密发展了普通犯高占胜、胡海江和郝鼎洲等人入党。他们出狱后成为狱中党支部同监外的联络人。监狱党支部一度同狱外的山西特委书记刘天章取得联系，策划响应平定起义，举行狱中暴动，但因联系中断和起义后成立的红二十四军未能进攻太原，被迫取消了预定计划。为了改善难友们的生活待遇和政治待遇，王世益参加领导了一监三次绝食斗争。其中规模最大的是 1934 年春的一次，参加绝食的政治犯、普通犯有八百人之众，绝食时间长达九天。几次绝食斗争震慑了狱方，不同程度地达到了预期目的。

1932 年冬，国民党政府迫于形势，实行所谓“大赦”，王世益由无期徒刑改为十五年徒刑。1933 年下半年，省立一监的政治犯陆续转入反省院，第二年 10 月王世益也被送往反省院。院方编辑出版《反省》月刊，规定每个政治犯半年内写稿五篇。院方还利用动摇变节分子挑拨离间，监视政治犯的言行。为了改变这种被动局面，1935 年春，王世益便同赵秉彝、侯丰利两个信得过的党员，成立了反省院临时党支部。王世益先任组织委员，后任支部书记。不久，又建立赤色革命生活团，作为党支部的外围组织。王世益领导党支部采取了依靠党团骨干、团结多数、共同对敌的方针，使队伍不断壮大，战斗力不断加强。赤色革命生活团动员大家以各种理由拒绝给《反省》月刊写稿，或者写些篇幅冗长、内容空洞的东西，使之无法办下去，只好停刊。

敌人最毒辣的一招是规定反省期满的政治犯要写“反共宣言”方能出院。党支部领导了几次斗争抵制这项反动措施，但一些骨干又被重新套上手铐脚镣，延长了反省期。为了保存革命力量，减少不必要的损失，党支部研究确定只能写出院宣言，不能有“反共”二字，对国民党绝不歌功颂德，对共产党绝不说坏话等，遵照这个基本原则可以履行出院手续。

由于经受多年摧残，王世益的身体极度虚弱，党支部决定送他到外面治疗，院方也害怕他病亡在反省院。于是 1936 年 10 月，在院外战友和亲戚的帮助下，王世益终于被保释，结束了黑暗而漫长的九年铁窗生活。

尾声

王世益出狱后，任山西牺盟总会组训股股长；1937 年 5 月，任牺盟会太原市委中共党团书记；1937 年 9 月，到延安鲁迅艺术学院（今鲁迅美术学院）工作。他在上交中央组织部的自传中，如实说明了进出监狱和反省院的情况。经过调查，中央组织部部长陈云代表组织做出结论：王世益同志“在监狱和反省院的表现是好的”。1945 年 8 月，王世盖先后担任晋绥边区兴县地委组织部部长、榆林地委组织部部长，1949 年 4 月调西北总工会筹备处工作。新中国成立后，他历任西北总工会常委、组织部部长，中华全国总工会西北工委副主任，西北工会干部学校校长，陕西省工业交通干部学校党委书记。1978 年 2 月 5 日，病逝于西安。

山西早期青年运动先驱周玉麟

周玉麟是大革命时期山西青年运动的先驱者之一，他思想进步，对党忠诚，具有坚定的革命立场和不屈不挠的斗争精神。他曾担任中共太原地委委员、宣传部部长，共青团太原地委组织部部长、书记，共青团山西省委书记等职，参与和领导了山西早期许多重大革命活动，在驱逐反动校长魏日靖、反对征收房税以及沪案后援活动中，都可以看到他活跃的身影。他对山西党团组织的创建、发展，对山西工农运动的蓬勃开展亦做出了不可磨灭的重要贡献。大革命失败后，在“白色恐怖”的残酷环境下，他不顾个人安危，继续为革命工作四处奔波；不幸被捕以后，面对敌人的严刑拷打和残酷折磨，他保持着一个共产党人的崇高气节，直至献出了年轻的生命。

积极参与和领导山西许多重大革命活动

周玉麟，字麒书，化名张仁，1906 年出生于山西省晋城县巴公镇一个农民家庭。少年时期的周玉麟聪明好学，1922 年 9 月考入太原市山西省立第一中学。这是山西创办最早的一所官办中学，在“五四”运动前因“校规森严、秩序良好”被当局称为模范中学，“五四”运动后，马克思主义在太原的传播、太原社会主义青年团的建立和发展都以此为中心。对此，阎锡山深感恐慌，多次训示校长魏日靖对学生严加管束。在1922年暑假前的考试中，校方故意出难题，致使二百多名该升级的学生未升级，十几名应届毕业生未毕业，而这些多数属于政治上进步的学生。为保卫这块红色革命阵地，太原团地委发动一中学生掀起驱赶反动校长的斗争。这场斗争历时半年之久，终于迫使阎锡山撤换了魏日靖。周玉麟在这场斗争中经受了锻炼，不久就加入了校内进步组织“青年学会”。该会以“研究学术，服务社会”为宗旨，编辑出版《青年报》，设置图书室，订购了许多马克思主义的书籍和当时的进步刊物。周玉麟在这里如饥似渴地阅读进步书刊，从中接受了马克思主义启蒙。

1924年春夏之交，中共太原支部建立，太原社会主义青年团在此时也得到了很大的发展。1925年1月，中国社会主义青年团改称中国共产主义青年团。周玉麟加入了中国共产主义青年团，随后即投身山西国民革命运动中。

1925年初，阎锡山为了弥补大肆扩充军备的巨额开支，制定了在全省征收房税的政策。在此情况下，中共太原支部和共青团太原地委决定发起反对政府强征房税的群众革命运动。1925年5月18日上午，在太原党团组织的领导下，山西省学生联合会集合太原大、中学校数千名学生到省公署请愿。学生们手执白色小旗，上书“废除恶税”“为民请命”等黑体大字，高呼“打倒军阀”“反对房税”“反对贪官”的口号，并推举二十二名代表进入省公署，面见阎锡山，坚决表示“房税不取消，斗争就不罢休”。

在此次反房税斗争中，周玉麟冲锋在前，亲手将山西督军府大门上颂扬阎锡山的“同武上将军”牌匾捣毁，并率群众包围了阎锡山政府要员贾景德、徐一清、杨兆泰等人的公馆，打击了反动官僚的嚣张气焰，激发了人民群众的革命斗志。在这场斗争中，周玉麟身负重伤。回校后，同学们去慰问他，询问他的伤情，他却微笑着说：“革命不能怕流血。”

1925 年 5 月，上海“五卅”惨案爆发，周玉麟对帝国主义的反动行径极为愤慨，立即投入“五卅”运动的洪流，以实际行动援助上海工人的斗争。

6 月 10 日，太原市沪案后援会组织市民、学生举行了第一次反帝大游行，学生罢课，商人罢市，三万余人集会公祭“五卅”惨案死难烈士。周玉麟勇敢地站在斗争的前线，随游行队伍到省公署，要求省政府向北京政府转达大会决议，阎锡山出面接见并答应立即转达。随后周玉麟又参加学校组织的讲演队和宣传队，奔赴街头、城郊，开展讲演及募捐活动。经过这场爱国运动的战斗洗礼，周玉麟很快成长为一名坚定的马克思主义者，不久就加入了中国共产党。

“五卅”运动后，山西党组织选送周玉麟、尚文、左天祥等赴北京中共北方区委开办的党校训练班参加学习。这期训练班有来自河北、河南、山东、山西、热河、察哈尔、绥远等地的同志三十余人，担任主讲的是李大钊、瞿秋白、恽代英、罗亦农等我党早期著名的领导人。在这里，周玉麟如饥似渴地系统学习了马克思主义的理论，更加坚定了为共产主义事业奋斗到底的决心。三个月后，学习期结束，周玉麟与同班学员、来自保定的共产党员崔锄人一起回到山西。同年 12 月，根据中共北方区委的指示，中共太原地方执行委员会成立，崔锄人任书记，王鸿钧任组织部部长，周玉麟任宣传部部长。中共太原地委的成立，健全和加强了山西地区党的领导。

推动了山西党团发展和工农革命运动

中共太原地委自成立就把发展党组织作为中心工作，多次指示党团员利用寒、暑假期间返回原籍，开展建党、建团工作。1925 年底，周玉麟返回晋东南后，结交了工人积极分子靳澄、田运财，鼓励他们团结起来组织工会。同时他与获泽中学进步学生孙思孝、时逸之、陈荣先等进行座谈，研究探讨马克思主义、苏联十月社会主义革命和中国共产党的主张，并给他们带回《共产党宣言》《新青年》《向导》等革命书刊，使他们逐步接受了马克思主义思想，并加入了中国共产党。这些人是晋城的早期党员，后来都为晋城党组织的建立、发展做出了重大贡献。

在多方面、多渠道进行建党工作的推动下，山西的党组织得到了很大的发展。为了提高新党员对党的宗旨、路线以及现阶段革命任务的认识和理解，太原地委在省立一中平民小学教室里开办了新党员培训班，周玉麟和崔锄人每天晚上九点以后风雨无阻地给他们上党课，一上就是两个小时，提升了新党员的基本素质。

1926 年 4 月，周玉麟调到共青团太原地委工作，先后担任团地委组织部部长、书记。这一时期，团的主要工作是着重在青年中开展活动，发展组织。周玉麟经常往返于太原各校领导学术团体，宣传马克思主义，向基层团组织发表讲话并传达上级团的指示。

同年 10 月，周玉麟遵照党组织的指示来到汾阳，协助汾阳城关十几个织布厂成立工会小组，帮助昆仑火柴公司成立工会筹委会，最后制鞋、成衣和理发工人也分别筹建了工会组织，河汾中学也由此成立了学生会。周玉麟作为晋城最早的共产党员，十分重视在家乡开展革命工作，发展党员，建立组织，因而成为晋城党组织的创始人之一。他多次利用假期返乡的机会，到农民中开展革命活动，介绍家乡进步学生加入党团组织。在周玉麟等人的积极活动下，晋城的党组织发展很快，到 1927 年 1 月就建立了中共晋城地方执行委员会。

周玉麟在担任团地委负责人期间，不仅积极开展青年运动，大力发展党团员，还利用各种机会深入矿厂，发动、组织工人站起来同工头和资本家斗争。他经常身着工人服装，奔波于太原、榆次、新绛之间，向工人宣传马列主义，号召工人团结起来，开展斗争。

1925 年底至 1926 年初，阎锡山开始卷入军阀大战，山西人民遭受了巨大的苦难，苛捐杂税连带增加。在这一时期，周玉麟根据中共太原地委的指示，积极发动广大党团员利用群众团体的名义发表通告、散发传单、张贴标语，反对军阀战争，以罢工、抗捐等群众运动的形式扰乱阎锡山的后方，支持国民军的行动。在中共太原地委和共青团太原地委的领导下，各地各行业纷纷建立工会。到 1926 年 7 月以前，全省组织起来的工人已有五万余人。在各地此起彼伏的工人斗争中，尤以榆次晋华纱厂工人罢工的影响最大，在山西工人运动史上书写了光辉的一页。

早在“五卅”运动期间，中共太原党团组织就派王瀛、邓国栋、王鸿钧、周玉麟到晋华纱厂向工人宣传“五卅”惨案的情形，揭露帝国主义屠杀中国同胞的罪行，激发和提高工人的爱国热情与政治觉悟。通过他们的工作，工人的思想觉悟迅速提高。1926 年 7 月间，晋华纱厂厂方借故开除了两三批工人，这件事成为罢工运动的直接导火线。全厂工人于 7 月 16 日一起举行罢工，17 日还举行了声势浩大的示威游行，沿途高呼“打倒帝国主义”“打倒军阀”“反对厂方开除、打骂工人”“要求厂方增加工资”等口号。罢工后的第十天，厂方约请工人代表谈判，企图用金钱收买工人代表，但遭到了工人代表的严词拒绝。9 月初，资本家与政府勾结，先后逮捕了秦金翰等十一名工人代表和罢工积极分子，并开除了三十多名参加罢工的工人。中共太原党团组织立即发起营救工人代表的斗争。在周玉麟等人的积极组织下，太原国民师范、省立一中、山西大学等十二所学校的学生举行了游行示威，抗议武装镇压晋华工人的行径，要求释放被捕工人，答应工人罢工条件。1926 年底，北伐战争取得节节胜利，阎锡山为了讨好革命军，稳定山西局势，下令释放了晋华纱厂十一名被捕工人，晋华纱厂厂方也在经济上做了某些让步。至此，持续半年之久的晋华纱厂工人罢工取得了胜利，这是山西工人运动史上规模最大、坚持时间最长、影响最为深远的一次大罢工。

1926 年 7 月，周玉麟从太原省立一中毕业，考入山西大学继续学习。此时，山西的国民革命运动开展得轰轰烈烈，周玉麟离开学校，成为一名职业革命家，将全部精力投入革命事业中。

在开展工人运动的同时，他还积极开展了农民运动。早在 1926 年初，中共太原地委和共青团太原地委利用各校学生放寒假之机，指示党团员和进步学生以农运工作为主体，回原籍开展农民运动，发动农民筹建农民协会，到 5 月，山西全省有农民协会组织的县达十三个。同年暑假期间，中共太原地委和共青团太原地委以中路文水、北路定襄、南路夏县为中心，派出党团员深入乡村，发动农民抗捐抗税，反对军阀战争，扩大了党在农村的影响。在农民协会的领导下，各地的农民斗争此起彼伏。

1926 年 9 月，晋城国民运动高涨，周玉麟在晋东南视察工作时，利用群众集会之机，以浅显易懂的道理和慷慨激昂的言辞，控诉军阀政权的黑暗统治，开展宣传鼓动工作，号召城乡人民支援北伐革命，团结起来，同帝国主义、新旧军阀展开斗争，并秘密发展了一批共产党员。

在白色恐怖中继续为革命奔波直至牺牲

1927 年 4 月，蒋介石发动了反革命政变。6 月，阎锡山就任北方国民革命军总司令，公开投靠蒋介石。从此，山西地区的国共合作局面彻底破裂。

1927 年 7 月，南京国民党中央党部通令全国实行“清党”，国民党山西省党部立即设立了“清党”委员会，从上至下到处搜捕“清洗”共产党人。此间被杀害的共产党员、共青团员和革命群众有五十余人，被捕者五百余人，逃亡者一百余人。在“白色恐怖”的严峻形势下，周玉麟先隐蔽在太原大北门街东二道巷坚持工作，后来随中共山西省委机关转移到祁县乔家堡。这一时期，周玉麟面对敌人的血腥镇压，不顾个人安危，继续奔波于晋东南和晋南一带，开展革命工作，恢复重建党团组织。经过重建和整顿，全省党组织得以迅速恢复和发展。与此同时，周玉麟和中共山西党组织负责人还发动农民开展了反对坏村长和土豪劣绅的斗争，其中猗氏县农民掀起的“八一”农暴轰动了整个晋南地区，迫使阎锡山撤掉了反动县长牛诚修的职务；祁县贾令镇农民在农民协会领导下赶跑了反动村长，由农民协会掌握了村政权。

1927 年 11 月，中共中央在上海召开了政治局扩大会议，会议确定了以城市为中心的全国武装暴动计划。1928 年 1 月，中共中央巡视员蔡和森对山西工作做了重要指示，即组织与领导广大工农群众不停地为当下斗争，进而发动工农群众的大暴动，完全推翻阎锡山的统治，建立工农兵苏维埃政权。为了贯彻这次会议精神和蔡和森对山西工作的指示，1928 年 2 月，周玉麟出席了中共山西省委在霍州城东北的一座破庙里召开的省委扩大会议。会议讨论了中央的新策略及其执行方法，改选了省委领导机关，选举王世益为中共山西省委书记，周玉麟为共青团山西省委书记。会后，根据省委指示，周玉麟以省委特派员的身份到晋南传达霍州会议精神。

为了及时将省委扩大会议的会议精神传达到地方党组织，周玉麟先是来到临汾刘村，找到榆次晋华纺织厂青年团负责人秦金翰了解情况，从他口中得知晋华纺织厂共产党员、罢工积极分子马希援在新绛大益成纱厂当工人，便前去找马希援接头。但此时马希援已叛变革命，改名马立功，并当上了工头。他见到周玉麟后，先是虚情假意地殷勤招待，随后借到厨房准备饭菜之机，悄悄告诉工贼李秉仁，派其向国民党新绛县党部委员郑文甫告密。马希援回来后继续热情招待周玉麟，以便拖延时间。同时按照国民党新绛县党部的指示，诱骗周玉麟晚间到城内火神庙去看戏，在看戏之际由马希援暗示，敌特一拥而上，将周玉麟逮捕。敌人从周玉麟身上的纸烟盒内搜出南同蒲铁路沿线各县地下党员名单和通讯地址。随后，敌人按此名单先后抓捕了许多共产党员，致使我党地下组织遭到严重破坏。对此，周玉麟十分难过。在狱中，他曾对党内被捕的同志沉痛地说道："我是被一个工人叛徒出卖的，给党造成了如此大的损失，这是我一生的憾事。"

周玉麟被捕后，敌人如获至宝，非常重视，企图从他身上获取更多山西共产党组织的秘密情报。敌人先是将周玉麟押解到新绛县国民党县党部进行严刑拷问，但周玉麟始终坚守党的秘密。随后，敌人又将他押送到太原国民党山西省党部“清党”委员会，“清党”委员韩甲山亲自出面审讯。韩甲山利用他同周玉麟的哥哥周化南是换帖弟兄的关系，假意表示关切，一面送钱，一面诱劝，妄图以此达到使周玉麟自首的目的。然而，敌人的花招遭到了周玉麟的严词痛击。敌人看到软的不行，就对他施以酷刑，多次用打手戒、香火烤、压杠子、怀中抱月（把盆子直接放在肚上用开水烫）等种种酷刑将他折磨得皮开肉绽，昏死过去。据当时狱中的难友回忆：“周玉麟每受刑一次都要昏死过去，敌人用尽种种毒辣的手段折磨他。他的身上多处被香火烧成蜂窝状的窟窿，惨不忍睹。”曾和周玉麟同在狱中的高复宇也回忆说：“在狱中，敌人对他用刑很重，用皮鞭抽打，用香火吹着烧，每次受刑回来，我们就用鸡蛋清给他治疗。他表现很好，一次比一次坚强，什么也没有招。”敌人的残酷不但没有使周玉麟的革命意志有丝毫动摇，反而激起了他对敌人的极端仇恨。在狱中，他始终没有停止过斗争，并利用一切机会刻苦学习。他说“革命就不能怕坐牢，坐牢正可以学习与休息”，并要家人给他送些英文读本、数学几何等书阅读，表现了革命的乐观主义精神。

1928 年 9 月，敌人把周玉麟转移到太原绥靖公署特种刑事法庭加紧进行迫害。周玉麟在此受酷刑后，身体更加虚弱，然而他依旧忍着疼痛向难友宣讲革命道理，鼓励难友联合起来，团结一致，共同对敌。1930 年 9 月 25 日，周玉麟终因受敌人摧残折磨而吐血不止，在狱中壮烈牺牲，年仅二十四岁。

周玉麟在其短暂的一生中，为革命奔波劳碌，舍生忘死，不仅受到了人们的敬重，而且赢得了一位姑娘生死相随的爱情。早在太原省立一中读书时，他就结识了同乡姑娘李某。周玉麟勤奋读书、追求进步、乐善好施、敢爱敢恨的品行深深地吸引着李某，她对周玉麟十分敬仰和爱慕。李某是阎锡山第十九军军长李生达的侄女，周玉麟被捕后，她曾千方百计地进行营救，但因周玉麟是我党山西的重要领导人，最终营救无果。周玉麟在狱中牺牲后，李某悲痛不已，不避嫌疑，坚持护送他的灵柩返乡，继而服毒自杀，后家人按照其生前遗愿，与周玉麟合葬一穴。

作为山西青年运动的先驱、山西共青团组织的负责人和晋东南党组织的创始人，周玉麟为革命奔走呼号，不遗余力，直至献出了宝贵的生命。他的生命虽然短暂，但英名将长留人间。

疾风知劲草、热血染豫北的曹汝谦

1929年11月30日，寒风呼啸，天空飘着雪花。从河南汲县西城门口走出一位年轻的革命志士，后边跟着一帮荷枪实弹的国民党士兵。这位年轻的革命者满身血迹，步履蹒跚，但身躯挺直，高昂着头，毫无惧色。他从城内走出来时，向沿途围观的群众高声揭露国民党新军阀背叛革命的罪行，号召人民行动起来同他们做斗争。走到刑场上，看着脚下倒在血泊中被敌人杀害的十几名战友，他心中无限悲痛。这时，豫北警备司令张万庆走过来问他还有什么话说。他怒视着这个狰狞的杀人魔鬼，厉声说道："共产党人是杀不尽斩不绝的，看人民起来为我们报仇吧！"张万庆声嘶力竭地叫喊："快给我砍了！砍了！"临刑时，他绝不下跪，刽子手用刀砍他的腿，强迫他跪下，他挣扎着又站起来，顽强地挺立着……这位英勇就义的年轻革命志士的名字叫曹汝谦。

雁北社会主义青年团的创始人

曹汝谦，原名儒谦，字效公，1905年10月4日出生于应县下马峪村。

曹汝谦少年时，两个舅父都在北京大学读书，他从舅父们假期带回来的书报中读到《新青年》《每周评论》《新潮》等进步刊物，因而从小便受到了革命思想的熏陶。那时候他最崇拜的革命家是列宁，便把从杂志上剪下的列宁照片装入镜框，端端正正放在自己的床头。

1920 年秋，曹汝谦高小毕业考入大同的山西省立第三师范。这里的校长、教师大都思想守旧，所讲课程尽是些封建说教，学校没有一点生气。具有激进革命思想的曹汝谦一入学，就打破了学校的沉闷空气。他给同学们传播从进步书籍上读到的新思想、新知识，讲述反帝反封建的道理，在学生中产生了很大的影响。这年寒假里，在二舅郑业的介绍下，曹汝谦加入了社会主义青年团。在第二年开学后，山西省立第三师范这个文化信息闭塞的地方，同学们竟能看到《新青年》等进步刊物。大家从这些进步刊物中看到了另一个崭新的世界，心灵受到很大震动。这些进步刊物都是曹汝谦秘密带到学校的。在宿舍中、校园角落里，曹汝谦有意跟一些谈得来的同学悄悄地介绍苏俄的十月革命，讲述发生在北京的“五四”运动，启发他们也要行动起来，不要做时代的落伍者。为了更好地引导这些同学迅速地从思想、政治上觉醒、成长，他组织成立了一个读书会，与这些同学一块学习、研究社会主义革命理论。经过一段时间的酝酿、讨论，感到时机成熟后，他便发展了几位思想进步的同学加入青年团，组成了雁北第一个社会主义青年团小组。

团小组成立后，曹汝谦便以青年团员为骨干，带领其他同学走出校门，在大同街头广泛进行宣传和发动群众的工作。他们发表演说，集会游行，抗议“巴黎和会”给予日本特殊权益的做法，抵制日货，反对日本帝国主义对中国的掠夺。古老的大同城呈现出一派生机。

曹汝谦的革命活动，逐渐引起大同统治当局的注意。他们几次指示三师开除曹汝谦。后来，一名清末拔贡出身的国文教师在课堂上大放厥词，宣扬纲常伦理，咒骂革命运动。曹汝谦怒不可遏，挥笔写了一篇《气死我也》的文章，狠狠抨击了学校的腐朽教育和社会的腐败黑暗，对这位教师的迂腐和无知进行了无情的揭露。这篇文章在三师引起了很大反响，进步师生拍手称快，学校当局却恼羞成怒，宣布开除曹汝谦的学籍。曹汝谦安置了一下青年团的工作，愤然离开三师，于 1921 年秋考入太原平民中学。

当时的太原，在革命青年高君宇、王振翼等人的发动组织下，先后成立了太原社会主义青年团、晋华书社、青年学会等进步社团。他们宣传革命思想，发动学生运动，革命浪潮蓬勃兴起。曹汝谦一到太原，就与太原社会主义青年团支部接上了关系，成为平民中学青年团的负责人。平民中学是阎锡山盯得最紧、控制最严密的学校，曹汝谦在这里开展工作异常艰难，但他还是凭着一腔革命热血、一股不屈不挠的革命精神，通过耐心细致的启发、鼓励，发动同学参加山西学生联合会和青年学会，购买、阅读晋华书社的进步刊物，并在同学中召开时事座谈会、革命理论讲演会，终于在这个死角里点燃了革命的火种。

1923 年 10 月，曹汝谦因参与反曹锟贿选活动，被校方开除。这时正好高君宇回到太原，党中央的机关刊物《向导》周报已由上海迁到北京，需要一部分工作人员，在高君宇的动员下，曹汝谦便来到北京《向导》周报编辑部工作。

在《向导》编辑部，曹汝谦负责收发、送报、通讯联络等工作。他沉着勇敢，机智灵活，经常装扮成报社的小伙计，把印好的周报巧妙地掩藏起来，按时送往各地，工作上从未有过失误。在这期间，他刻苦学习马列主义著作，思想觉悟和理论水平有了很大提高。不久，高君宇介绍他加入了中国共产党。

铁甲车队的能干领导者

1924年夏，根据党的指示，曹汝谦随高君宇南下。他原准备报考黄埔军校，后因广州沙面大罢工缺乏指导干部，党组织便让他参加罢工运动的组织工作。罢工胜利后，曹汝谦被分配到中共两广区委，在此结识了刚从欧洲回国担任两广区委委员长的周恩来。10月10日，广州商团发动叛乱。在周恩来领导广州各界群众平息商团叛乱的战斗中，曹汝谦不仅表现得勇敢、坚决，而且很有组织领导才能。周恩来很器重这个政治上比较成熟的年轻人，便抽调他到中国共产党领导的最早的一支革命武装——大元帅府铁甲车队去担任政治教官，这时曹汝谦年仅十九岁。

铁甲车队成立于1924年10月，装备良好，配有几辆设有炮塔、机关枪的铁甲列车，军官有驳壳枪，班长、队员一律是日本造长枪，每排还有一挺手提机关枪。这支队伍的领导和队员大都是共产党员及从其他各部挑选的优秀分子，经过一段时间严格的政治教育和军事训练，战斗力很强。铁甲车队第一次执行作战任务，是奉命支援广宁农民运动，打击力量较强的地主武装。出战时，根据组织安排，曹汝谦没上前线。但是没有多久，由于广宁的反动力量比较顽固，战斗时间持续较长，曹汝谦也奉命率第三排到广宁增援。刚刚投入战斗没几天，因陈炯明要进犯广州，两广区委又命令曹汝谦率三排返回广州，参加东征。

1925年2月1日，东征战斗打响后，曹汝谦率领的铁甲车队第三排作为东征的先锋部队，沿广九铁路开进，配合黄埔军校教导团攻击石龙、樟木头、平湖、深圳等处敌人的防线。铁甲车队虽然人数不多，但战士们英勇顽强、不怕牺牲，加之武器精良，所到之处敌军望风而逃。接着他们迅速将敌人破坏的铁路、桥梁、车站予以修复，完全控制了广九铁路，保证了东征军后方运输的安全，使东征军得以迅速向东进攻，打败了陈炯明叛军。

6 月 11 日，趁革命军东征、广州城内革命力量薄弱之时，盘踞在广州的滇桂军阀杨希闵、刘震寰发动了叛乱。铁甲车队奉区委命令，迅速投入战斗。开始，铁甲车队布防在广州东堤天字码头至大沙头一带，掩护市区内的大元帅府、广东省政府、苏联顾问团等机关撤过珠江。之后，铁甲车队移驻大元帅府，保护大元帅府的安全。东征军回师广州包围了滇军主力后，铁甲车队配合黄埔军校第三期入伍生总队渡河攻占石牌车站，然后沿铁路线向沙河进攻。攻占沙河后，在攻打观音山的战斗中，曹汝谦身先士卒，指挥有方，率领全体官兵忍着饥饿猛冲猛打，一鼓作气击溃了敌人，缴获了大批武器、物资，受到了两广区委的表扬。

1925 年夏，曹汝谦受党派遣，担任鄂军何成浚部政治部主任，由于工作出色，深得何成浚信任。后来曹汝谦也给何成浚帮了不少忙，特别是为他讨回了被时任国民革命军总政治部主任邓演达扣留的一大笔经费。1926 年春，蒋介石背叛革命的真面目已露端倪，曹汝谦便离开军队，随周恩到上海做地下工作。

中央警卫二团的党代表

1927年“四一二”反革命政变后，蒋介石在上海大肆屠杀共产党人。在武汉，虽然汪精卫的反革命面目还没有暴露，但形势已越来越危险。中共中央机关迁到武汉后，迫切需要一支武装警卫部队，曹汝谦率领的警卫二团就承担了这个任务。

警卫二团刚开始组建时，曹汝谦就按照周恩来的指示，迅速抽调了一批共产党员充实到警卫团。警卫团团长为曹振武（当时是共产党员），党代表为曹汝谦，党代表办公室秘书长郭扶人、宣传干事张稼夫、组织干事汪之铭，这些人都是共产党员。其他干部大部分也是黄埔军校毕业的进步青年。所以，这个团是直属党中央的一支武装力量，直接听命于党中央军委书记周恩来，担负着警卫党中央的重任。

1927年5月中旬，驻在沙市的夏斗寅部在蒋介石的收买策动下，率兵袭击武汉，一度打到离武昌四十里的纸坊。在这紧急关头，中央将留在武汉的警卫部队、工人、农民纠察队以及黄埔军校武汉分校的学生组织起来，成立中央独立师，由从河南前线连夜赶回武汉的叶挺任师长，一举打退了夏斗寅叛军的进攻。曹汝谦率领的警卫团在这次战斗中表现也很出色。7月初，湖北各地土豪疯狂镇压工农革命运动，他们捕杀共产党员和革命群众，捣毁农民协会，反革命气焰非常嚣张。曹汝谦奉命带部队开赴各县，对叛乱的土豪劣绅予以坚决镇压。

大革命失败后，中央决定把警卫二团编入贺龙的二十军参加南昌起义，指示曹汝谦和张稼夫留在武汉转入党的地下工作。他们的任务是搞兵运和疏散、安置从前线撤退下来的部队人员。曹汝谦在周恩来的领导下，分别把原来在国民党军队中工作的党员安排在京山、黄冈、麻城、六安、亳州等群众基础好、便于掩护的地区。同时，曹汝谦凭着他的机智勇敢和丰富的斗争经验，圆满完成了中央交付的各项任务。

1927 年秋，曹汝谦接到通知，让他随何成浚部到北京去。原因是此时蒋介石企图“摆平”各路军阀，又开始重用何成浚，派他到山西拉拢阎锡山。何成浚与阎锡山虽然是日本士官学校的同学，但他摸不清阎锡山此时的政治态度，便想让作为山西人的曹汝谦做他的助手，以达到疏通关系的作用。我党便利用何成浚信任曹汝谦的这一机会，让他随何北上，相机做兵运工作，争取为党拉出一支武装来。

曹汝谦于 1928 年春到北京。在地下党的领导下，他利用其姑父丰玉玺（阎锡山部军长）的关系，活动于阎锡山驻北京的部队中。但是时间不长，他的行踪就被北京警方的梁永泰发觉——梁永泰是曹汝谦的死对头，曹汝谦在太原平民中学读书时就是被梁永泰开除的。梁永泰马上令警备司令部将其逮捕，同时被捕的还有和他一起工作的几位同志。曹汝谦被捕后，机智地把他的情况透露了出去，让组织设法营救。党组织很快通过关系，将曹汝谦被捕的消息转告给北平行辕主任何成浚，何成浚立即与丰玉玺联名保释曹汝谦。有这两个后台很硬的人作保，梁永泰气得干瞪眼，只好将人放了。

不久，何成浚在郑州组织讨伐逆军第五路总指挥部，替蒋介石做招降孙传芳、张宗昌部下的工作。曹汝谦根据党的指示，又以何部的总参议兼军需处处长的身份为掩护，到郑州开展地下工作。工作刚有一点起色，由于何成浚被调，敌人的搜捕很紧，他只得离开河南，又到了北京。

1928年，各地共产党员组织的武装暴动此伏彼起，几乎遍及南方各省。曹汝谦想在北方也组织一支部队发动起义。1929年春，他听说家乡附近有一支农民武装，便返回应县去做这支农民武装的工作。当他正准备拿着父亲写的信，去见活动在应县、山阴一带的农民起义军首领王模时忽然传来消息，这支农民起义军已被阎锡山驻雁门关的部队包围歼灭。

一连串的挫折并没有使曹汝谦对革命失去信心。此后，他继续留在农村，做秘密的宣传组织工作。他发动有志青年投身革命，先后动员应县的王挺、曹克谦和山阴县的丰启祥、丰启营、杨清元等人同他一起做兵运工作。

坚贞不屈的革命志士

1929年8月22日，曹汝谦接到组织的一封密信，让他马上启程接受新的任务。第二天，他离开了家乡，经代县到太原，与党组织接上了关系，被派往河南豫北新乡一带做兵运工作。接待他的同志说："在卫辉府已经有一支自发的农民武装'千民会'，相关地下党的同志正在做他们的工作，极需一位有军事经验的同志率领。组织决定让你和杨靖仁把这支部队组织起来，迅速扩大，发动武装暴动，建立红色革命政权。"出发前，为了便于开展工作，曹汝谦向仍在阎锡山部当军长的姑夫丰玉玺要委任状和番号。丰玉玺听说他能从河南拉一支队伍过来，就答应了他的请求。

曹汝谦按照地下党的指示，与杨靖仁来到卫辉府西南的贺生屯，找到了马友春。马友春是当地有名的猎手，为人仗义施财，深得群众拥戴，"千民会"就是他把邻近十二个屯的贫苦农民秘密组织起来的一个自发抗暴组织。了解到这些情况，曹汝谦先发展马友春等几个积极分子入党，建立了贺生屯党支部，接着动员群众把散落在民间的武器收集起来，进行军事训练。随后，经过一番工作，周围其他几个屯的“千民会”成员也都聚拢到他们旗下，总共三百余人枪。当讨论到武装暴动亮旗号的问题时，曹汝谦认为，河南的敌人很强大，我们的力量还很弱，所以暂不打出红军的旗号。他主张可先打“河南义勇军”的旗号，对外声称受山西阎锡山的领导，这样便于掩护自己，迅速壮大革命力量。这个意见得到了大家的一致同意。不久，河南义勇军在贺生屯正式成立，曹汝谦任司令员兼政委，孙荫武（汲县人）任参谋长，下辖第一团，团长为马友春。

队伍成立后，曹汝谦通过关系取得汲县县长的同意，义勇军可在汲县范围内公开活动。于是，他把司令部设在汲县县城内，一团团部驻汲县南关，还准备在乡下再成立两个团。为了迅速开展工作，曹汝谦写信让在应县的王挺、丰启营、曹克谦、杨清元等人前来，帮助做扩军工作。经过几个月的紧张活动，河南义勇军的队伍迅速扩大，到 11 月，部队已扩大到五百多人枪，城外驻扎的两个团也初具规模，大家只等年关一到就发动武装起义。

就在起义准备工作基本就绪的时候，出现了意外。豫北警备司令张万庆侦知义勇军的首领“曹谦”就是国民党早在通缉的曹汝谦，便密报河南的军政头子刘峙。刘马上下令让张万庆迅速把这支新生的革命武装扼杀在摇篮中，并设法抓捕曹汝谦。

1929 年 11 月 30 日凌晨，夜色沉沉，万籁俱寂。忽然，一阵激烈的枪声在城头响起。曹汝谦判断情况有变，立即下令除留杨清元、丰启营和自己烧毁文件资料外，其他人由杨靖仁带领趁夜冲出城去。

曹汝谦和杨清元、丰启营把文件、资料烧毁之后，敌人已纷纷向司令部这条街包抄过来。情况万分危急，曹汝谦强行下令让杨清元、丰启营先突围，自己做掩护。他举枪还击敌人，边打边撤，掩护丰启营和杨清元攀越城墙出城，最后被困在一家院子里。这时天已微亮，再走已很困难了，于是他迅速爬到一间闲房子的天花板上。原准备继续抵抗，但当他拉开弹夹一看，子弹已经打完了。

天亮后，张万庆见没有抓到曹汝谦，便下令在全城挨门逐户搜查，折腾到上午九点，还是一无所获，遂将负伤被俘的马友春等十七位义勇军战士押到城西门口杀害。就在敌人准备撤军的时候，不幸的事情发生了，曹汝谦藏身的地方暴露了。张万庆立即派重兵将那间小房子围了个水泄不通。曹汝谦见敌人已发现自己，便从房上跳下，拍了拍身上的尘土，整了整衣冠，从容不迫地走了出来。

张万庆抓住了曹汝谦，下令立即审讯，想从他嘴里得到共产党在河南的组织情况，妄图一网打尽。面对敌人的威胁、利诱、酷刑，曹汝谦始终一言不发。张万庆束手无策，只好使出了最后一招，下令把曹汝谦押到杀害马友春等人的地方去行刑。于是，便出现了文章开头所写的那一幕。

为山西工农运动流尽最后一滴血的邓国栋

邓国栋从小就受到进步思想的熏陶，在山西省立第一中学读书期间，参加了反征收房税运动和太原沪案后援会发起的反帝爱国运动，经受过实际革命斗争的锻炼和洗礼。后来，根据党组织的安排，邓国栋主要担负工运和农运工作。他支持和领导了太原兵工厂工人同反动厂长的斗争，组织、领导了太原总工会纠察队同国民党右派的斗争，发动、指挥了祁县的农民运动。他深入基层，平易近人，善于同工人、农民交朋友，给他们讲述受剥削、受压迫的道理，号召劳苦大众团结起来，与反动统治阶级做斗争，改变自己的命运。1928 年，邓国栋于工作中不幸被捕。在狱中，他宁死不屈，为山西工农运动的发展壮大流尽了最后一滴血。

学生时代积极参加革命活动

邓国栋，字任之，1905 年出生于山西省河津县东黄村的一个地主家庭。八岁入本村小学读书，在具有民主思想的侯荣耀老师的教育下，他虽生活无忧，但从小就关心民生疾苦，不满人剥削人、人压迫人的社会现象。在一次对联练习中，老师先出了“手鞭快牛多自由何愁富”的上联，他当即便对出了“足踩慢耙少政权怎不穷”的下联，反映了他对劳动人民在旧社会因为手中无权而生活贫穷的同情。1920 年，邓国栋考入河津县立高级学堂。在“五四”新文化运动的影响下，他提出了读书不可志念分歧、不可粗心浮气、不可时勤时怠、不可厚古薄今等“二十戒”用以自勉。

1923 年，邓国栋考入有“革命摇篮”之称的山西省立第一中学。他在共产党员彭真和社会主义青年团团员王瀛的引导下，经常到本校的青年学会参加活动，阅读来自全国各地的进步书报，讨论政治时事，思想觉悟有了进一步的提高，最终决心背叛地主阶级家庭，投身革命运动。

1924 年 5 月，太原团地委根据团中央的指示，设立了平民教育委员会，由彭真担任委员长，创办平民小学，开展平民教育活动，邓国栋被聘为平民小学教员。在课堂上，他一边给学生传授文化知识，一边传播革命思想。

1925 年春，邓国栋参加了太原社会主义青年团。不久，阎锡山为了解决扩军备战的军费问题，下令在全省强行征收房税，引起了广大民众的强烈不满。太原的党团组织以此为契机，组织发动全省中等以上学校学生开展了轰轰烈烈的反对征收房税的运动。

5 月 18 日上午 10 时许，太原各校学生队伍整齐、浩浩荡荡地汇聚在省政府大门前，呼喊口号，张贴标语，强烈反对强行征收房税。见此情景，老奸巨猾的阎锡山便传话让学生选代表进去与他商谈。邓国栋被推选为代表，和其他几位学生代表勇敢无畏地走进省公署，向阎锡山当面陈述要求取消房税的理由。起初，阎锡山为征收房税百般辩解，但遭到邓国栋等学生代表有理有据的反驳后，便叫他们在前厅等候，自己则到后宅召集“谋士”商讨。就这样一会出来见学生代表，一会与“谋士”商量对策，一直拖到下午两点钟。等在省署外的请愿队伍见代表久不出来，以为发生意外，便找卫兵要人。卫兵见学生的愤怒情绪已难以控制，急忙退往院内，几千名学生紧跟在后往里冲。卫兵拉动枪栓，准备镇压，形势万分危急。阎锡山担心事情闹大不好收拾，为了平息学生的愤怒，便慌忙跑出来，摆摆手不许卫队开枪，并当场收回了征收房税的命令。通过这次斗争，邓国栋领悟到，大军阀、大官僚并不可怕，只有大家团结起来开展斗争，才能取得胜利。

1925 年，上海发生了震惊全国的“五卅”惨案，太原党团组织根据中央指示成立了太原沪案后援会，发动、领导省城各界人民群众开展反帝爱国运动。6 月 11 日，召开了数万人参加的群众大会，各界代表纷纷登台发表演讲，愤怒声讨英日帝国主义屠杀中国人民的罪行。会后，又举行了声势浩大的示威游行。邓国栋在这场运动中，参加了“劝用国货会”和“露天宣讲团”。他走上街头，积极宣传抵制日货，并为上海工人募捐。在实践斗争中，他不仅得到了进一步锻炼，而且深刻认识到，人民群众中蕴藏着巨大的革命力量，革命要想成功，就必须发动工农，而要想完成改造社会的重任，知识青年就必须走与工农相结合的道路。

山西工人运动的杰出领导者

1925 年 9 月，邓国栋加入中国共产党。同年 12 月，中共太原地委成立，邓国栋担任太原执委工运书记，负责领导全省的工人运动。1926 年 3 月，他与王海峰来到榆次晋华纱厂工人住宅区，秘密召开党员会议，宣布成立晋华纱厂党支部。在邓国栋深入细致的工作下，党团组织得到迅速发展，到 1926 年 5 月上旬，加入中国共产党的工人有近百人，加入共青团的工人有近八十人。为了严肃党团的组织性和纪律性，他对新建立的党团组织进行了一番整顿。在“工人夜校”和党团组织会议上，他反复教育工人要克服乡土观念和宗派主义思想，加强工人阶级内部的团结，共同应对阶级敌人的破坏。

1926 年 5 月下旬，邓国栋返回太原工作。7 月中旬，晋华纱厂爆发了震惊全省的持续四十天的大罢工——反对无理解雇工人，要求释放被捕工人，要求增加工资和改善工人生活。邓国栋以太原总工会的名义，动员太原各工厂工人上街游行，捐款、捐衣，声援晋华纱厂的罢工斗争，并带领工人到省公署请愿，抗议政府武装镇压工人运动。最后，阎锡山被迫释放了被捕工人，厂方资本家也在经济方面对工人做出让步，罢工取得了胜利。

太原兵工厂共拥有职工一万三千人，是阎锡山生产军火、扩军备战、巩固反动统治的命脉所在。阎锡山对这里盯得很紧，控制得很严密，还派了侄女婿张书田担任厂长。张书田对工人实行法西斯统治，制定了许多不合理的规定，如不许两名以上工人并排走路、正月十五元宵节不许工人成群结伙看戏观灯，等等。阎锡山还禁止各种党派社团到兵工厂活动，但我党领导的工人运动还是在兵工厂逐步展开和加强，首先在炮厂和冲锋枪厂发展党员并建立了党支部，不久还成立了太原兵工厂工会，拥有会员三千余人。

如何同阎锡山及其爪牙展开有理有节的斗争？邓国栋和兵工厂工会抓住张书田开办消费社布庄发放彩票骗人引起公愤这一事件，经过周密策划、安排，发动工人砸烂消费社布庄。在 1926 年夏季的一天，数百名工人一起动手，把消费社布庄的橱窗、玻璃柜台、商品砸了个稀巴烂，最后又用绳子拉倒房柱，使房顶塌了下来。当大批军警赶来时，工人们已撤出了现场。

邓国栋料定厂方和政府对工人此举一定要进行镇压，便及时找兵工厂工会委员张斌和中共太原兵工厂支部书记杨高梧开会，做出了应对之策。果然，张书田把工人集中起来，声称要追查砸布庄的领导者。工人们异口同声地说，砸布庄是众人动的手，没有指挥者和领导者。后张书田又派人找一些老工人说，砸布庄的事免于追究，但你们也不要再纠缠开彩票的事了。然而老工人们仍坚持说，砸布庄是开彩不公引起的，厂方必须向全体工人赔理道歉，把头奖拿出来，不然大家要联名向法院起诉。张书田不愿把事态再扩大，最后被迫贴出一张布告，宣布这次开彩不算了，要重开一次。砸消费社布庄斗争的胜利，使兵工厂工会的威信大为提高，各厂的党组织也在斗争中得到了发展，革命气氛空前活跃。

国共两党第一次合作是在 1923 年 6 月正式形成的，当时决定共产党员可以个人身份加入国民党。1926 年 12 月 15 日，有共产党人参加的中国国民党山西省党部正式成立。此时，在共产党的领导下，太原、榆次、交城、阳泉、晋城等市县都成立了工会组织，拥有会员三万余人。国民党省党部的正副主任苗培成和韩克温（均为国民党右派），对革命力量的发展壮大恨得要死、怕得要命，指示省党部的国民党委员杨笑天成立了“山西工人代表总会”，妄图分裂工人队伍，瓦解共产党领导的太原总工会。1927 年 3 月 12 日，国民党山西省党部在太原文瀛湖畔举行工人、学生、市民群众大会，纪念孙中山逝世两周年和庆祝北伐胜利。邓国栋带领的太原总工会纠察队和杨笑天带领的山西工人代表总会纠察队，同时进入会场维持秩序。当大会主席苗培成发表演说对共产党百般诬蔑时，共产党首席代表王瀛怒不可遏，登台对其诬蔑予以迎头痛斥，并带领群众高呼“反对分裂，坚持合作！”等口号。这时，国民党右派分子趁机闹事，会场大乱，双方纠察队遂发生械斗。

3 月 13 日，苗培成和韩克温命令杨笑天雇用流氓打手数百名，砸了太原总工会机关，抢走大批文件，还用绳子拉着太原总工会秘书武子程（共产党员）游街示众。邓国栋得知消息后，迅速集结四百余名工会会员，由太原兵工厂党的特支书记杨高梧指挥，追赶流氓打手，双方队伍在太原市柳巷北口相遇，当即展开“街斗”。政府当局以禁止“街斗”为名，派军警设置路障，阻挠太原总工会队伍通过，掩护杨笑天逃跑。在工人队伍前扛大旗的邓国栋愤怒至极，高喊“拥护孙中山”“打倒反动军阀”等口号，带领一部分工人冲过封锁线，救出了遭军警扣押的武子程。

当天夜晚，中共太原执委在太原国民师范召开紧急会议，讨论回击国民党右派的措施。会议决定由邓国栋、薄书存（薄一波）负责，从各处工会会员、党团员中挑选两千人，组成工人义勇队，去攻打国民党右派的大本营——太原平民中学。14 日一早，邓国栋与薄书存一起带领工人义勇队冲入平民中学，用喊话的方式命令师生到学校广场集合。苗培成闻讯逃跑，韩克温被抓获。上午，邓国栋以太原总工会的名义召开群众大会，公审韩克温。会上群情激愤，纷纷质问韩克温：为什么要砸太原总工会？为什么要破坏国共合作？韩克温被问得哑口无言，只好低头认错，赔礼道歉。

通过这场斗争，邓国栋在群众中的威望更高了，斗争经验也更丰富了，逐渐成为山西工人运动的杰出领袖。

山西农民运动的领路人

1927 年蒋介石发动“四一二”反革命政变后，国内政治局势陡然逆转。

6月，阎锡山紧步蒋介石后尘，实行“清党”“清校”，查封革命群众团体，大肆逮捕共产党员和革命人士，瞬间白色恐怖笼罩了三晋大地。

1927年5月19日，中共中央批准撤销中共太原地方执行委员会，成立中共山西省委。同年9月，根据中共中央开展土地革命的战略方针，确定党的工作重点由城市转向农村，省委遂派邓国栋以省委特派员的身份前往祁县，配合先期到达祁县的汪铭开展农民运动。邓国栋化装成一个农夫来到祁县，住在张庄外的地窖里，以靠编柳筐为生的青年农民岳思康为向导，开展革命活动。通过一段时间的调查了解，他介绍岳思康等一批农村革命青年加入了共产党，并通过他们组建农民协会。当时，祁县各村普遍存在村长贪污勒索、动辄吊打村民和欺压群众等现象，广大农民对此恨之入骨，但又敢怒而不敢言。针对这种情况，邓国栋和党的其他领导人，打着“国民党祁县县党部”的旗号，依靠农民协会，开展反贪污、反恶村长的斗争，很快就掀起了农民运动的高潮。邓国栋亲自指挥的张庄农民协会，从清查贪污账目入手，斗倒了村长岳维经及其后台岳思纲，旗开得胜，首战告捷。接着，瓦屋村农民协会把违反山西省政府禁令、任意捆绑吊打农民的村长扭送到区公所，经过政府裁决撤销了其村长职务。随之，贾令镇的农民协会游行示威，散发传单，到县政府请愿，斗倒了把持村政权多年的反动村长李钟瑶，同时通过选举，农民协会掌握了村政权。到1927年底，祁县九十六个村都成立了农民协会，部分平川地区还成立了区农民协会，反土豪劣绅和坏村长的斗争如火如荼地开展起来。

1928年，为了加强全乡各村农民协会的联合，推动农民运动向纵深发展，邓国栋利用2月11日（正月二十日）张庄举行庙会的机会，决定由张庄农民协会出面，举行庆祝反贪污斗争胜利大会，并向远近各村农民协会发出了请柬。于是邻近的各村农协会员都结队而来，远地的各村农协也都派来了代表。会上，张庄农协和其他一些村的农协领导人都即席讲话，带领广大农协会员们振臂高呼“天下农民是一家”“打倒贪官污吏”“农村一切权力归农协会”等口号，群情激昂，欢欣鼓舞。当日夜晚，由张庄农民举办的龙灯、旱船、高跷、铁杠等各种游艺节目沿街演出，人山人海，盛况空前。很多农户都在自家门口摆设桌案，放着糖果、柿饼、糕点和茶水，招待外村来的农民兄弟。

这次大型群众集会极大地鼓舞了农民群众的斗志，但也引起了山西当局的注意。

宁死不屈的革命志士

1928 年 2 月 27 日夜晚，天上飘着鹅毛大雪。中共祁县县委扩大会议在张庄地下党员岳中泽家中举行。会议结束时已过午夜，多数县委领导成员都离开了会场。岳思康回家取被褥，准备安排邓国栋到村外地窖里住宿。当取了被褥来接邓国栋时，岳思康发现岳中泽的家已被军警包围了，他急忙跑到地下党员岳鹏云家，商量怎么办。岳鹏云急中生智，从屋墙上取下一面铜锣，披上棉袄上了大街，边敲锣边喊“抓土匪！”“抓土匪！”。乡亲们听了，都手执长矛、短刀向岳中泽家围拢过来，县警察局巡官王原天鸣枪射击，众人才被迫撤退。岳中泽听到枪声，向邓国栋报告有敌情。邓国栋沉着地说：“会散了，同志们都走了，他们来也枉费心机！”他把棉袄反穿过来，戴起一顶破毡帽，化装成长工模样。这时，王原天破门而入，揪住邓国栋的衣领问他叫什么名字。邓国栋从容不迫地回答：“我叫李仁亭，是来找岳先生揽活干的。”军警中没人认识邓国栋，一下子愣在那儿。不料国民党山西省党部候补委员苏益三这时坐轿车赶到，他用手电筒照着邓国栋的脸，仔细辨认一番后得意地说：“这一回可找到你了，你不叫李仁亭，你是共产党的要犯邓国栋！”

邓国栋就此被捕，同时被捕的还有共产党员岳中泽、弓晋祥、王德茂、阎定础等同志。次日上午，邓国栋和其他被捕的同志被捆在两辆马车上解往太原。途中，夜宿太原南郊小店镇看守所，夜深人静时邓国栋悄悄地对大家说：“我的政治身份，国民党山西省党部的老爷们都知道，不要因为我把你们连累了。你们只说不知道我是邓国栋，更不知道我是共产党员，就说我是来向国民党祁县县党部工运部部长岳中泽找活干的。大家的口供要保持一致。”

国民党山西“清党”委员会开始审讯时，岳中泽、弓晋祥、王德茂都按事先约定的口供陈述了一遍，拒绝承认他们是共产党员。但会议记录已落入敌手，敌人不会轻信口供，因此一次接一次地对他们严刑拷打，进行逼供。邓国栋是“首犯”，受刑最重，但他一直坚持：“我只知道我参加过共产党，别的什么都不知道。”

经过“清党”委员会几个月的初审，邓国栋被转送到山西地方法院继续审讯。地方法院院长邵修文、书记官原子明都是河津人。判决前他们私下找邓国栋说：“任之，念在咱们是同乡，只要你把共产党在山西的组织情况讲清楚，什么事情都好办。”邓国栋横眉冷对地回答说：“山西共产党就我一个人，别的不知道，要杀就杀，你们看着办！”

他的父亲邓海燕到太原狱中探望时，他对父亲说：“没有什么好难过的，您老回去吧！”他听到父亲打算拿出一大笔钱赎他出狱时，就又说：“我花您老人家的钱不少了，您应当把营救我的那笔钱用给穷苦人民。”

最后，邓国栋被判处无期徒刑，被关押在地方法院看守所里。由于长期的刑讯折磨，邓国栋已面目全非，四肢残废，饮食不进。1928 年 12 月 21 日，这位坚强的共产党员在狱中口吐鲜血，气绝身亡，时年二十三岁。逝世前，他知道自己的生命就要结束了，便对同囚室的难友、政治犯王权五（共产党员）意味深长地说：“我以苏维埃政权在山西未能实现为憾！盼所有同志发动游击战争，以革命的武装消灭反革命武装，求得革命彻底胜利！”

由北到南奋斗一生的革命志士赵宝成

赵宝成的一生可谓革命的一生，战斗的一生，经历丰富的一生。他的革命生涯极具传奇色彩，他的革命足迹遍布大江南北。赵宝成原本是一位富家子弟，后在进步思想的影响下投身革命。早在学生时期，他就积极参加了省立一中驱逐反动校长魏日靖的斗争、反对曹锟贿选的群众运动、声势浩大的沪案后援活动。成为职业革命家后，他奔波于大江南北，做过河南冯玉祥部的兵运工作，当过上海党中央的秘密交通员，在江西中华苏维埃共和国担任过总务厅厅长。中央主力红军长征后，1935 年 6 月，他在瑞金铜钵山与“搜剿”敌人作战时壮烈牺牲。

学生时期的革命活动

赵宝成，原名赵成璧，字元和，1902 年 11 月 26 日出生于山西省五寨县三岔镇的一个大户人家。赵家是五寨县知名的富户，书香门第，父亲赵世禄是全县为数不多的清末秀才，为人正直，才华横溢，在五寨县颇有名望。辛亥革命时，追随太原起义将领南桂馨，在太原警务处供职，凭着深厚的国学功底升任秘书之职，成为南桂馨倚重的幕僚。赵宝成从小聪明好学，随父亲在太原读书，十七岁时考入山西省立第一中学。当时的省立一中，刚刚经过“五四”运动洗礼，马克思主义在校园广泛传播，青年学生要求民主、自由，反对旧礼教、旧八股，提倡白话文的新文化运动日益高涨，省立一中由此成为山西的革命中心。赵宝成在同学贺昌、王振翼、彭真等人的影响下，阅读了《共产主义 ABC》《共产党宣言》《平民》《新青年》等进步书刊。1920 年夏天，他有幸聆听了高君宇召集青年探讨人生观和世界观问题的座谈会，认识到青年只有坚持辩证唯物主义，确立正确的世界观，才能为国家做贡献。

1921 年 10 月，在高君宇的倡导下，赵宝成与王振翼、贺昌、李毓棠等一起组织成立了以“研究学术，服务社会”为宗旨的外围学生团体——青年学会，在青年学生中灌输反帝反封建和十月革命的新思想，还与校内其他学生组织一起合办“平民小学”“成人夜校”，免费为贫寒家庭的子女提供学习场所。赵宝成作为青年学会的组织者之一，为筹建学会积极联络青年学生、购置图书，做了大量准备工作。

这期间，赵宝成作为骨干分子踊跃参加了驱逐反动校长魏日靖的斗争。魏日靖订立了许多不合理校规，处处刁难打击学生的进步活动，激起了广大师生的愤慨。1922 年秋，在贺昌为领导的太原团执委的推动下，青年学会总干事刘廷英出面召集全体学生在学校礼堂开会，揭露魏日靖刁难和压制学生的行为，讨论“罢课宣言”，提出了“要求政治活动自由”“反对封建独裁”“打到坏校长魏日靖”等口号，得到与会同学的一致赞成响应。会后，刘廷英、赵宝成、罗秀等十九名学生冲进校长室，将魏日靖驱赶出校门。全校六十名教职员，也都以停止教学和其他活动的方式支持学生的革命行动。阎锡山闻知此事，坚决不肯另派新校长，但又怕一中风潮波及省城其他学校。相持半月之久，省教育厅在阎锡山的授意下，在省公署召开全校教职人员座谈会。阎锡山亲自主持，说服教职人员在没有校长的情况下先行复课，教职人员则以“没有校长做主，没法教书”而婉言拒绝。座谈会后的第二天，阎锡山命令政务厅厅长崔廷献、警务厅厅长南桂馨和教育厅厅长虞铭新等人带领警察来到省立一中，逮捕了刘廷英、赵宝成等十九名驱赶校长的活跃分子，召集学生到大礼堂开会，由虞铭新出面训话，训示全校师生停止罢课，立即复学。学生们愤怒地把三位厅长拉出大礼堂，关进了校长室，提出“不释放被捕的同学，就不放他们回去”。阎锡山得知三位厅长被学生们关了起来，便派一个步兵营将省立一中包围起来。数百名学生在贺昌的秘密指挥下关闭校门，手持棍棒自卫，军队和校内学生相持了三天三夜。阎锡山无奈只得在暗地里做出让步，以换取事态的平息。他指使教育厅官员冯司直以“山西教育会会长”的身份到警务厅将十九名被捕的进步青年保释出来，并亲自送回学校。经过斗争锻炼的一中学生，识破了他们的诡计，一面以释放三位厅长作为让步，一面继续坚持罢课斗争，坚决要求撤换魏日靖。这场斗争，最终于 1923 年 3 月以政府被迫撤掉魏日靖的校长职务、由一中学监李贵德出任新校长取得了胜利。经过这场旷日持久的激烈斗争，赵宝成变得更加坚毅成熟了。

省立一中四年的学习生活，使赵宝成受到了早期共产主义的启蒙教育和实际斗争的锻炼。为了追求真理，寻找救国救民的道路，1923 年毕业后，他毅然离晋赴京，考入北京民国大学。北京民国大学由北大校长蔡元培兼任校长，提倡学术自由、科学民主，是一所具有先进办学思想和革命传统的大学。在这里，赵宝成和在北京大学工作的省立一中校友高君宇、刘廷英取得联系，积极参加了北大进步学生的各种进步活动。他经常听取蔡元培、李大钊、陈独秀等人的报告和演讲，阅读了很多介绍马列主义的书刊。他进一步认识到，学苏俄的方法，走革命的道路是唯一的救国之法，只有共产党才能救中国。在反对曹锟贿选的群众运动中，他冲在前面，立场坚定，表现得非常坚决。

1924 年 9 月，经北方区执委高君宇、黄日葵介绍，赵宝成加入了中国共产党。1925 年夏，他利用假期回乡之机，与在北京、上海、太原读书的李希龙、刘俊德、李在唐等暑假回乡的共产党员、进步青年一起，在五寨县文庙奎星阁创办了“夜光学社”，组织广大青年阅读《新青年》《北方红旗》《工人周刊》等进步刊物。同时主编出版不定期杂志《夜光》，多次举办“读书报告会”“形势演讲会”，为闭塞的五寨播下了革命的火种，给进步青年指明了斗争方向。这一年 7 月 2 日，赵宝成和李在唐相约进步青年在县城利用古庙会向群众宣讲“五卅”惨案的真相，揭露帝国主义的罪恶行径，号召受压迫的民众团结起来，打倒帝国主义，打倒封建主义。经过实地工作的考验，他介绍了在省立国民师范读书的同乡李在唐、在北京大学读书的五寨老乡张孝友等人加入中国共产党。

在太原等地开展地下工作

1927 年大学毕业后，赵宝成奉北方区委执委指示借其父亲任山西警务处秘书的社会关系回太原工作。在中共太原地方特别党部的领导下，他经常深入工厂，宣传革命思想，发展组织，壮大队伍。他和李舜卿、阎林民等同志一起建立了党的外围组织——新学术研究会太原分会，把一批先进青年吸引到党的周围，组织他们学习马列主义和党的基本知识，激发他们的革命热情，为革命培养了一批人才。新中国成立后任中央高级党校副校长的范若愚曾回忆，赵宝成是他向往共产党、参加革命的引路人。赵宝成的妻子石澹峰也说，是在赵宝成的影响下，她才走上革命的道路。

1927年4月12日，蒋介石叛变革命，阎锡山通电拥护南京国民党政府，开始了自上而下的“清党”活动，到处搜捕共产党员，太原的党组织遭到严重破坏，不少党的积极分子被捕入狱。在此特殊情况下，幸存的几位党的负责同志召开了紧急会议，组成中共临时山西省委，决定由王鸿钧代理省委书记，崔锄人任组织部部长，戎子桐任宣传部部长，赵宝成也参加了省委工作。党的基层组织在戎子桐与赵宝成负责秘密联系整顿后，二十多个支部很快又恢复起来。当时赵宝成兼任中共太原警察支部书记，他利用父亲的社会地位和人际关系，在获取敌人信息、掩护干部转移、传递党的机密文件方面做了大量工作，还参与了当时省委组织的太原新华舞台爆炸一事。

后来当局探知新华舞台爆炸事件与警务处秘书赵世禄的二公子有关，即派警察将赵世禄的住宅层层包围起来。眼看敌人就要冲进来，在此千钧一发的紧急时刻，赵宝成急中生智，迅速穿上父亲的衣服，带上礼帽，拄上文明棍，在敌人的眼皮底下大摇大摆地走出家门扬长而去。等到敌人闯进房间抓人时，哪里还有他的踪影？他星夜离开太原，昼伏夜行，于春节前夕逃到翼城县石澹峰（共产党员）家中，筹集路费，化名程慎之去河南开封寻找党组织。在开封，他与组织接上了头。1928年4月，开封党组织遭到破坏，他又改名赵阁民，化装成商人前往上海。接上组织关系后，党组织派他秘密返回河南到冯玉祥部做兵运工作。后来冯玉祥迫于蒋介石的压力，也开始在其内部“清共”，赵宝成被迫离开冯部，再次到了上海。

在上海、瑞金做交通工作

1929 年秋，他到上海做党中央的秘密交通工作，始改名为赵宝成。此时周恩来任中央组织部部长，邓颖超是组织部干事，负责党的交通工作，是赵宝成的顶头上司。遵照上级的指示，赵宝成和李希龙、李在唐在上海开了一家旅馆，名义上是供客人住宿的地方，实则为党中央的一个秘密交通站，专门负责中央重要文件的传递与联络，接待来沪参加党中央会议的领导同志，同时负责为党中央和中央苏区购买运输物资的任务。

为了掩护交通站的工作，1929 年春，经组织批准，石澹峰由山西调到上海和赵宝成结为夫妻协助其工作。在白色恐怖的形势下，负责党内交通工作既艰苦又危险，因此，他们必须是党性强、吃苦耐劳而又机警精明的人。他们的装束还要与自己假扮的身份相称，与当地的环境相合，携带的文件必须得到妥善收藏和伪装。到达接收文件的机关时，还要注意是否有人跟踪。秘密接头前，须预先约定暗语与记号，见面后首先交换彼此约定的暗语，以防万一，分手时还要约定第二次见面的时间和在危险时刻报警的办法。那时候，叛徒、特务无孔不入，渗透得很厉害，一不留神就有坐牢杀头的危险。就是在这样险恶艰难的环境中，赵宝成往来于津、蚌、沪、杭一带，为中央苏区购买和运输各种机械用品，并保持通讯联络，能够做到波澜不惊、从容应对，完成党交给的一切艰巨任务，确实不容易。

1931 年 6 月 22 日，时任中共中央政治局主席的向忠发被捕叛变革命，出卖了党在上海的秘密机关和一大批同志。为了保存革命力量，避免更大的损失，党中央决定让部分同志分批撤离白区，向中央苏区转移。赵宝成和妻子石澹峰化装成商人和农民，分头向江西瑞金转移。他们夜里赶路，白天隐蔽，一路之上多次遭到搜查盘问，身上的钱物几乎被抢光，幸好有护送的同志接应，1932 年 1 月中旬才终于踏上了苏区的土地。

从上海来到红都瑞金的第二天，邓发代表临时中央保卫局、邓颖超代表中央组织部，前来看望赵宝成夫妇。他俩分别汇报了撤出上海后的情况。邓颖超说："你们能安全到达苏区，这就好，先休息几天，组织上会尽快安排你们的工作。"一周以后，临时中央组织部将赵宝成安排在苏区中央工农通讯社担任副社长。中央工农通讯社隶属于中央交通局领导，工农通讯社是对外的称呼，实际发挥的是交通站的作用。赵宝成在上海时做交通工作，到瑞金后干的还是老本行。

在工农通讯社工作一年多，赵宝成吃苦耐劳的精神和出色的组织能力受到了组织的好评。时任苏区中央局书记的周恩来，注意到了早在上海党中央机关就已熟识的赵宝成。1933 年 2 月，周恩来向临时中央提名，由赵宝成担任中华苏维埃共和国临时中央政府总务厅厅长。3 月中旬，赵宝成离开工农通讯社赴任履新。

在中央政府做总务工作

中华苏维埃共和国临时中央政府总务厅相当于现在的国务院办公厅，关系到整个中央苏区军事、政治、经济等方面的成败得失，其职责之重可见一斑。它除负责协调中央政府各部门之间的日常关系外，首脑机关的衣食住行也得操心，事务繁杂而琐碎。当年的材料记载，总务厅的工作人员最多时达一百六十五人，是中央政府摊子最大的一个部门。总务厅设在瑞金沙洲坝的元太屋，下设管理处、文秘处、交通科、运输队等七个处室。首任厅长方维夏，第二任是刘开，赵宝成就是接替刘开的。

赵宝成接任总务厅厅长不久，恰逢第二次全国苏维埃代表大会将在瑞金召开。“二大”筹备委员会开会研究决定，建成“六大建筑”，以迎接大会召开。这“六大建筑”分别是在瑞金沙洲坝建造一座能够容纳两千五百人、供“二大”开会用的中央政府大礼堂；在叶坪建造红军烈士纪念塔、红军烈士纪念亭和红军检阅台；在叶坪建设公略亭和博生堡，以纪念第三次反“围剿”时英勇牺牲的红三军军长黄公略、第四次反“围剿”时牺牲的红五军团副总指挥赵博生。工期四个多月，责成总务厅实施完成。

“六大建筑”是中华苏维埃共和国具有象征意义的重大工程，尽管时间紧迫、任务艰巨（苏区物资匮乏，建筑工程量大），但赵宝成义不容辞地接过了这副重担。他立即在总务厅的干部职工中进行思想动员，同时组建了“苏大工程筹备处”，由总务厅管理处处长徐毅负责，下设工程所，以副处长左祥云为主任，配备工作人员二十余名，设立材料股、运输股、民工股等机构。不到一个月，“苏大工程筹备处”的工作人员全部到位，投入了紧张有序的工作之中。

赵宝成带领“苏大工程筹备处”的工作人员，克服重重困难，组织苏区各县近千名建筑施工人员，在“一切为了苏维埃”的口号鼓励下，奋力苦战，只经过四个月的时间，至 1933 年底，中央政府大礼堂和其他建筑先后竣工，六座中央苏区从未见过的“现代化建筑”矗立在人们眼前。1934 年 1 月 22 日，第二次全国苏维埃代表大会如期在瑞金沙洲坝中央政府大礼堂隆重开幕了！赵宝成想到自己为这几座象征苏维埃国家的建筑付出过心血，感到无比自豪和欣喜。

在“二大”会议上，经毛泽东、项英提名，赵宝成再次被任命为中央政府总务厅厅长。然而，谁也不会料到，就在他连任厅长的第十五天，由于手下左祥云、徐毅贪污建筑款案案发，赵宝成负有失察之责，受到了撤销总务厅厅长一职、判罚苦工一年的处分。赵宝成离开总务厅，前往设在瑞金上田村的中央红军兵工厂做工。仅干了五个月，其刻苦表现就得到了工人们的一致赞扬，中央人民委员会考虑到他能够认识错误，愿意接受党的批评教育，决定把他调到红军被服厂任副厂长。

1934 年 10 月，中央红军主力离开中央苏区，开始长征，赵宝成没有跟随。红军主力长征后只半个月，中央苏区的形势就急转直下。在敌人的围剿之下，赵宝成带着一支七十多人的精干队伍退入银坑，然而还未站稳脚跟，敌人就尾随而来。他们在瑞金的大柏地打了一段时间游击，敌人又从四面八方围拢过来。赵宝成指挥队伍且战且退，进入铜钵山。在铜钵山，赵宝成与游击队白天修筑工事掩体，布设檑木滚石，做好迎接恶战的准备。晚上，他同队员们一样，轮流在几处隘口担任警戒。所幸此时正值农历五月，气候不冷，山上各种野菜都长出来了，他们每天靠吃两餐野菜煮成的稀粥，坚持了半个多月。

1935 年 6 月上旬，敌军赵观澜以四个营的兵力，对铜钵山进行“搜剿”，欲将红军游击队困死、饿死。十余天过去，赵宝成他们的粮食吃光了，附近的野菜也挖光了，得不到一点食物补充，被围困在一座山上。敌人先对山头施以火烧，然后对失去掩蔽又没有子弹的游击队发起以活捉为主的进攻。赵宝成见敌人越冲越近，知道最后的关头到了。他什么也没有想，只是吩咐战士们用石头跟敌人拼，然后他抄起脚下的石头奋力扑向敌群。敌兵纷纷扣动枪机，赵宝成壮烈牺牲，年仅三十三岁。

新中国成立后，由于种种原因，赵宝成的革命事迹长期鲜为人知。1965 年，其子石毅上书毛泽东，经毛泽东辨认了照片，予以批示，中组部做出调查证明,才经内务部(民政部)于 1966 年决定追认赵宝成为革命烈士。1966 年 12 月 19 日，山西省民政厅批准追认赵宝成为烈士，并责成翼城县民政局召开有三百人参加的赵宝成烈士追恤大会，将写有“中华苏维埃共和国中央工农政府总务厅厅长赵宝成烈士永垂不朽”的金匾挂在石澹峰家中。

“一二·九”运动杰出的学生领导者谷景生

1935年12月9日，北平爆发了声势浩大、举世震惊的“一二·九”抗日爱国运动，这在中国青年学生运动史乃至中国革命史上写下了光辉灿烂的一页。它的划时代意义，正如毛泽东指出的那样：“至于‘一二·九’运动，它是伟大抗日战争的准备，这同‘五四’运动是第一次大革命的准备一样。‘一二·九’推动了‘七七’抗战，准备了‘七七’抗战”。”“‘一二·九’运动是动员全民族抗战的运动，它准备了抗战的思想，准备了抗战的人心，准备了抗战的干部。”谷景生作为一名二十岁出头的年轻人，在党的领导下，和其他同志一起，顺应时代的需要和形势的发展变化，发动、组织、指挥了这场伟大的群众运动，经受了一场实际斗争的考验和不平凡的战斗洗礼。

斗争中成长起来的革命青年

谷景生，1913年7月出生于山西临猗县的一个农民家庭，在家乡读完小学后，1930年背井离乡来到太原省立一中求学。在省立一中学习期间，他参加了党的外围组织读书会，如饥似渴地阅读了《向导》《生路》等进步刊物，接受了革命思想的熏陶。随着思想上的逐渐成熟，他积极向党组织靠拢，在党的引导下，参加了多次革命斗争活动，经受了实际斗争的考验。

1931 年“九一八”事变爆发，由于蒋介石集团对日本侵略军采取不抵抗政策，导致东三省国土沦丧。是年 11 月，太原一中的进步学生在太原市地下党组织的发动下，举行了一次抗日救亡的飞行集会。

这天，太原虽是北风呼啸的初冬，但人们不畏天寒纷纷涌向街头，店铺门口、街道两旁，到处都是群情激奋的人群。人们挥舞旗帜，手举各色标语，高喊“团结起来，抗日救亡”“打倒日本帝国主义”等口号。谷景生也挤在人流当中，与群众一起高呼口号。接着，指挥游行示威的人发出游行开始的信号，太原一中的学生走在队伍最前列。谷景生、王魁金等几个读书会的学生，不畏军警的阻拦，边走边带领大家高呼口号。这时路边的人也陆续加入了游行队伍，人流像潮水一般，冲开前来阻止学生游行的军警，继续向前行进……

1932 年春，谷景生考入北平大学附属高中读书。这期间，在共产党员牛照曦的介绍下，谷景生加入了中国共产主义青年团，不久又加入中国共产党。

1933 年 4 月 22 日，中共河北省委和北平党组织领导发起了为革命先烈李大钊举行公葬的活动。这一天，谷景生怀着悲痛的心情，在李大钊祭堂前宣读了自己连夜写成的一篇祭文。他在祭文中说：“我一定继承您的遗志，用您对革命的忠诚和精神！跃进，雄飞……”

公葬开始，谷景生又随着学生、工人、农民、士兵、市民等七百余人组成的送葬队伍，高举着挽联、抬着花圈参加送葬。队伍由浙寺出发，行至西四牌楼准备路祭时，蒋孝先的宪兵三团出动，大批宪警乘车赶来，以“妨碍治安”为名开枪拦截，四处追捕学生。谷景生机智地躲进一处民宅藏了起来。待宪警搜捕过后，他一个人继续追赶队伍到香山万安公墓，参加了李大钊的安葬仪式。

1933 年 5 月，原西北军将领吉鸿昌（共产党员）联络冯玉祥共同发起成立察哈尔抗日同盟军。同盟军成立后，中共北方局决定派得力干部前去支持和帮助其抗日。谷景生受北平市委派遣，先到察哈尔前委工作，后随着战局的变化、战场的需要，来到一线部队第五师张韬第一团任政委。此时，同盟军在日、蒋联合夹击下，处境十分艰难。9 月底，由于对形势的错误估计，部队在北平外围小汤山一带与日军和国民党军作战时遭受重创。

在这次战斗中，张韬与谷景生率领一团担任先锋，为全军开路。当部队行至潮白河口时，遭遇日军正面阻击和国民党军的背后围攻，张韬和谷景生指挥部队多次突围，期望为全军杀出一条血路，但终因弹尽粮绝而失败。此次战斗中，团长张韬英勇牺牲，谷景生身负重伤，昏迷后不幸被俘。后经地下党营救被送到北平协和医院。在这里经过八个月的治疗，谷景生的伤情渐渐痊愈，但却与党组织失去了联系。

重返北平任临委书记

1934 年初，谷景生伤愈出院，化名谷峰，住在北平第四中学一位朋友的公寓里。当时，他从一个进步学生口中得知，北平地下党组织又遭到破坏，已陷入瘫痪。面对这种险恶局面，谷景生并未对革命失去信心，而是四处秘密探访，寻找地下党，想尽快与党组织接上关系。

几天后，他在大街上遇到了先前一块儿办革命刊物的彭涛。彭涛也是小汤山战斗失败后回到北平来的，也正在寻找党的组织。随后，谷景生通过彭涛又认识了共产党员周小舟。三人经过一番商谈，决定先以读书为掩护，再寻找机会与北平地下党取得联系。不久，彭涛与北平地下党员王学明、冷楚取得了联系，周小舟通过一个学生的关系又和河北省委接上了头。1935 年 6 月，中共河北省委派李常青到北平，决定建立中共北平市工作委员会。王学明任书记，成员有冷楚、彭涛等。周小舟负责武装自卫会北平分会工作，谷景生担任北平市左翼文化同盟（简称“文总”）和北平市左翼作家联盟（简称“左联”）的党团书记。在此期间，谷景生与彭涛、周小舟一起，组织开展了向何应钦请愿的活动和黄河水灾赈济活动，为进一步发动广大民众和青年学生开展救亡运动打下了基础，也为“一二·九”运动做了组织上的准备。

1935 年 10 月，在日军的策动下，汉奸殷汝耕粉墨登场，成立了“冀东防共自治政府”，宣布脱离国民党南京政府。不仅如此，蒋介石还下令成立“冀察政务委员会”，以满足日本妄图使“华北特殊化”的野心，华北危在旦夕，中华民族到了最危险的时刻！

在这样一个危急关头，关于如何应对局势、采取决策，北平地下党内部发生了激烈的争论。一方以王学明、冷楚为代表，认为发动学生向国民党政府请愿游行是右倾投降，主张组织暴动，打倒国民党，建立北方苏维埃；另一方以谷景生、彭涛、周小舟为代表，主张以合法方式与国民党投降主义政策做斗争，积极扩大和发展抗日力量，不断开展民族救亡运动。

正当这两种意见相持未决时，谷景生等人在莫斯科《国际工人通讯》

上看到了1935年8月1日发表的《为抗日救国告全体同胞书》，文章指出“抗日则生，不抗日则死”，号召全国人民团结起来，停止内战，共同抗日。根据这些精神，谷景生等人更加坚定了自己的意见。为了尽快统一党内的思想，三人商量后，推举周小舟去天津，向领导北平党组织的河北省委汇报这种内部意见分歧。河北省委听取意见后，充分肯定了谷景生他们的工作，赞同他们的政治主张，并决定改组北平市工委，任命谷景生为北平市临时工作委员会（简称“临委”）书记兼共青团北平市委书记，彭涛任临委组织部部长，周小舟任临委宣传部部长。随后，又委派李常青为特派员，代表河北省委领导北平党的工作。

中共北平临委成立后，立即确定党的中心工作是发动学生反对“华北五省自治”，壮大抗日统一战线。为实现这一目标，北平临委研究决定，成立半公开的北平大中学生联合会。一中学生、女共产党员郭明秋为学联主席，清华大学学生、共产党员姚克广（姚依林）为秘书，镜湖中学学生、共产党员孙敬文为总交通，东北大学学生、共产党员邹鲁风为总纠察，燕京大学学生、共产党员黄华为总交际。由谷景生、彭涛、周小舟组成学联党团领导核心。具体分工是，彭涛、周小舟可以参加学联的公开活动，北平临委的有关决定通过他们向学联其他成员传达。谷景生作为书记不公开露面，而是驻机关在幕后指导。

这时，中共北平临委获悉，国民党政府和宋哲元、日军预定在12月9日成立半傀儡的“冀察政务委员会”，从而使华北五省全部沦入敌手。在这危急关头，谷景生、彭涛、周小舟果断决定于12月9日这一天，由北平学联出面，组织爱国学生向国民党政府请愿，坚决反对“冀察政务委员会”的成立。

为了组织发动这场请愿活动，12 月 6 日晚，谷景生和彭涛、周小舟以学联党团的名义，组织部分学联成员在辟才胡同洋车厂里举行了一次秘密会议。会上，研究分析了国民党当局可能采取的行动和对付军警阻拦学生的措施。谷景生摊开北平市地图，讲了各学校向新华门进发的路线，并提出组织学生自己的交通队和纠察队，布置了如何利用外国记者和他们的车辆与军警周旋的办法。会上还要求各学校采取分散与集中相结合的灵活方式，巧妙躲过军警的追捕，尽量减少不必要的牺牲。

会后，各大中学校迅速传达了北平临委的会议精神，并做了进一步的具体组织安排。此时此刻，广大爱国学生长久被压抑的抗日怒火像火山一样，一旦喷发就会燃烧起熊熊烈火，发出惊天动地的巨响。

“一二·九”运动的坐镇指挥者

1935 年 12 月 9 日，沉默已久的北平城像被唤醒的狮子一样怒吼了。这一天，朔风凛冽，寒气逼人。警察当局事先听到了学生要请愿的消息，清晨就下了戒严令，派警察堵住了城内外许多学校的大门，并在一些街道要冲布置了岗哨，企图扼杀这次运动。学校当局也奉命把守校门，防止学生出入。但是，城内外参加请愿游行的学生们，在中共北平临委和学联的领导下，自黎明起便冒着刺骨的寒风按照计划行动起来，分路奔向新华门。在城内，走在队伍前列的是东北大学、中国大学、北平师范大学和市立女一中的学生。

根据北平临委和学联的决定，东北大学的校址在西直门内，应首先与从西直门进城的清华大学、燕京大学的队伍会合，然后直奔新华门向何应钦请愿。可当时清华、燕京的队伍被阻于城外的消息已传来，于是东北大学决定单独行动。

学生们手挽着手，高举请愿团的旗帜，高呼“打倒日本帝国主义”的口号，由北向南行进，沿途机警地避开了在新街口一带设置的封锁线，从北河沿转到西四北大街。这时，北平大学、法商学院的二三十名学生突破军警的阻拦加入了队伍，接着东北中学的一些学生也冲破军警的包围汇入队伍，请愿队伍越来越壮大。最后，学生们冲破一道道封锁线冲向新华门。

与此同时，城内的中国大学、北平师范大学、市立女一中等学校也巧妙地摆脱了军警的包围，向西单北大街、新华门奔去。他们一路高喊口号，一面散发中国大学的《告各界同胞书》和学联的《请愿宣言》。

城外的清华大学和燕京大学的学生们，清晨五点集合，向西直门方向行进。当冲破军警的阻拦赶到西直门前时，警察当局已将西直门关闭，城楼上下到处都是荷枪实弹的宪兵，学生们反复斗争，均无结果。这样，清华、燕京等学校的学生队伍被困阻在了西直门外。

这时，已经是上午十点多，新华门前已汇集了几千名学生，而新华门却紧紧关闭着。门前排列着手持刀枪杀气腾腾的警察宪兵。这种敌对局面，更加激起了广大学生的义愤。他们在新华门广场上挥舞旗帜，振臂高呼“打倒日本帝国主义”“反对华北五省自治”“立即停止内战”。这呼声划破了笼罩在古城上空的乌云，喊出了全国各族人民的心声。为了取得请愿斗争的胜利，学生们临时推选了三名代表，要求面见何应钦。何应钦却避而不见，对学生们的六项请愿要求不予答复。按北平临委预先的部署，各校代表立即决定，改请愿为示威游行。与此同时，被军警阻挡在西直门外的清华、燕京等学校的学生队伍也一直坚持抗日宣传，与军警进行着斗争。

当游行队伍经过西单时，遭到上百名军警的阻拦和大刀、木棍、枪托的袭击。学生们勇敢地冲破封锁线，才知西直门附近已布满了武装军警、宪兵，准备以武力进行驱散。彭涛及时派人把这一情况向谷景生和李常青做了汇报，他俩立即指示学联指挥部，为避免牺牲应改道东行。于是，浩浩荡荡的游行队伍由北向南前进，沿途不断有市民和学生加入。队伍抵达王府井大街时，已经发展到四五千人。待游行队伍继续行进到王府井南口时，又一次遭到军警、宪兵的镇压。手持大刀、木棍、皮鞭的军警向手无寸铁的学生们猛击乱打，用消防水枪冲击学生。与军警、宪兵开展十几分钟的搏斗后，游行队伍最后被冲散。

此时，在临委机关的谷景生和李常青知晓了游行队伍被冲散的消息，为了保存力量，避免不必要的牺牲，便通过地下交通员通知在一线指挥的彭涛暂时停止游行，准备十日起实行全市罢课，准备更大规模的示威游行。随后，游行队伍按这一决定，怀着强烈的愤怒和坚定的决心，在暮色中分路返回学校。

“一二·九”运动之后，北平当局欲于 12 月 16 日成立半傀儡性质的冀察政务委员会，谷景生同彭涛、周小舟和李常青一起又成功组织了更大规模的罢课斗争和“一二·一六”示威大游行。

在北平临委和学联的领导下，“一二·九”和“一二·一六”两次游行示威，不但沉重打击了日本帝国主义的嚣张气焰和国民党政府的卖国行径，迫使“冀察政务委员会”不得不延期成立。同时，也极大地发动了北平广大学生和各阶层人士，促进了抗日救亡运动的开展和抗日民族统一战线的形成。

“一二·九”运动的后续领导者

轰轰烈烈的“一二·九”和“一二·一六”运动之后，北平国民党当局一方面下令学校提前放假，迫使学生各自回家，不能再集中；同时下令学校派代表到南京“聆训”，妄图把学生运动纳入他们的掌握中。另一方面，他们断定两次游行示威一定有共产党的组织领导，决定派出大批特务加紧侦探，再次破坏北平地下党组织。

针对这一局势，谷景生、彭涛和李常青立即召开了紧急碰头会，研究了敌人可能采取的行动，以及如何防止地下党组织再遭破坏和设法营救被捕学生等问题。会后，临委指示彭涛连夜召开学联成员会议，进一步研究讨论这些问题。

第二天，谷景生秘密与学联主席郭明秋在中山公园接头后，听取了学联开会讨论的情况，并向郭明秋交代当前要做三件事：一是要继续组织学生罢课，反对提前放假，反对派代表到南京“聆训”；二是派代表到上海等地向社会各界介绍北平学生的运动情况，以扩大运动的影响，寻求全国的支持；三是收集在游行示威中受伤学生的血衣举行展览大会，并组织各界同胞慰问受伤学生，以此揭露国民党镇压学生运动的罪行。

之后，正当北京临委和学联的领导们讨论、思索着北平爱国学生运动向何处去的时候，1935 年底毛泽东在瓦窑堡会议上发表了《论反对日本帝国主义的策略》，指出：“学生运动已有极大的发展，将来一定还要有更大的发展。但学生运动要得到持久性，要冲破卖国贼的戒严令，警察、侦探、学棍、法西斯的破坏和屠杀政策，只有和工人、农民、士兵的斗争结合起来，才有可能。”同时，共青团中央也向爱国学生发出号召，要求他们到工人中去，到农村中去，到士兵中去，帮助他们，唤醒他们。根据这个精神，北平临委成员及时召开会议决定，北平学联与天津学联联合组成“南下扩大宣传团”，到工人农民中去，唤起民众，宣传抗日救国。

1936 年 2 月初，中共北平市临时工作委员会改成中共北平市委，市委书记由河北省委派来的李雪峰接任。由于工作的需要，河北省委决定，谷景生继续抓团市委的工作，并继续担任左联书记、“文总”书记。

一天，谷景生和一些进步青年在泡沫社开会，不幸被捕。一起被捕的还有吕魁龙和清华大学学生王云。接着，军警将他们三人带到了北平市警察局，后来被关押在宪兵司令部。在狱中，谷景生受尽严刑毒打，但始终没有暴露自己的真实身份，敌人只知道他是艺文中学的学生。这样，在敌人没有查出任何证据的情况下，谷景生得到了艺文中学校长查良钊的保释。出狱后，谷景生继续任北平团市委书记、左联书记和“文总”书记，活跃在党领导的青年团阵地和文化战线上。

山西工人抗日武装的创建者侯俊岩

侯俊岩原为一介文弱书生，曾先后在北平大学法学院、日本大学读书，按这条道路平稳地发展下去，他本可以成为一名研究学问的学者、教授或法律工作者。然而，卢沟桥事变的爆发，打破了他平静的生活。他投笔从戎，走上了保家卫国的战场，先后担任了山西工人武装自卫队(简称工卫队，1938 年春发展为纵队，相当于旅的建制，简称“工卫旅”)的政治部主任、旅长兼政委。在当时国共合作抗日错综复杂的形势下，他积极执行党的统一战线政策，坚持既团结又斗争的策略，牢牢掌握党对军队的领导权，开展山地游击战，对这支工人武装队伍的发展壮大做出了不可磨灭的贡献。

少年时期即投身革命洪流之中

侯俊岩，原名兆风，1910 年 10 月出生于山西省平遥县西王智村的一个书香门第。祖母是一个典型的旧中国女性，早年守寡，靠着非凡的毅力把儿子抚养成人并取得功名，因而获得黎元洪大总统的亲笔题词——“巾帼完人”。父亲侯福昌系清末拔贡，民国初年曾任河南省新繁县、山西省永济县知事，山西省参议员。其兄侯外庐先后就读于北京政法大学、北京高等师范学校与法国巴黎大学，为著名的马克思主义史学理论家。

生长在革故鼎新、风起云涌的革命时代，加之受兄长侯外庐的影响，侯俊岩在少年时期就努力追求进步理想，积极参加火热的革命斗争。1925年5月30日，震惊中外的“五卅”反帝爱国运动爆发，在平遥第一高小读书的侯俊岩和同学们一道走上街头，加入了声援“五卅”运动的群众队伍之中。1925年秋，侯俊岩考入太谷铭贤中学。其时，大革命的高潮正在兴起，学校里已经有了国共两党的组织。在这里，侯俊岩接触到了中共中央机关报《向导》、中国共产主义青年团中央机关刊物《中国青年》等进步书刊。在这些进步书刊的启发引导下，年轻的侯俊岩革命激情喷涌而出。他满怀热情地参加进步师生开展的各种活动，组织学生读书会、社会科学讲习会等，传播先进思想，还与同学们一道深入农村，办农民识字班，组织农民协会，发动农民革命。

经过各种革命实践的考验，侯俊岩迅速从一个懵懂少年成长为一位革命者。1926年上半年，在国共合作期间，他以个人身份加入国民党。1927年6月，大革命失败后，侯俊岩毅然脱离国民党加入中国共产党。在革命低潮时期，他没有放弃自己的追求，继续留在学校与郝德青、徐金章等秘密组成党支部，利用学生会的合法地位，进行积极的斗争。他们运用墙报等形式揭露训育员欺压学生的行径，迫使学校辞退了与进步学生作对的一些职员；组织学生反对学校当局要求非基督教学生做“礼拜”、读《圣经》。侯俊岩的革命活动引起了反动当局的关注，1929年校方以组织学生罢课为由开除了他的学籍。

1930年春，侯俊岩以同等学力考入国立北平大学法学院俄文系，继续他的求学之路。北京作为新文化运动的策源地，其人文环境与政治空气是闭塞的山西不可比拟的。在北平大学法学院读书期间，他一如既往地对政治活动充满热情，积极参加党组织的各种活动，参加街头演讲、游行示威、散发传单、飞行集会等，因此受到警方的追捕。1932年冬，在继续求学中坚持斗争的侯俊岩再一次遭受开除学籍的打击，被迫离开北平。

1935年夏，侯俊岩没有正式工作，找不到组织关系，在苦闷中度过一段时间后，接受兄长侯外庐的建议和资助，东渡日本，进日本大学专修科学习。从20世纪初同盟会成立前后开始，日本一直是中国革命者的聚集地，与此相适应，进步书刊和马克思主义原著的出版也相对集中。去日本不久，侯俊岩就参加了左翼留学生组织的社会科学研究会。社会科学研究会下设新文学学会、三八妇女会、世界问题研究会等。作为世界问题研究会的负责人之一，侯俊岩负责组建了世界名著编译社，编译出版《世界动向》杂志，专门向国内介绍进步理论和革命活动。1936年夏，《世界动向》正式出版发行，参加编译工作的除侯俊岩外，还有李昭嘉、王孔昭、王仲英、王克西、毛掬等。所需经费多由留日学生募捐而来。然而，《世界动向》只出了一期就遭到了查禁。与此同时，侯俊岩不仅参与翻译了《货币知识》《日本经济》等书，而且经常向国内的进步刊物投稿。共产党人冀云程任主编的《乡村小学教育》、共产党人亚马任主编的《拓荒》上都发表过侯俊岩写自日本的文章。他还从有限的生活费中挤出一部分用来购买马列主义书籍寄回国内，为坚持斗争的同志们提供革命理论和精神食粮。

为争取共产党对工卫队的领导而努力

1937年初，侯俊岩结束在日本的学习回国。是年春，在北平由社会科学研究会的组织者雷任民介绍恢复了组织关系，由此再次回到党的怀抱。

时值全面抗战的前夜，救亡图存运动遍布全国，不断高涨。山西由于地处全国抗日前沿，我党与阎锡山的统一战线初步形成，牺盟会建立并逐渐成为全国抗日救国的中心区域。在此背景下，刚刚恢复组织关系的侯俊岩被委派回到山西，分配到牺盟总会工作，历任牺盟会特派员训练班工作员、军政训练班第四连指导员、军士一团政治部主任等。1937年7月7日，卢沟桥事变爆发，全民抗战拉开了序幕。日军在占领北平、天津后，很快就侵入山西。1937年9月，敌机开始轰炸太原，各公私厂矿纷纷倒闭，失业工人日渐增多。面对越来越严峻的局势，中共北方局指示中共山西省委和太原市委，要把组织一支工人武装作为一项中心工作来抓。在党组织的秘密发动下，在“武装起来保卫太原、保卫山西”口号的召唤下，9月27日，第一批二十五名先进工人（其中大多数是共产党员）首先走出工厂参加军政训练。以此为先导，太原毛织厂、西北炼钢厂、印刷厂等处的工人纷纷行动起来，参加训练，加入工人武装的行列。工卫队就这样产生了。为了加强党的领导，侯俊岩被任命为政治部主任，成为工卫队的重要一员。后来队伍迅速扩大，到10月下旬撤离太原时，工卫队已成为一支拥有八百人的抗日武装。

要在当时的山西建立一支合法的工人武装，必须取得阎锡山的支持，也正是这个原因，队伍建立之初的情况是很复杂的——共产党员李子丰为总队长，官办的工人委员会负责人郭挺一则被任命为政治委员；原军士一团团长郭龙飞出任团长，政治部主任则是共产党员侯俊岩；除了工人自选的军事干部（称总队长、大队长、中队长、分队长、小队长）以外，还有一批由阎锡山派来的军事干部。特殊的政治格局使得新旧两派的斗争，亦即我党和阎锡山争夺领导权的斗争与工卫队相伴而生。在这场争夺与斗争中，侯俊岩一直为争取我党对工卫队的领导权而努力着。

工卫队作为山西新军的一个组成部分，实行的是政委负责制，也就是说，在工卫队中政治委员具有最高权威，有最后决定权，而当时的政治委员是阎锡山委派的郭挺一。为了避免郭挺一独断专行，丧失党对工卫队的领导权，侯俊岩与工卫队中的其他同志积极利用合法手段进行了有效的斗争。

与其他新军组织一样，工卫队中党组织的力量是很强大的，各团团长和政治委员均为共产党员。1938 年 5 月，阎锡山在新军中建立民族革命青年团（简称“民青”）组织，工卫队中的共产党员特别是党的领导干部都参加了。在“民青”从上而下的领导人中，除了郭挺一、高首善外，其余全部都是共产党员。遇到重大问题开会表决时，共产党员占到了大多数。同时，工卫队虽然是由我党实际领导的，但它同时又戴着“山西帽子”，是我党和阎锡山的统一战线组织。因而，党的领导还体现在维护统一战线的性质上。具体讲就是对代表阎锡山掌握工卫队的郭挺一既要斗争又要团结的问题，对此侯俊岩做了大量的工作。在他的争取下，郭挺一促成了阎锡山同意把工卫队中不受战士们欢迎的旧军官调走；主动要求动委会（战地动员委员会）武装部部长程子华派八路军干部到工卫队中担任军事干部；派出几个工作队分赴中阳、汾阳、孝义、平遥、文水等地动员群众参军，扩充武装，建立根据地。

与此同时，侯俊岩和郭挺一还做了几件有利于我党的事：其一，创办了第一期教导队及军政干校五分校，讲授《中国革命运动史》《社会科学概论》《大众哲学》和游击战的战略战术；其二，由郭挺一出面向阎锡山建议，批准由工卫队派出的钟善云（原工委会干部）、王子承（共产党员）先后担任汾阳县县长，派出共产党员顾永田担任文水县县长，派出共产党员张兴业、白俊卿在晋中平川建立牺盟会晋中办事处；其三，1938 年 4 月，由郭挺一向阎锡山建议，把工人武装自卫总队（团）扩建为工人武装自卫纵队（旅），自己任纵队队长兼政治委员，侯俊岩任政治部主任。纵队下辖两个总队（团），第一总队总队长为周子祯、政治委员为王景任，第二总队总队长为李子丰、政治委员为王庆生，他们均为共产党员。

在侯俊岩与其他同志的共同努力下，工卫队的领导层初步团结在抗日民族统一战线旗帜下。1939 年 10 月，决死四纵队独七旅发生了反动军官陷害政治干部的事件，侯俊岩和郭挺一、李明、周子祯、王景任、王庆生、高首善、李汝山、崔克轩联名拍了三份给阎锡山的电报，声明："当此敌寇集中兵力进行扫荡企图之际，利用汉奸顽固分子执行其挑拨我抗日力量之时，吾等正宜团结一致，集中力量，以期粉碎敌寇之阴谋计划。不幸我独七旅来副官、支队长互相勾结陷害政工人员、制造摩擦、分散抗日力量之举，实为革命者所痛敌寇汉奸者所快之事。职等为巩固今后我各部队之间团结，加强我战区之抗日力量计，谨请钧座对此有意伪造事态制造摩擦分化团结者严加制裁，以利抗战复兴之伟业。"

在抗日战争最艰苦的岁月里

到了1939年，这支工人武装队伍由于扎扎实实开展敌后游击战，提高了自己的战斗力，在战斗中发展和壮大了自己的力量，由最初的一个团发展为三个大团，即第二十一、二十二、二十三团，成为一支名副其实的抗日劲旅。然而，就在工卫旅和其他新军队伍迅速发展壮大之际，十二月事变爆发了。

抗战爆发初期，阎锡山之所以支持建立新军是看到旧晋绥军抵挡不住日军的进攻。然而，新军的组建和迅速发展壮大很快就引起了阎锡山的不安，他从中看到的是新军对旧晋绥军的威胁。于是1938年9月，阎锡山开始制订重整旧军、压制新军的计划。1939年3月下旬，阎锡山在宜川县召集高级军政干部会议，进一步决定收编新军，取消新军中的政委，解除新军中现有领导的军权，并密谋策划进攻新军。

1939年11月29日，晋绥军第六集团军总司令陈长捷奉命率部分三路包围晋西南的新军决死第二纵队和八路军晋西支队，以此为标志，十二月事变爆发。十二月事变是专门针对新军的，工卫旅作为新军的重要组成部分，必然会受到威胁。十二月事变发生前后，在晋西北就发生了扣留工卫旅军需物资及通讯人员、派特务到二十一团进行策反活动等事件。

十二月事变发生后，我党采取有理、有利、有节的方针，在以军事斗争粉碎晋绥军进攻的同时，从维护统一战线的大局出发，提出了一系列解决冲突的建议，最终与阎锡山达成协议，实现了划路而治，即以太（原）军（渡）公路为界，晋西北由共产党领导，晋西南由阎锡山的二战区统治。

十二月事变导致的政治格局的变化，成为工卫旅的一个重要转折点。事变中，中共中央及中共晋西北区党委指示工卫旅中的我党领导核心及时清理了部队中的阎锡山顽固势力，侯俊岩临危受命，被任命为工卫旅的旅长兼政委。

侯俊岩担任工卫旅旅长兼政委的1941年到1943年，正值抗日战争最艰苦的岁月。在此期间，日本华北方面军在山西和华北地区连续推行了五次“治安强化运动”，对敌后抗日根据地进行疯狂的蚕食和囚笼封锁，并伴以大规模的军事扫荡。工卫旅的驻防地和活动区域，即文水、交城、徐沟一带首当其冲，成为晋西北根据地的前沿阵地，部队的存在与发展面临着严峻的考验。在此生死存亡之际，侯俊岩带领工卫旅活跃在吕梁山区和晋中平川，在尽可能有效地打击敌人的同时保证了自身的发展和根据地的巩固。

侯俊岩是学生出身，并没有专门学习过军事，作为部队主官，他深知自己在这方面的欠缺和不足，因此十分注意在战争中学习战争。在指导部队的实际作战中，他一方面认真贯彻执行党的方针政策，一方面注意不断总结实际经验。每次作战任务完成后，他都要从军事、侦察、配合、后勤诸方面进行全面总结，找出其中的经验教训，作为借鉴。

侯俊岩认为，要使部队经受住艰苦环境的考验，政治思想工作必不可少。有鉴于此，他学习和发扬革命队伍注重政治思想工作的优良传统，把加强部队的政治思想工作放在一切工作的首位，利用一切可能的机会，讲党的政策，讲当前的形势和面临的任务。在1940年的“九一八”纪念大会上，他明确指出，帝国主义混战开始逐渐向世界范围扩大，反革命力量日渐没落，革命力量日渐强大，中国抗战力量也在日渐巩固扩大，但目前敌我力量还没有出现根本变化，全旅同志必须加紧准备，迎接敌人新的进攻。侯俊岩强调，当前的主要任务是巩固现有力量，使自己成为任何敌人都打不垮的武装部队，成为部队再扩大的资本。

晋西北本来就地瘠民贫，自然条件相对恶劣，再加上日军的扫荡蹂躏，工卫旅的物质生活空前困难。隆冬季节，部队战士还穿着单衣，干部也不例外。侯俊岩一方面要全旅同志正确认识困难，反复强调革命的长期性、战争的残酷性，要大家认清形势、咬紧牙关，克服物质上的困难，迎接新形势的到来；另一方面又花很大的精力，奔波于汾阳、交城、文水和银行、行署、河防司令部、后勤部之间，请求帮助解决棉布和粮食问题。同时他也知道，要使工卫旅的物资困难得到根本解决，只有靠自力更生、自给自足。因此，他与供给处的同志共同研究开办生产合作社、木厂、磨坊、药材厂等，盘活经济，为部队度过难关提供物质便利条件。1943 年春，侯俊岩奉调到延安中央党校学习并参加整风运动，自此离开工卫旅。在他担任工卫旅主官的三年间，工卫旅先后参加了反“扫荡”作战、百团大战、反“治安强化运动”、掩护交通作战，以及四次整军与精兵简政运动，在保证自身存在和壮大的同时，为巩固和发展晋西北根据地做出了重要贡献。

尾声

在延安学习整风期间，侯俊岩出席了党的七大；1945 年九十月间，他由延安返回晋西北，担任晋绥边区第七专署专员、第八军分区司令员；1948 年底，北平和平解放前夕，奉调担任北平军事管制委员会代表；1949 年至 1952 年，任北京市教育局副局长、党组书记；1953 年至 1958

年任教育部中学教育司司长；1958 年受到莫名的陷害，被打成“柳湜反党集团成员”，受到留党察看、撤职、降级、下放山西的处分；1959 年到太原新城公社接受“劳动锻炼”；1961 年结束“劳动锻炼”先后担任山西省文教部高教处处长、教育厅副厅长；“文化大革命”期间被安置在山西师范学院图书馆工作；粉碎“四人帮”后，先担任太原重型机械学院革委会主任、党委副书记，后任山西省高教局副局长；1980 年 3 月 5 日在太原病逝，享年六十九岁。

汾东抗日游击队的杰出领导人景仙洲

景仙洲出身于一个封建地主家庭，在进步思想的影响下，他于 1922 年投身革命，1926 年加入中国共产党。在党的领导下，他参与过工人运动。被捕入狱后，他经受了敌人的各种严刑拷打，始终不改变自己的信仰。出狱后，他千方百计寻找组织，后被党留在家乡临汾组建地方抗日武装。他通过坚持不懈的努力，创建了汾东游击队。他带领游击队员神出鬼没消灭敌人的许多传奇故事，就主要发生在这一时期。

追求进步经受革命斗争考验的成长经历

景仙洲，1887 年出生于山西省临汾县东张乡泉波村的一个封建地主家庭。幼年在乡下私塾读书，十一岁时父母相继去世，由其伯父抚养。中学毕业后，他在临汾城内第一高等小学教书。

1919 年“五四”运动后，景仙洲阅读了一些新书报，思想发生了重大变化。他卖掉家中的部分土地、房屋，在临汾城内开设了一个书店经销进步书籍，传播新文化和新思想。借此机会，他结识了当地一些具有进步思想的人士。1924年12月，彭真受党委托来临汾进行建党工作，经进步青年张振山介绍，景仙洲聆听了彭真对马克思主义学说的系统讲述，初步树立了共产主义信仰。

1925年秋天，景仙洲受党派遣到榆次晋华纺织厂开展工人运动。因晋华纺织厂的董事长、经理都是阎锡山的亲戚，在这里开展工作不仅困难重重，而且要冒很大的风险。景仙洲去了以后，脱掉长衫，换上短衣，平易近人地找工人谈话，和他们交朋友。他用通俗生动的语言，给工人们讲资本家剥削工人的道理，启发他们的思想觉悟。工人们也渐渐愿意跟他亲近，有事喜欢找他商量，不久他就在工人中树立了威信。

1926年夏天，中共太原地委决定在榆次晋华纺织厂举行罢工斗争。景仙洲接到指示后，迅速到工人中间进行串联发动，并做了周密的具体安排部署。7月的一天晚上，地下党通知景仙洲明早7点钟开始罢工，以汽笛为号令，集合地点在工厂西门外。交给景仙洲的具体任务是，带领工人纠察队监视经理的行动。第二天一早，景仙洲赶到经理办公室附近。七点整，洪亮的钟声响了，紧接着呜——呜——呜的汽笛声长鸣起来。车间门口一千多工人罢工开始，到处都能听见“罢工了！罢工了……”的怒吼声，顿时晋华纺织厂沸腾起来。老奸巨猾的经理曲佩环看到工人有组织的罢工斗争，先是一惊，接着便慌慌张张地来到办公室打电话。就在他拿起话筒刚要说话时，景仙洲一个箭步冲上去夺下了话筒，并同工人纠察队一起把他控制起来。这次罢工斗争，历时一个多月，沉重打击了反动统治阶级，取得了社会广泛的同情与支持，使工人群众受到很大鼓舞，在工人中产生了巨大影响。后因身份暴露，地下党组织便让他返回临汾工作。经受了工人运动斗争的实践考验后，1926年8月，由临汾县委书记张振山介绍，景仙洲在临汾加入了中国共产党。

1927年“四一二”反革命政变后，景仙洲与共产党员张振山、王权五、张德涵等十余人先后被捕入狱，先被关在临汾地方监狱，后转到太原陆军监狱。在陆军监狱，敌人采取各种酷刑迫害他们，妄图动摇他们的革命意志，但他们正气凛然，始终坚贞不屈。

1930年3月，因阎锡山忙于中原战争，加之经过几次审讯一无所得，景仙洲被取保释放了。出狱后，他与党组织失去了联系，但出于对革命事业的矢志不渝，他克服重重困难只身来到赣闽边区，寻找到红军游击队继续进行革命斗争。1932年秋，经组织介绍他又回到晋南工作。1936年2月，毛泽东率领的东征红军来到临汾，景仙洲找到东征红二师领导王辉球，与党接上关系，又加入了红军。

白手起家组织创建汾东游击队

1937年7月，抗日战争爆发后，9月中旬，八路军三支主力部队相继进入山西。部队行至侯马时，民运部领导傅钟指示景仙洲留在临汾组建地方抗日武装。临汾为晋南重镇，自古为兵家必争之地。11月8日太原失陷后，北方局、山西省委和八路军驻晋办事处都先后迁至临汾。与此同时，阎锡山的第二战区司令部也移驻于此。11月中旬，周恩来到达临汾。在临汾各界群众大会上，周恩来发表了《目前抗战危机与坚持华北抗战的任务》的重要讲话，指明了宣传民众、组织民众、武装民众，开展华北持久战争的正确道路。

在周恩来讲话精神的鼓舞下，景仙洲先以八路军的身份加入了牺盟会，取得了公开活动的合法身份，接着就和牺盟会特派员、地下党员李从文及地下党骨干谷震、沈文超等分头到附近各村宣传抗日救亡的道理，群众纷纷响应，不到半个月就组建了一支三十余人的抗日游击队。人的问题解决了，当时正值寒冬季节，三十多人的衣食住宿如何解决？景仙洲利用当时学校放寒假的机会，向临汾高小校长提出要占用教室的要求，校长欣然答应了。至于给养问题，景仙洲想到，既然是以牺盟会的名义组建的游击队，那就可找牺盟会总干事梁化之解决。经过交涉，梁化之只答应每人给一角钱。晚上，他们继续开会研究解决办法，决定一面继续交涉，一面让景仙洲以八路军身份出面向县政府去要。可来到县政府，县长要么躲着不见，要么找借口拖延，一连跑了三次，县长方才答应供给部分生活用品。给养暂时算是解决了，可是，没有武器怎么打敌人？景仙洲急得寝食难安。一天，他忽然想起，这个问题当初曾向民政部部长傅钟提出过，傅部长说："不是有支歌，我们经常唱'没有抢，没有炮，敌人给我们造'嘛！"于是他和李从文研究决定，发动队员向国民党溃兵缴枪。这办法挺好，不久就弄到了六七十支枪，每个队员都拿到了一支。临汾第一支抗日武装——汾东游击队就此正式诞生了，景仙洲被县委正式任命为临汾县第三区区长兼汾东游击队队长。

自造"榆木炮"大显神威

占领临汾后，日军倚仗着武器先进很快控制了铁路沿线的广大地区，游击队被迫撤离交通要道。在敌强我弱的情况下，如何有效歼灭敌人？1938 年 4 月的一天，景仙洲在部队驻扎林马庄时，发动群众为游击队献计献策。七十岁的贫苦农民张永年左思右想，向景仙洲他们讲述了清朝末年浮山农民起义军创制榆木炮设伏诱敌大败官军一事。

张永年老人的一席话，使景仙洲深受启发。于是在当地群众的配合下，部队展开了一场制造榆木炮的运动。群众把自家栽种多年的榆树砍倒送来，大家一齐动手，有的挖树心，在“炮筒”上钉铁皮；有的加铁箍，在炮身上钻火眼；有的安炮架……榆木炮制成后，又在炮筒上涂了一层锅底烟煤，再抹一层桐油，看起来乌黑铮亮。仅一个多月的功夫就造出榆木炮十八门。与此同时，战士们还动员邻村群众伐木材烧炭，挖碱土取硝，弄硫黄配药，并遍寻铁器，砸铁块、铁皮，为榆木炮准备了很多炮弹。榆木炮制成后，经试验十分成功，响声大、射面宽，准头好。战士们和广大群众都盼着用它给日军尝点厉害。

这个日子终于来到了。一天，接到上级指示，敌人纠集五六十人的兵力，当晚准备下乡抢粮。景仙洲马上带领部队在敌人必经之地——钻天沟的有利地形处设伏，把十八门榆木炮半环形布置在三面的山坡草丛中。拂晓，日本军队走到沟口，忽然拐向两边。景仙洲当机立断，令二中队“引鱼上钩”，二中队马上冲出沟外，向敌人开火。日军发现游击队后，便包抄过来。二中队边打边撤，日军指挥官欺我游击队人少枪劣，一边挥手追赶，一边狂叫着“消灭土八路”。哪知进入山沟后，连一个人影也见不着了。日军知道中计，连声喊“撤”。可是来不及了，随着两颗手榴弹爆炸，十八门榆木炮便狂啸起来。“轰隆隆！”“轰隆隆！”炮口射出的铁蛋、碎铁片如雨点一般飞向日军，战士们的步枪、土枪也猛烈地射向敌人。一瞬间，日军死伤大半，残存的妄图夺路逃跑，然而此时后路早已被切断。景仙洲一声令下，战士们持枪跃下山头冲入敌群，杀得日军尸横遍野。

开展游击战，神出鬼没消灭敌人

虽然接连打了几次胜仗，但景仙洲心里明白，面对强大的敌人，仅凭一股子勇气是不够的。为此，他积极学习毛泽东的人民战争思想，采取了游击战术，出其不意，攻其不备，神出鬼没地打击敌人，创造了许多可歌可泣的光辉战例。

1938 年 5 月的一天，日军百余人从临汾城出发向浮山县开进。敌人自以为游击队白天不敢出来，便一个个纵马驰骋，耀武扬威。却不知我游击战士早已埋伏在洰河附近的古贤、老母村的黄土垣上，严阵以待。敌人进入伏击圈后，景仙洲一声令下："打！"众人一齐向敌人开火，扔手榴弹，又用枪猛烈射击。日军顿时晕头转向，乱作一团。这时，游击队越战越勇，敌人组织了六七次冲锋都被打压了下去。战斗从九点钟打响，一直打到天黑，游击队主动撤到郭行村休整，而敌人死伤了很多人，行进了不足二十里。洰河一战，虽未全胜，但挫败了敌人进攻，意义不小。汾东游击队打日军的消息很快传遍临汾大地，大大唤起了人民抗战的决心、信心。

又有一次，景仙洲派人侦察得知，城南小贾村据点的日军到西山扫荡去了，只留下十几个人把守，而据点里存放着许多枪支、弹药、粮食等物资，同时还了解到看守大门的人叫顾有。据此，景仙洲与游击队研究，决定以深夜送信为名，计取小贾村。小贾村是个较大的村子，有五百多户人家，村子四周有两道土围墙，围墙高达两丈，厚约五尺，必须走正门方能入内。这天晚上，趁夜深人静，景仙洲带领战士二百余人赶到村外，首先四处放了警戒，封锁了村子的四个大门，接着把主力部队埋伏在正门两侧黑暗处，便只身去敲门。他一边敲门，一边轻轻地喊：“顾有哥，顾有哥……”顾有闻声从睡梦中惊醒过来，问：“谁呀？深更半夜的，有啥事？”景仙洲回答说：“快开门吧，太君让我送信来了。”顾有一听是送信，不敢怠慢，衣服也没有穿好就出来开门。门吱的一声开了一道缝，还没等他说话，景仙洲就飞身一脚踢开门，用手枪逼住了他。战士们听见门响一拥而上，冲入门内。景仙洲用枪口指着顾有的胸口说：“不许出声，第二道门的钥匙在哪里？”面对枪口，顾有只得乖乖地把钥匙交了出来。进入二道门后，队员们知道日军就住在村中几户财主的家里，敲门恐惊动他们，于是就搭人梯爬过院墙跳入院内。日军做梦也没想到这时候游击队会摸上门来，还没弄清楚发生了什么事，一个个就变成了刀下之鬼。前后不到一个小时，十几个留守的日军就被消灭了。

消灭敌人后，战士们挨家挨户喊老乡到敌人库房分东西。库房内粮食、布匹、军装、药品、枪支、弹药等，样样俱全，马棚里还拴着三匹大红马。战士们把粮食、布匹迅速分发给群众，其余军用物资则都装上车运回襄陵根据地。

反“扫荡”战役中屡建歼敌奇功

1940 年 3 月，经八路军总部批准，游击队改为国民革命军第十八集团军汾东游击支队，由景仙洲任支队长，陈可春任政治委员。部队改名后，又返回临汾汾东地区继续开展抗日游击战争。

1940 年 5 月，汾东游击支队又来到古贤村驻扎。古贤村是一个很大的村庄，地理位置十分险要。敌人曾几次在此遭到袭击，一心要报复。前不久就不断传来消息，说敌人要来扫荡。为了掌握敌情，景仙洲派自己的妻子赵梅扮作一农妇，领着五岁的儿子中兴深入敌占区获取情报。当掌握了敌人扫荡的具体时间、行军路线、兵力配备后，景仙洲思谋一番，决定利用有利地形，诱敌深入，进行歼灭。

一天晚上传来情报，敌人已经出动，游击队便提前各自进入阵地。拂晓，敌人的迫击炮声传来，接着敌人的飞机也盘旋在古贤上空。渴望打日军的战士们见此情景兴奋起来，摩拳擦掌地说："队长，打啊！"景仙洲十分了解战士们的心情，但他又深知每一颗子弹都是劫火车、打据点搞来的，是用烈士的鲜血换来的。于是，他站在前沿阵地急忙制止说："一切听我的口令，听我的指挥！"

约半小时后，七八百敌人已清晰在望，又过了十多分钟，大部分敌人已进入游击队的伏击圈内。此时，景仙洲把手一挥，大声喊道："同志们，勇猛地打呀！"这时天已大亮，敌人的飞机、大炮攻击得更加厉害，情况十分严重。第二中队长对景仙洲说："你带一、三中队后撤，我在这里埋伏待机决一死战。"景仙洲一想，认为是个好办法，便带着一、三中队向老母村后撤了。

果然，敌人见游击队后撤，认为游击队已经败退，便放心地由两个军官带队前进。行至二中队设伏的阵地前时，游击队的一百多人同时开枪，两个日本军官中弹身亡，敌军立刻慌乱。当一、三中队返回阻击时，敌人已经全军溃退，一场激烈的古贤战役最终胜利结束。

1940 年 9 月，为了配合百团大战，上级指示游击队破袭敌人铁路线。一天，景仙洲从被捕获的一个日伪军爆破队队员口中得知，当天夜里有一列军用专车从太原开往临汾。景仙洲认为这正是袭击列车的极好时机，便抓住战机，果断决策，立即展开了战斗部署。

天井与甘亭是临汾外围的两个重要敌据点，支队决定将爆破点选在两个据点中间，并决定一连主攻爆破，二连和三连进行伏击和打援，同时准备了撬棍、绳子以及实施爆破的炸药、导火索等。午夜时分，景仙洲带领部队冲上路基，不一会就割断了电话线，把两根铁轨撬起来推到路基下边。接着用镢头、铁锹挖下坑，把包好的七块肥皂大小的黄色炸药埋在枕木底下，接上雷管和导火索。一切准备就绪，部队沿铁路就地隐蔽，待爆破成功后投入战斗。约半夜十二时许，铁轨颤抖起来，火车头前的探照灯透过漆黑的夜空直线射来。突然一声巨响，惊天动地，车头翻倒在路基下。这时，埋伏的指战员高呼“缴枪不杀”的口号，将翻倒的火车团团围住，持枪逼近敌人。一个日本军官负隅顽抗被当场击毙。这次战斗前后不到一个小时，游击队活捉司机等三人，缴获黄色炸药若干箱，还从车上搜到一些文件、军用地图之类。次日，景仙洲把文件和军用地图等转交给三八六旅旅长陈赓，陈赓高兴地说：“这里有敌人近期的行动计划和部署，十分重要。”并通令嘉奖了景仙洲和汾东游击队。

1941 年春的一天晚上，部队在霍县东山凤子岭山脚下的一个村子宿营，次日清晨天快亮的时候，有一个中队的日军从沟外向部队袭来。在十分紧急的情况下，景仙洲率领部队开始与敌人抢占凤子岭山顶，他一边跑一边鼓励战士“谁英雄，谁好汉，抢占山顶比比看”。敌人看见支队发现了他们，便像发了疯的野兽一样，又是奔跑，又是号叫。千钧一发之际，还是支队抢先占领了山顶，居高临下向敌人展开猛烈射击，把敌人压在了半山腰里。在战斗过程中，景仙洲既是指挥员，又是战斗员，一直战斗在第一线。干部战士看到支队长冲锋在前，战斗意志更加高昂。有少数敌人从侧翼迂回冲上岭来，被支队一排手榴弹反攻压了下去。争夺凤子岭的战斗十分激烈，敌人用小钢炮、各种机枪疯狂还击，但支队坚守阵地，岿然不动，将凤子岭牢牢地控制在自己手里。

太阳快落山时，战斗已进入扫尾阶段，敌人的枪声逐渐稀疏，霍县的守敌既无力支援，又不敢出来助战，只好缩进城内，将城门封死。景仙洲抓住战机，对敌人逐股进行分割包抄和围歼。约黄昏时候，敌军一个中队的一百余人被干净、彻底地消灭，同时缴获了大批武器弹药。

从此以后，景仙洲领导的汾东游击支队威震太岳和晋南。从 1937 年到 1943 年（1943 年后，景仙洲调离汾东游击队），游击队前后在临汾、浮山、洪洞、安泽、霍县、平遥、襄陵等地进行了大小近百次战斗，几乎每战必胜，取得了很大胜利。景仙洲领导的部队曾受到三八六旅多次嘉奖，八路军总部领导人朱德、彭德怀、陆定一等曾写信赞扬道：“在与日军作战及对顽固分子进行反摩擦战争中，屡次常胜，无不欣慰。”

能带兵打仗、能发动民众的传奇女杰王亦侠

王亦侠的一生颇具传奇色彩，她出身于富豪家庭，本可以过上吃穿不愁的优渥生活，却偏要投身革命，到处颠沛流离；她是一名有知识、有文化的女性，本可以凭借受过的良好教育步入上流社会，过上体面稳定的生活，却偏要弃文从武，奔赴战场，经历枪林弹雨的洗礼；凭借家世门第、学识才华，她本可以找一位富家公子，却偏要和一个来自偏僻农村的穷学生结为人生伴侣。她这种异于常人的行为，到底为了啥？据后来采访她的同志所言，她这样做的目的很单纯，就是推翻黑暗的统治，取得中国革命的胜利，使普天之下的劳苦大众都过上好日子，所以她信仰坚定，不图名利，把自己的一生都献给了中华民族的解放事业。

从小性格叛逆具有远大的革命理想

王亦侠，原名王英如，1903 年 9 月 18 日出生于山西省临汾县土门村的一户富裕人家。父亲王方仪是清末最后一批秀才，曾教过书，当过粮店伙计和掌柜，随着钱财的积累，在汾河西岸田村购买荒地四百多亩，开始

开荒种地，同时在临汾城开办了一座小型面粉厂和轧花厂，逐渐成为当地颇有影响的地主兼民族资本家，且具有一定的民主思想。王亦侠在父亲影响下，从小就对封建制度产生了较强的叛逆心理，主张男女平等，反对歧视妇女。在20世纪初的山西农村，女孩从小就要被家长缠足，否则将被视为伤风败俗，长大就会嫁不出去。四五岁时，奶奶和母亲背着父亲强行给她缠上了足，她却经常悄悄来到汾河边解开裹脚布，让双脚暂时恢复“自由”，如此反复多次，加上父亲的坚决反对，缠足之事最后不了了之。

王亦侠自幼渴望读书学习，做一名有理想、有文化的新女性。在主张“男女平权”的父亲的支持下，1909年王亦侠开始入私塾读书，不久便进入临汾女子高级小学学习，各科成绩一直名列前茅。1917年8月，她以优异的成绩考入太原山西省立第一女子师范学校，开始了为期四年的女师学习生活。在这里，她接受了新思想、新文化的熏陶，阅读了《新青年》《湘江评论》《独秀文存》等大量进步书刊。“五四”运动期间，她与刘亚雄、石评梅等进步同学一起参加了省城各大中学校学生的声援行动，并经常一起探讨革命真理。

于省立女师毕业后，王亦侠原本希望能够报考本省的高校继续深造，以完善知识结构，然而，面对山西高校不招收女生的不合理规定，她与女师三十多名女应届毕业生束手无策，尽管曾联名上书省政府，但最终仍遭拒绝。她只得暂时回到临汾，受聘担任临汾女子高等小学校长和省立第六女子师范学校附属小学主任。作为一名十八岁的姑娘，能得到如此体面的职业和丰厚的收入，可以说是令一般封建家庭的女孩子羡慕不已的事情，但这一切都无法改变她继续用知识武装自己和追求革命理想的信念。1923年，她毅然辞掉所兼职务，只身离开家乡，考入北京世界语学校。在北京，王亦侠结识了毕业于太原省立农业专门学校的张稼夫，共同的追求与革命理想，使她鼓起勇气冲破封建枷锁与世俗偏见，于1924年和这位来自山西文水农村的穷学生结为终身伴侣。在校期间，王亦侠除主修世界语外，还经常去北京大学、北京女师大等高校旁听知名教授讲课，获益匪浅。特别是我党北方主要领导人李大钊对马克思主义的精辟讲解和鲁迅对当时黑暗统治的有力抨击，使她对军阀混战给百姓带来的痛苦和中国社会半封建半殖民地的性质有了更为清楚的认识。从此时起，她树立了明确的人生目标，决心投身革命的洪流，锻炼自己，做一名有知识的革命女性。

弃文从武考入黄埔军校

随着国民革命军北伐战争的节节胜利，1926年10月，北伐军攻克了武汉。为了适应迅猛发展的革命形势，由国共两党合办的中央军事政治学校武汉分校正式成立。这所军校的前身就是广州黄埔陆军军官学校，所以也被称为黄埔军校第六期。这一期军校决定开办一个女生队，招收第一批女学员，让她们接受正规的军事训练，毕业后与男生一样担任国民革命军军官。

看到黄埔军校女生队的招生启事，王亦侠不顾自己已是一名母亲的现实，立即前去报考。为了赶时间，没等丈夫同行，她便急匆匆地抱着女儿赶往北京火车站。当时南下的列车拥挤不堪，从车门根本无法进去，她就抱着女儿从车窗直接爬进了车厢。一名记者看到此事后，写了一篇《一位年轻的妇女抱着孩子报考中央军校》的报道，登在报刊上。一时间，这则新闻在武汉三镇引起了不小的轰动。本来中国现代女兵即将诞生的消息就已经被一些媒体炒得沸沸扬扬，如今又出现一名怀抱孩子的妇女报名的新鲜事，立即引起人们的街谈巷议，有人钦佩，有人惊讶，有人则感叹此女子的行为不可理喻。不管别人如何议论，王亦侠只有一个信念，那就是决心报考军校，系统地学习军事理论与军事技能，与青年男儿一样在战场上施展才干，血洒中国革命疆场。

以优异成绩被女生队录取后，王亦侠将尚在襁褓中的孩子寄养在一位贫苦的洋车夫家中，便义无反顾地到武汉分校报到。在这里，她和赵一曼、曾宪植、胡兰畦、谢冰莹等同学一起，如饥似渴地学习了恽代英、沈雁冰、许德珩等人讲授的工人运动、学生运动、马列主义、妇女解放运动、“共产主义 ABC”等课程，还有幸聆听了毛泽东、周恩来、陈独秀、张太雷、瞿秋白等共产党人热情洋溢的演讲，思想觉悟得到很大提高，革命意志更加坚定。特别是在共产党人的感召和影响下，她的思想逐步从民主主义转向共产主义。她确信，只有马列主义才能救中国，共产党才是真正为劳苦大众谋求解放的革命政党。

在军校里，王亦侠这批女队员受到了正规而严格的军事教育与训练。她们与男生一样，不但要学习步兵操典、射击教范、野外勤务等基本军事常识，还要学习战术学、兵器学、筑城学、地形学等教程，接受野外演习、射击、马术等训练。军校为女生队举行的隆重授枪仪式给她留下了深刻的印象。当单独迈着七十五厘米步距走到主席台前面，双手接过枪，并举起右手庄严地宣读“我誓与枪共存亡，人在枪就在”的宣誓词时，她才真正感到作为一名军人的分量和责任。王亦侠不但以顽强的毅力和吃苦耐劳的精神完成了各项训练科目，而且在枪支装卸速度和射击准确性方面表现突出，还能够双手射击，而且枪枪命中目标。这些技能在之后的抗日游击战争中都发挥了极为重要的作用。

除了在学校接受政治、军事训练外，王亦侠与女队员们还积极参加社会上的各种政治活动。1927 年 4 月中旬，在卫戍武汉的过程中，王亦侠与军校的学员一道打着纠察队的旗帜不分昼夜轮流上街巡逻，维护社会秩序，还走上街头或深入工厂宣讲打倒列强、打倒土豪的道理。在武昌裕华、震寰纱厂向女工们进行宣传时，她目睹了女工们的非人处境，对资本家的剥削本性有了更深刻的认识，也加深了对共产党主张的理解。

面对蒋介石背叛革命、大革命渐趋低潮的逆境，王亦侠没有被反革命的气焰所吓倒。5 月 17 日，国民革命军独立第十四师师长夏斗寅在宜昌叛变，妄图进攻武汉国民政府。武汉卫戍司令、国民革命军第十一军第二十四师师长叶挺率部急速从河南返回，于 19 日将叛军击退。王亦侠与武汉军校的学员们参加了平叛战斗，并被编为中央独立师第三团。叶挺在战前动员时对武汉军校学员们说：“从今天起，你们就不再是中央军校的学生了。你们已经是正规军，是中央独立师的士兵了。你们应该勇敢坚强地担负起当前的革命重任！”王亦侠与女队员们一起踊跃参加了前线的宣传、救护和警卫等工作。当她与女生队西征凯旋时，湖北省妇女协会向她们赠送了“开历史新纪元”的一面锦旗，这是对中国现代第一批女兵的最大褒奖。就在宁汉即将合流反共、国共合作将要完全破裂的 6 月，王亦侠被批准加入了中国共产党。从此，她便坚定不移、百折不挠地为党的事业奋斗。

汪精卫发动的“七一五”反革命政变，导致第一次国共合作全面破裂。8 月 15 日，武汉军校预期一年的学习只得提前结业。在毕业典礼上，军校政治总教官、中共五届中央委员恽代英在对学员们作临别赠言时殷切希望：

“每一个同志都是一粒革命种子，不论撒到什么地方，就让它在那里发芽、开花、结果。” 从此，“革命女兵”就像一块胎记，深深烙在了王亦侠的心里，也融入了她的生命中。

奔波各地从事地下工作

从武汉军校提前毕业后，王亦侠因有孕无法随军行动，随即被安排留在武汉，以汉口工人子弟学校教员的身份掩护丈夫张稼夫开展兵运工作。后奉命前往上海寻找党组织。由于联络点遭敌破坏，无法在上海立足，于是王亦侠回山西临汾分娩，丈夫一人则去北平继续寻找党组织。由于遭到阎锡山反动政府的通缉，她被迫于 1928 年前往陕西榆林，以农村小学教师的身份暂时隐蔽下来。

1930 年，王亦侠随丈夫前往上海开展秘密工作。丈夫通过潘汉年等人找到了党的组织，并担任国民党中央研究院社会科学研究所中共秘密党支部书记，后随研究所迁至南京，同时负责恢复中共南京市党组织的工作。王亦侠随行配合丈夫完成党的任务。在白色恐怖笼罩下的上海和南京，特别是王明“左”倾冒险主义给各级党组织带来严重损失的情况下，从事党的秘密工作是十分危险和艰难的。但王亦侠不惧艰险，忠诚地为党做了许多有益的工作。由于身份暴露，遵照党组织的指示，王亦侠曾随丈夫从南京回到家乡文水短时间隐蔽，应南庄小学校长张邦让的聘请任该校教师。

抗战初期，王亦侠随丈夫一同回到太原，在中共中央北方局和中共山西省工委的领导下开展工作。为执行党的抗日民族统一战线方针，国共建立了山西牺盟会，党组织指示王亦侠以牺盟会会员的身份在太原从事工人运动，并到榆次晋华纺织厂开展抗日救亡宣传工作，动员女工团结抗日，鼓励广大妇女团结起来反抗封建旧制度的压迫，争取妇女的自主和解放。她和女工们建立了深厚的感情，深受女工们的爱戴，大家亲切地称她为“咱的王大姐”。

1937 年春，中共山西省工委派王亦侠以牺盟会特派员的身份回到临汾县，开展抗日救亡工作，秘密恢复党的组织。她以教师的公开身份为掩护，以党建基础较好的临汾女师为基地，联合周边的临汾中学师生和铁路职工，发动群众，培养积极分子，发展了一批新党员，使党的组织在临汾几经受挫后又恢复和发展起来，为我党在晋西南地区又增添了一块新的阵地。

组建游击队驰骋抗日疆场

1937 年 11 月太原沦陷后，中共中央北方局、八路军太原办事处、中共山西省委先后迁至临汾。为适应临汾成为华北抗战中心这一重大变化，省委于 1937 年 10 月决定撤销临汾党支部，成立中共临汾县中心委员会。北方局和省委领导成员林枫找王亦侠谈话，决定让她留在县委工作，并担任县委组织部部长。她经过深思熟虑后向组织提出：她愿意留在当地，组建一支抗日武装，同来犯的日军直接作战，并具体陈述了自身具备的诸多优势。北方局和山西省委经研究后，批准了她的请求。于是，王亦侠被任命为牺盟会临汾特派员、临汾第二区区委书记。

临汾第二区下辖多个编村，仅汾河西岸的土门镇一个编村就管辖一百二十个自然村，二区区委就设在土门镇。王亦侠回到土门后，立即传达了上级党组织关于抗日民族统一战线的方针政策和建立群众抗日武装的指示，并以牺盟会特派员的名义，组织和动员各村的青年成立抗日武装自卫队（后改为游击队），还从各村选拔了二百多名队员集中到土门进行脱产轮训，准备每期轮训三个月。同时她提出了“有钱的出钱，有力的出力”的口号，向有钱的豪门财主摊派粮食和钱财。为了便于开展工作，她将摊派的第一个对象就选定为自己的家，动员母亲一次就捐献了四五十石粮食。此举十分奏效，其他一些不愿摊派的有钱人，最后也不得不拿出钱财和粮食来支持抗战。

游击队成立后的首要问题就是没有枪支弹药，得知阎锡山的区政府有几支抢，王亦侠便带着几个人赶到区政府。她利用牺盟会特派员的身份对区长说：“阎司令长官命令你把枪支发给游击队做训练用，请现在就交给我们。”那个区长反问道：“我怎么没有接到命令呢？”王亦侠灵机一动，立刻回应说：“命令是从牺盟会传下来的。”区长不信，当即便拿起电话核实真假。王亦侠一行顿时紧张起来，随时准备武力夺枪。这时，只见那个区长手握电话连声说：“是！是！是！”放下电话后就乖乖地把枪交了出来。王亦侠与队员们一直很纳闷，电话那头到底是谁接的？阎锡山的区长为何俯首帖耳，拱手交出枪支？直到几年后，王亦侠正巧遇到接电话者，他笑着说：“王大姐，你好大的胆呀！”原来他是潜伏在阎锡山身边的一位中共秘密党员，恰好那天轮到他值班，听明白事情的原委后，立刻就让那个区长把枪交给游击队。不过，这次从阎锡山的区政府搞到的全是老式破枪，十发子弹也不一定能打响一颗，但毕竟有了武器，可以壮胆。王亦侠与队员们利用这些“样子货”，又从国民党及阎锡山的散兵游勇手里收缴了许多精良武器，后来队伍扩大到了三百多人。

作为游击队的领导者，她将在黄埔军校学到的军事知识具体灵活地运用于抗日游击战争之中，充分发动群众，坚壁清野，传递可靠情报，凭借熟悉有利的地形开展伏击战、运动战、麻雀战，打了不少胜仗，使日军多次进犯山区都遭到迎头痛击，从此不敢贸然进山。他们认为“那里‘八路’大大的有”，但其实只有王亦侠所领导的三百多人的游击队。日军进犯时一般都在明处，而游击队在暗处，往往是日军挨了打都不知是谁打的，更不知这些神出鬼没的游击队身在何处。王亦侠以身作则、为人表率，爱护战友、保护群众，在游击队和当地群众中享有很高的威望，大家亲切地称她为“咱的女司令”，山里的老人们则自豪地称她为“咱的好闺女”。

鞠躬尽瘁为革命奋斗终身

1938 年夏，考虑到对敌斗争的需要，上级决定派王亦侠到延安中央组织部训练班学习。与她同行的有几名游击队员，还有她不到三岁的女儿。每当人们谈论起有关孩子的事时，这位坚强的女战士总是表现得非常沉重，不愿涉及。因为，为了革命事业这位年轻的母亲已经献出了四个年幼的孩子。她此次去延安之所以带上孩子，一是希望能给孩子找条活路，同时也可放下“包袱”，轻松重返抗日前线。然而学习结束后，孩子的安置问题依旧没着落。正当王亦侠为此犯愁时，中央组织部的领导告诉她，边区政府正在筹建的保育院也急需干部，希望她予以协助，她的女儿也可以放在保育院。1938 年 10 月 2 日，延安保育院正式成立，而她将女儿安置好后便又马不停蹄地重返抗日前线。

1938 年底，王亦侠回到了晋西南抗日前线，乡亲们见了她说：“姑娘，你可回来了。你们在的时候，打得日军不敢上山，可阎锡山的六十一军来了，一听日本人来了吓得就跑，咱老百姓可受苦了。”

1940 年初，晋西区党委成立，王亦侠担任区党委妇女委员。同年秋，张稼夫王亦侠夫妇奉党中央命令来到延安，原准备派他们去上海加强党的地下工作，后因皖南事变爆发，地下交通遭到破坏未能成行，最终她被分配在中央情报部任教育科长。1944 年，她回到晋绥根据地从事妇女工作。

1948 年临汾解放，同年 8 月王亦侠任中共晋南工委妇女委员会书记、临汾县委委员、县妇联主任，同年被选为出席全国第一次妇女代表大会的代表。1949 年调至中共中央西北局政策研究室，1953 年调至中共中央农村工作部，任机关党委副书记兼党委办公室副主任。1983 年，王亦侠正式办理离休手续，但仍十分关心国家的建设，以及人民的生活和党风廉政建设。1993 年 8 月 30 日，王亦侠在北京逝世，享年九十岁。

丹心铁骨的抗日巾帼英雄王光

2005年是世界反法西斯战争暨中国人民抗日战争胜利六十周年，3月7日，《人民日报》以“坚贞不屈的女区长——王光”为题报道了王光烈士的事迹。与此同时，中央电视台新闻联播也以“永远的丰碑”专题报道了新华社电讯。这些报道消息，又将人们的记忆拉回到了六十多年前烽火连天的战争岁月。那时候，面对日本帝国主义的野蛮入侵，王光作为一名十六岁的女学生也同全国人民一道投身抗日战争的行列。经过几年战斗洗礼，她成长为晋东南冀氏县一区区长兼区分队队长。她带领部队发动群众，锄奸反霸，运用智谋狠狠打击了日军的嚣张气焰，威名远扬。1943年10月，在一次反“扫荡”战斗中，她为了掩护群众转移，不幸落入敌手。在日军的严刑拷打下，她坚贞不屈，最终被敌人残忍杀害，用年轻的生命书写了一曲彪炳千秋的正气壮歌。

投身抗日救亡宣传队伍

1921年3月17日，王光出生于山西南部中条山下的一个农民家庭。

由于家境贫寒，姐妹兄弟多，父母虽终日辛勤劳作也仍难维持生活，王光五岁时就被卖到有钱人家里当丫头。地主家的皮鞭、棍棒和虐待，在她幼小的心灵里埋下了仇恨的种子，同时也磨砺了她刚强的性格。1927 年的秋天，六岁的王光不堪忍受财主家的种种非人折磨，在一个凄风苦雨的黑夜逃出了财主的家门。一个孤苦伶仃的小女孩，白天讨吃要饭，到处漂泊；夜晚无处安身，只好蜷缩在乡村人家的门洞下。饥寒交迫的生活，使这个小女孩产生了轻生的念头。一个好心人发现了她的寻死行为，动了怜悯之心，收留了她。这时，在运城中学担任教务主任的吕程九先生听说了她的不幸遭遇，就把她领到自己的妹妹吕玉卿家里。吕玉卿和在运城盐务局工作的丈夫王梃芳，婚后一直无儿无女，早就想收养一个孩子，见到哥嫂领来的小女孩非常瘦弱，脸上身上有多处伤疤，十分同情，当即把她收为养女。

吕玉卿和王梃芳夫妇知书达理，待人宽厚，视王光如同己出，还把她送入运城师范附小读书，并给她起了个名字叫兰香。后来，她又以品学兼优的成绩考入运城女子师范。进入师范后，兰香开阔了眼界，增长了见识，特别是在富有正义感的舅舅和女师教导主任吕程九的熏陶、引导下，从小就树立了报效祖国的远大志向。

1937 年 7 月 8 日，一个阴霾蔽天的特殊日子，兰香所在的运城女师十五班的全体学生正坐在教室里等待即将进行的数学期末考试。这时，同学们素来敬仰的数学女教师一脸凝重悲愤地走进教室，站在讲台上沉默了片刻，她然后抬起头说："同学们，刚才学校召集我们开会，局势发生了重大变化。就在昨天，1937 年 7 月 7 日，在北平卢沟桥附近，爆发了日本帝国主义进一步侵略中国的兵变！我二十九军官兵正在与侵略者浴血奋战，中华民族到了生死存亡的关头！……"

半年前，山西牺盟会在运城开展活动，兰香和女师的不少同学就参加了牺盟会，成立了抗日救亡宣传队。每逢星期天，她们就在街头村镇演抗日剧，唱救亡歌，搞集会演讲。兰香是一名出色的演员和宣传员，大家上街游行时，她总是走在队伍前面喊口号，又是演剧，又是演讲，她的名字也在城镇老百姓中传开了。为此，母亲还劝导过她："兰儿，一个女孩子家，不要这么整天在外面疯疯癫癫地跑，不怕人家笑话，还是安安分分地在家帮妈干点家务吧。"兰香每次听妈妈的唠叨，要么微微一笑应承着，要么就会说上一句："妈，您的女儿，您还不了解？我做的都是正经事，您就放心吧！"

卢沟桥事变引起的时局动荡，迫使运城女师停办。1938 年 3 月 3 日，日军侵占了运城，兰香随同家人逃难到了抗日县政府驻扎的猗氏县罗村。在这里，兰香义无反顾地参加了一个抗日宣传团体——大众剧社，并成了剧社的台柱子。

在当时的村镇街头，群众集会时经常会看到这样一幕：剧团二十多名演员合唱着《五月的鲜花》《打回老家去》等抗日歌曲，这时会从围观人群中走出一个背着二胡拿着小铜锣的老汉，带着一个十七八岁身着蓝旗袍的俊俏姑娘。这卖艺老汉向周围观众拱手道："俺父女俩是东北辽宁人，日子本来过得很自在，'九一八'事变后，日军一把火烧光了俺村，全家多口人都成了日军的刀下之鬼，就逃出俺父女俩，到处流浪，卖艺求生……"接着穿蓝旗袍的姑娘便为观众唱起了《在松花江上》《铁蹄下的歌女》等歌曲。当她唱到"爹娘啊！爹娘啊！什么时候才能欢聚一堂"时，那凄苦撕心裂肺的歌声和满脸的泪水，往往感动得观众也跟着失声痛哭。就在这时，姑娘却不慎在走动时被凹凸不平的路面绊倒了，人群不禁发出“啊呦”的惊叹声。可拉着胡琴伴奏的老汉不仅不会扶，反而会放下胡琴，操起鞭子，对着姑娘边抽边斥责：“你这不中用的丫头，怎么这么不操心，在各位父老乡亲面前丢脸！看我打死你！”于是雨点般的鞭子便抽在了姑娘身上。这时常会从观众堆里走出一个或多个青年挡住老汉，有的甚至会夺下老汉的鞭子。这时扮演姑娘的兰香则会适时爬起来对人群说：“尊敬的各位父老乡亲，感谢大家对我的鼓励和爱护！今天是我们大众剧团在这里演《放下你的鞭子》街头剧，我们俩也不是东北人，但这个剧演的故事是真的。日本侵略者在东北到处烧杀抢掠、奸污妇女，害得我们多少同胞到处流浪。现在日军也侵占了我们山西，乡亲们要赶紧组织起来、团结起来，参加八路军打日军，我们绝不做亡国奴！”这时常常就会有不少青年当场报名参加抗日队伍。

到了 1939 年 6 月的一天，经稷王山牺盟会工委书记介绍，兰香光荣地加入了中国共产党。也就是在这一天，她在党旗下庄严宣誓，有一分热发一分光，把自己的全部都献给党，于是就把自己的名字改为了王光。同年 12 月“晋西事变”爆发，王光随牺盟会的同志被编入山西新军二一二旅民运大队。

担任带领民众奋起抗日的区长

1940 年，王光正在沁源县做妇女宣传工作，忽然接到上级通知，派遣她到八路军总部抗大分校学习。从太岳山南部的沁源县到太行山深处的武乡县蟠龙镇抗大分校驻地，直线距离并不算远，但由于日本侵略者的封锁，靠步行去一趟有三天的路程，而且沿途还要穿过日伪军的三道封锁线，路途遥远且不说，一个年轻女子过敌人三道封锁线非常危险。当时，王光刚刚结婚，去抗大学习还意味着要和新婚丈夫分离，然而这诸多困难都挡不住她对学习的渴望。为此，王光专门借了房东大叔的一件大襟棉袄，将它改成男人的对襟衣服，把女人穿的系带鞋改成男人穿的圆口鞋，把满头秀发剃光，成了那个时候男青年流行的光头，又用一条白粗布把胸脯一缠，这样一来就完全变成了一个农村小伙子的模样。经过三天昼伏夜行，跋山涉水，她终于来到了抗大分校。由于她的装扮和农村小伙子毫无二致，以至于颇费了一番口舌才被分到女子七中队一班，并且当上了班长。

半年多的学习锻炼，王光从各方面得到了迅速提高。在抗大分校，她不仅聆听过从延安抗大总校远道而来的罗瑞卿教务长的讲话，更是得到太行分校刘忠校长的悉心教导。由于军事政治各门学业都很优秀，在毕业典礼上，学校宣布让她留校工作。对那个时候进抗大学习的学员而言，这简直是梦寐以求的机会，但是王光不愿意留校，她要回到抗日工作基层第一线，为此她还提出了很多理由。刘忠校长带兵多年，还很少碰到这种“不服从组织决定”的事情，但面对王光这么多充足的理由，也只好忍痛割爱，破例批准了她的请求。

1941 年 3 月到 1942 年秋天，正是根据地最艰苦的时期，日本侵略军对根据地实行了惨无人道的“三光”政策，而王光就战斗在经常面临生死考验的最前线。起先，王光被分配到安泽县和川镇做群众工作。她们十几个女兵每天走村串户在墙上刷写标语，到群众中唱抗日歌曲，到田间炕头给老百姓讲抗日救国的革命道理，还和妇女姐妹们促膝谈心，鼓励她们冲破封建家庭的束缚，走出锅台，参加革命。王光搞群众宣传教育工作非常出色，她讲革命道理深入浅出，生动活泼，深受群众喜爱，年轻妇女们亲切地称她“革命的大姐姐”。在她的带动下，和川镇有一批妇女迈出家门，走上了革命的道路。

由于工作卓有成效，不久她就被组织委派到新开辟的冀氏县担任一区区长。一上任，她先搞调查研究，摸清楚全区的基本情况，然后确定工作方案，发动群众，减租减息，反奸清算，工作开展得有声有色。她吃在老百姓家，住在老百姓家，与老百姓打成一片，群众有什么事都愿意和她商量，有什么苦都愿意向她倾吐。她英勇、果断、泼辣、干练的工作作风赢得了群众的信任。

兰村有个崔老四，在村里横行霸道，仗势欺人，穷苦老百姓谁也不敢惹他。他和本村李森林等三家合伙开办了一个磨坊，年终结算分成，竟提出要多分，李森林等惹不起他，只得忍气吞声。王光听到这事后，立即找到崔老四质问，义正词严，说得崔老四哑口无言，只好承认错误，将利润重新分配。王光的这一为穷苦人撑腰的举动，提高了党在群众中的威信，大大灭了土豪劣绅的威风。

王光虽然不在战斗部队，但心里时时刻刻想着战斗在前线的战士们。她发动村里的妇女们为战士们纺棉、织布、做军鞋，支援前线打仗。当时，冀氏县妇女做军鞋成绩显著，还曾受到太岳区党委的嘉奖。柳树沟村有位女青年和兰村一位小伙子自由相爱，但她的父母硬要把她嫁给一个比她大二十多岁的男人。姑娘不依，父母就把她关在家里，不让她出门，还打她骂她。姑娘逃出家门，找到王光哭诉自己的委屈。王光听后立刻找姑娘的父母去做工作。经过多次耐心说服，终于劝她父母解除了姑娘和那个大龄男人的婚约，最后还在村公所为姑娘和那个小伙子举行了新式婚礼。这件事在四周村庄产生了很大影响。当时，许多女青年都找到区里，要求解除旧的婚约，实行婚姻自由，这也大大促进了区里广大妇女的支前工作。

冀氏一区是根据地的前沿，日伪军经常来骚扰，日军扫荡时也总是首当其冲，因此区公所要经常转移。一次反“扫荡”中，区公所转移到了一区边缘地带，因为这里接近敌占区，冀钞不通行，因此派不下饭去。有位同志是当地人，对这里的情况比较熟悉，便想让大家到他老同学家弄饭吃。王光警惕性很高，了解得知这位同志与他老同学已经十多年没见面了，便说道：“这里离敌占区很近，我们一定要提高警惕性，宁可饿肚子，也不能暴露我们的身份，以防意外！”王光坚定的原则性和高度的警惕性深受同志们的敬佩。

作为区长的王光还兼任区分队队长，她上任以后，首先到区分队加强队伍训练。当时区分队队员都是男同志，只有少数投弹能超过五十米，而新队员只能投三十米。王光和他们一起训练，每次投弹都可以投到四十米开外，并且能命中目标，这对区分队的军事训练促进很大。之后，她经常带领区分队与进入根据地扫荡的日伪军周旋，有时遇到小股敌人骚扰就抓住时机将他们解决掉，还经常深入敌后开展活动。日军和汉奸对王光领导的区分队很气恼，时时刻刻想着消灭他们。可王光与区分队紧密团结，通过积极组织各村民兵加强武装巡逻，收集情报，对敌人据点的汉奸、密探和可疑分子都指定专人监控，因而敌人的阴谋一直没有得逞。有个汉奸“郎二狗”，经常秘密为日军搜集情报，十分卖力。王光经多方了解查证了他的罪行，便和区分队将他抓到区里，召开群众大会公开处决了这个铁杆汉奸。

设伏智歼日军小分队

1943年3月，日军加强了对根据地的蚕食，在冀氏一区附近修了碉堡，建立了据点。这个据点驻扎了日军一个分队，分队长佐木三郎十分狂妄凶残，不仅三天两头带着日本兵到各村庄烧杀抢掠，还扬言要在一个月内把这一带变成“治安区”。老乡们又恨又怕，希望抗日政府尽快端掉这个据点。

不久，区分队侦察员彭镇东得到情报说，据点的日军又要进乡“清剿”，王光立即和副队长王勇及各班班长一起制定了以挖坟送葬为掩护伏击日军的作战方案。

阴历九月的一天清晨，天上的半轮月亮洒下一层清辉，笼罩着田野。王光带着三个班的战士抬着两口棺材，把两名机枪手藏在棺材里，队员们将枪藏在草丛中，拿着铁锹在敌人扫荡时要经过的路边荒地“挖墓”。太阳刚升起的时候，三十多名日军在路前方出现了。队员们立即按照计划行动起来，一班战士拿着铁锹假装挖土，二班战士忙着抬棺材往坟地边移，三班战士都穿着白孝衣，手上拿着哭丧棒、引魂幡，跟在棺材后面呜呜地哭，后面还跟着几个吹唢呐的队员。距离埋伏地点还有五百米的时候，佐木三郎发现前面有很多人聚集，遂停止前进。一个日军骑着马前来侦察，一见这情景便信以为真，调转马头回去向佐木三郎报告，于是日军又向着预定的地点走来。当敌人进入我方预设的埋伏圈后，王光喊了一声“打！”这时，棺材里的两名机枪手早已推开棺盖，架起机关枪向日军队伍扫射，其他队员也都拿到自己的武器卧倒朝日军开火。这突如其来的打击，顷刻之间就将日军放倒了一片。佐木也被打蒙了，慌忙调转马头企图逃离，但一串机枪子弹击中了他的大洋马并将他摔在了地上。队员们立刻围了过去，只见佐木躺在地上装死。队员们上去缴了他的军刀、手枪和望远镜，他乘机爬起来就跑，但立刻就被击毙。这场伏击战打得干净漂亮，大大长了根据地人民的志气。

用生命书写了一曲正气壮歌

1943年10月，日军对太岳根据地进行残酷的“钳形合围”，采用“篦梳战术”“抉剔扫荡”，扬言要变“八路区”为“无人区”，整个根据地被笼罩在血雨腥风中。根据上级保存党的干部、避免无谓的牺牲、保护根据地人民生命财产的指示，王光担任一区反“扫荡”的总指挥。10月的一天，天空阴霾密布，日军又对根据地进行疯狂的大扫荡。王光率领上寨村民兵积极掩护群众转移。然而，山高路陡，人多物杂，转移十分困难。面对敌人的紧逼，王光焦急万分。“宁可牺牲自己，也要掩护好群众”这种坚定的信念，使王光做出孤身引敌的决定。她迈开双腿，朝着远离群众的另一个山头跑去，只求把敌人引向自己。跑，拼命地跑，鞋掉了，脚破了，衣服被荆棘撕开，她全然不顾，心中只有一个信念：吸引住敌人，能掩护群众转移就是胜利！穷凶极恶的敌人紧追其后，不断地向她射击。突然，她左腿一麻，鲜血顺腿而下。她身子一晃，但仍咬紧牙关拖着受伤的腿继续向山头跑去。渐渐地，她眼前一黑，倒下了……落入了敌人的魔掌。

月夜昏黑，树林里一片寂静，四周只听见寒风在嗖嗖地呼啸。王光被日军绑在一棵大槐树下的门板上，日军急于从她口中得到情报，对她严刑拷打，皮鞭雨点般落在她身上、脸上，鲜血浸透了衣服。敌人吼叫着：“八路藏在哪里？”王光大义凛然地说：“你们休想从我口中得到一点东西，你们问八路藏在哪里，乡亲们藏在哪里，告诉你们，他们全藏在我心里，你们想知道，那是妄想！”日军气急败坏，惨无人道地对她用尽了各种酷刑，然而依旧没有得到他们想要的任何情报，最后残忍地将她杀害。她牺牲时，年仅二十二岁。

太岳山默默肃立致哀，沁河水呜咽低吟悲歌。当乡亲们看到王光的遗体时，人人都悲痛欲绝。他们将王光安葬在冀氏县杜村乡辛庄的北山脚下。为了表彰王光的英雄事迹，太岳三分区政治部发出通报，号召全区军民向王光同志学习，狠狠打击日本侵略者！1947 年，太岳行署在翼城烈士陵园的纪念碑上刻下这样的碑文：“冀氏县区长王光，身虽女辈，然在反‘扫荡’中从未稍后，乃只身遇敌，因忠贞不移而遭剖腹。”

英勇杀敌的民兵英雄黄小旦

抗日战争期间，在毛泽东开展人民战争思想的指导下，全国各地群众纷纷拿起武器同日本侵略者展开了机智勇敢的斗争，涌现出了一批可歌可泣的民兵战斗英雄，黄小旦就是其中的一位杰出代表。他在党的领导下，组建民兵队伍，破坏敌人的通信线路，设置埋伏圈，打击抢粮的日军，拔除敌人的碉堡，不怕流血牺牲，英勇杀敌。1944 年出席了由太行行署和军区召开的首届群英大会，荣获“民兵杀敌英雄”的称号。1950 年出席全国战斗英雄代表大会，被选为“全国民兵战斗英雄”。

夺取枪支组建革命武装

黄小旦是山西省潞城县李庄人，1917 年出生在一个贫苦的农民家庭。他出生未满三月，母亲就连饿带愁离开人间。十二岁那年，他就被迫到本村大财主王从龙家去干活。

1936 年，十九岁的小旦已长大成人，外出到浮山县打工，学做木工。一天，他正在王庄干活，忽然有人喊“过兵了！”，说话之间，全村人就跑了个精光。小旦没走，继续干活，到深夜忽然听到外面脚步声响成了一片。他正要起身出去看个究竟，房门却吱扭一响开了，进来两个人。他没敢细看，只管干活。来人操着外地口音和蔼地说：“小伙子，你凿的这个卯眼差三厘米。”小旦随手一量，嗬，真准！便吃惊地说：“老总你懂木工？眼力真行！”同来的年轻人抢着说：“我们是共产党领导下的工农红军，不叫老总，都称同志，这是我们的董连长！”小旦一听，非常激动，这真是“踏破铁鞋无觅处，得来全不费工夫”。他一下扑过去，抓住董连长的手说：“啊呀，您就是共产党？快给我讲讲共产党是怎么回事。”董连长笑眯眯地一字一句讲起来。小旦听着听着，一股热流传遍全身，他那颗苦涩的心第一次泛起了喜悦的浪花，最后身不由已地扑通一声跪在董连长面前，连声说：“我要跟你去当兵！”董连长赶忙拽起他说：“快起来，咱人民军队不兴这一套。”接着便问起他的家庭情况。这一问触动了他的伤心处，他便声泪俱下地诉说了自己的身世。董连长听后说：“你就是党的依靠对象，但革命不是都要当兵，太行山是个好地方，希望你回去搞地方武装……”说着拿出个“红军证”来交给他说：“做个纪念吧，我到了太行山一定去找你。”小旦如获至宝，紧紧将它抓在手里，然后珍藏起来。

1937年，抗日战争全面爆发。这年初冬日军进犯太行山区，连日军影子都没看到的国民党军队夹着尾巴就逃跑了。就在这危急时刻，刘伯承、邓小平率领一二九师冒着敌人的炮火来到太行山。这年腊月里，八路军工作队来到李庄一带。黄小旦满怀着革命热情日夜兼程回到李庄。一回来，乡亲们便陆陆续续三五成群来看他。寒暄之余，他就把自己所知道的共产党领导穷人闹革命的事讲述一番。大伙儿听后，眼神里都流露出期盼、渴望的光彩。可是说到近况，乡亲们又布满愁云。原来是很多人家一过年就断炊了，眼下全村五百多户就有半数在挨饿，野菜刚露头就被挖掉了，榆、槐树刚发芽，就被扒成了秃圪桩，有些人已经活活饿死了。小旦听着听着，一拍大腿说："咱团结起来向大户借粮！"

"哈哈，讲得好！"随着话声，进来一位身材魁梧、黑红脸膛的人，他是不久前跟县牺盟会工作队吴队长一块来的，大家叫他马站长（对敌工作联络站的站长）。马站长说："向大户借粮倒是个办法，眼下村里就有二百石义仓粮，由村长王从龙掌管着，和他讲过多次，但他就是死也不借，看来是颗核桃，非砸着吃不行。不过看仓人有四支步枪……""嗨，枪！"黄小旦一听枪便来了劲，抢着说，"夺过来就听咱们使唤！"说干就干，于是大家当下约定分头行动，争取尽快夺到枪。

之前王从龙听说黄小旦回到了村里，还到处宣传共产党好，早就对他恨之入骨，正打算报他个惑众的罪名，不料此时大门已被村民堵住了。眨眼间，义仓院已被四百多名村民围了个严严实实，枪支也被夺去了，仓库也被打开，到第二天中午二百石粮食被分了个精光。这可是"开天辟地"的事情，在太行山区的村庄到处传颂着。

枪打出头鸟。王从龙立即把这件事报告给当地国民党政府。反动政府把黄小旦抓去，不问青红皂白就打了五十大板，关进了监牢。一晃二十天过去了，大家正发愁如何搭救他，突然有一天他自己和一位年轻军人回来了。原来是在浮山与他谈过话的董连长派当时随从的那位年轻军人赵大成去看望他，正好听说了这件事，就设法把他营救了出来。小旦刚回到村里，大家还没和他说几句话，就见王从龙带着两个村警跑来扯着嗓子喊："你这抢粮的坏蛋，竟敢偷跑回来，给我抓起来！"眼见村警要扑过来抓小旦，赵大成唰的一声把手枪亮出来，大喝一声："不准动！"这一下吓得他们一趔趄，顿时不敢动了。小旦趁机同时抓住两支枪一下子从他们手里夺了过来。这时，马站长也正好赶过来了，他微微一笑说："王从龙，你不是还有两支吗？一块拿来打日本吧！""对！赶快拿来吧！"众人不约而同地高喊。王从龙感到众怒难犯，脑袋沁出了豆大的汗珠。此时赵大成又将枪口对准他喝道："愣什么？快拿去呀！"就这样，枪杆子第一次掌握到了李庄人民手中。

带领民兵破坏敌人的通信设施

小旦听说八路军就是当年的红军时，就跟工作队的同志们亲热得不得了。他把工作队的吴队长和马站长拉到家里住，成天跟着他们两人跑。不久，黄小旦就领头组织了民兵小分队。为了鼓励黄小旦，吴队长还送给他一支"独眼铳"手枪和两发子弹。小旦把这手枪看得跟宝贝似的。

1938年2月17日，日军占领了潞城县，在离李庄二十来里地的神头村、比干岭扎下据点，四处骚扰，李庄也深受其害。在敌人的封锁下，白天老百姓躲在山沟里不敢出来。憋了两天，黄小旦忍不住了，心想："这日本人是个啥样子，难道他有三头六臂吗？老子非去看个清楚！"想到这里，他便找到本家侄儿狗孩问道："狗孩，咱今天去比干岭看看，你敢不敢去？"一听这话，狗孩噌的一声从地上跳起来，把拳头一举说："嗨！你敢打狼，俺敢捕虎，怕什么！"这叔侄俩便一前一后爬上了比干岭。抬头朝公路上一望，只见日军巡逻队来回走动，两边山头上隔一里地就有一个哨兵，汽车在公路上来往不断，公路边上还竖着一排杆子。黄小旦心想："这日本兵也没什么了不起。"一直等到天黑公路上一片寂静后，他俩摸着上了公路，迎头便碰着一根木杆，顶端拉着铜丝线。这东西他俩没见过，但小旦正想着不能这样空手而归，便说："不管是甚，给这狗日的破坏了，顺便收拾些带回去。"狗孩就拔起一根木杆来，铜线落地，小旦抓起石头两三下就砸断了。两人一齐动手，拔杆扯线，不一会儿就弄了两大圈铜线、十几根木杆，半夜时回到了村里。听说闹回了敌人的东西，村公所顿时热闹起来，民兵们披着衣服都跑到院里来，乡亲们也都来观看，谁也不知道是啥，惊奇地问这问那。吴队长来了一看，高兴地说："这是电线杆，拉上线，长治和邯郸的敌人就能说话。小旦和狗孩，这回你们可立大功了！"第二天，潞城县人民政府知道了，立刻派人到李庄来开会表扬他们，并当场奖励了十元钱，小旦推脱不了，只好买了十几条纸烟，给每个民兵分了几盒。

大伙抽着说着，劲头就上来了。黄小旦见民兵的劲头十足，就又萌发了继续破坏敌人通讯的想法。第二天夜里，他把民兵集合起来分成五路，把翟店至神头岭三十多里的电线杆拔了个精光，共拔回电杆五六十根，割回电线一千七百多斤，并在公路拐弯处挖了两个大坑。第二天一连摔坏敌人三辆卡车。他这一闹，就把周围村庄都带动起来了。

敌人的电话线路被破坏，电话打不通，伤透了脑筋，于是这帮凶残的家伙就下了毒手。一天傍晚，黄小旦兴冲冲地来到上黄村，打算找该村民兵分队长舒文科研究割电线的事。没想到他一进门，舒文科就愁眉苦脸地说："小旦，坏事了！"黄小旦问："怎么啦？""俺村出去割电线的有一个人没回来，恐怕被敌人打死了。"小旦说："先别慌，咱去找找再说。"他叫了些民兵沿着线路找到小辽河一个地堰边，就看见电杆底下直挺挺躺着一个人。走近一看，正是上黄村的那个民兵。只见他身上有好几处伤，身旁的电线杆下有个小坑。小旦正摸不着头脑时，民兵王虎英突然一拍脑门说："嗨，准是地炮！"一句话提醒了黄小旦，他跑到另一根电杆下，慢慢扒开土一看，底下埋着个碗大的铁蛋，上面有个小嘴，嘴上有根细铁丝，正好拴在电杆上。"哎！你们来看！就是这个东西作怪！"小旦大声喊了起来。大伙跑过来一看，可犯愁了。有的说："这电线割不成了，赶紧走吧！"有的说："弄响这东西，让敌人追过来，可受不了！"

黄小旦心想，这到手的东西不能白白放过。他说："不碍事，你们躲得远远的，我来制服这东西。要是弄响了，你们就赶快跑，不要管我！"大伙见小旦决心已定，也就都提着心闪开了。

黄小旦不慌不忙，用剪子把拴在杆子上的细铁丝剪断，稳稳地把铁蛋往上一端，啥事也没有。大伙如法炮制，一会儿就起出来二十多个铁蛋，连同电线和电杆一同背到上黄山。他们坐在山头一边休息一边说："这铁蛋到底是咋回事？"黄小旦见谁也说不出来，便一挽袖子下决心说："咱试它一下！"说完，他让大家隐蔽好，然后把铁蛋压在大石板下，用一根长铁丝钩住嘴上的那根细铁丝，用力一拉，"轰"一声震得天崩地裂。这一响，霎时神头村敌人的枪声响成了一片。小旦给大伙壮胆说："不要慌，听听再说！"听了半天，敌人光在据点里放枪，并不出来追赶。见此情景，小旦心里有了底，说："敌人也不敢怎么样，咱就天天收拾他们。"

第二天夜里，黄小旦又带了十几个民兵，拿了五六颗手榴弹，摸到比干岭上。他们先甩了两颗，真见效，敌人的机枪又响了起来。民兵们高兴极了，吵着要大干，可是手榴弹不多了，于是他们就自己试着制造。之后他们隔三五天就来骚扰一下，搅得敌人不得安生。

日军眼睁睁看着邯长线丢杆断线，恼羞成怒。3月2日，千余日军及伪警备队把李庄围了个水泄不通，转眼间全村烟尘四起，火光冲天，村民们被赶到了村东打谷场上。日军队长气势汹汹地乱叫一通后，翻译喊道："太君说，黄小旦在哪？说出来大大有赏，不说统统杀掉！"全场鸦雀无声。这时，人群中走出位老太太，一个伪军说："这是黄小旦的奶奶。"黑头队长立即过去说："黄小旦的哪里去了？"黄奶奶大笑说："杀日本鬼子去了！"话声刚落，日军的大巴掌便劈头盖脸打了过去。顿时，机枪格格格连声咆哮，黄奶奶和一大片人都倒在了血泊中。

日军正在血腥屠杀，忽听村周围枪声四起，一时摸不着底细，只好匆匆撤离李庄。刚走到拄腰石沟最狭窄的地段，突然飞来一颗手榴弹，轰隆一声巨响，顿时人仰马翻，道路堵塞。随即两厢山头上枪弹如暴雨一般倾泻下来，敌人一个个像没头苍蝇瞎碰乱撞，死伤大半。

原来是黄小旦领着邻村民兵在上黄村练兵，听到敌人进了李庄，当即决定兵分两路，一路直奔李庄周围，猛烈射击，引诱敌人出庄；另一路跑步到拄腰石沟山上埋伏。待敌人进入埋伏圈后，放过大队人马，截住后面的辎重部队，狠狠打击。又命常五元等人速到城南的芦医山鸣枪、投弹，使敌人不敢接应，这一次打了个漂亮的伏击战，日军所抢物资大都截了回来。

回到李庄，看着倒在血泊中的奶奶，小旦泪如泉涌，仇恨的火焰在胸中燃烧。他紧握双拳，发誓要为奶奶和乡亲们报仇。

1938 年 3 月 8 日，由吴队长介绍，黄小旦加入了中国共产党。梦寐以求的愿望实现了，小旦的劲头更足了。他带领民兵自制地雷，与敌人展开了地雷战，并配合正规军打得日军闻风丧胆。

英勇杀敌　威名远扬

太平洋战争爆发后，敌人的运输供应更加困难，因而每次出来“扫荡”主要就是抢粮食。李庄一带民兵同敌人争夺粮食，逐渐成为一项重要的战斗任务。

1943 年 5 月，漳河两岸的小麦长势喜人，沉甸甸的麦穗随风摇动，丰收在望。为了保卫夏收劳动成果，抗日区政府一面组织群众坚壁清野，一面从附近各村抽调了一百多个民兵组成一支夏收保卫连，由黄小旦任连长，驻扎在上黄村。黄小旦在村南的禹王山构筑了三道相互连通的战壕，日夜轮流放哨警戒，监视敌人的行动。

一天早晨，黄小旦接到情报，说是敌人要来抢粮。他把禹王山的岗哨布置好后，便领着李庄民兵班提前埋伏在山坳里。到了晌午，一百多个伪军在日军队长的率领下，押着抓来的十几个老乡直奔李庄而来。黄小旦放过伪军和老乡们后，突然甩出两颗手榴弹，炸得敌人鬼哭狼嚎，抱头鼠窜跑回据点。这一次，小旦领着民兵们打了个漂亮的“剁尾巴”仗。

敌人白天没有抢割上小麦，而且吃了亏，很不甘心，夜里便组织了二百余人趁着月黑风高前来报复，企图把民兵们一网打尽。四更天，守在禹王山第一道战壕里的黄文彦突然发现敌人猛扑过来。他放开嗓门喊：“敌人来了！”便同敌人短兵相接，端起刺刀，一个突刺过去插入敌人胸膛，刺刀还未拔出来，就被另一个敌人拦腰抱住，滚打在一起。黄小旦和常五元听到后，急忙赶来援助。这时四五个敌人已经来到战壕边，黄小旦扔出一颗手榴弹，两个敌人滚下了坡。他一边命令其他人速到上黄村通知民兵，一边和五元退入第三道战壕继续阻击敌人。一会子弹全打光了，小旦便把五元撵走，只身一人紧握手榴弹盯着前方。刹那间，百余人冲了上来，小旦连忙把手榴弹扔出去，敌人倒下一片。他习惯性地抓起枪来，才想起没有子弹，又赶紧去抓手榴弹，但这时四个敌人已到跟前，来不及扔了。一个家伙猛扑过来，抓住小旦的武装带，举刀就砍。小旦一看，原来是日军队长，顿时火从心头起，勇向胆边生，猛一闪身，刀劈空了，武装带也挣断了。小旦就势一个突刺过去，扑哧一声，日军队长送了命。这时一个敌人趁他还没拔出刺刀来，就端着刺刀猛刺过来。小旦闪开刀锋，敌人的刺刀深深插入泥土里，一时拔不出来，小旦唰的一声刺中了他的咽喉。这时又有四五个敌人扑过来，小旦敏捷地跳出战壕，把一颗手榴弹朝他们扔去，抱枪滚下了山坡，自己也昏迷了过去。他从昏迷中醒来时，只听见山背后传来了密集的枪声，原来是上黄民兵接到情报后在区武委会主任曹林保带领下分几路赶来支援。他们三面包抄一阵恶战，敌人怕后路被切断，丢下二十多具尸体慌忙逃跑。

1944 年 11 月的一天，黄小旦和赵大成一起侦察敌情，得知了九仙庙碉堡敌人要换防的消息。夜里，他指挥民兵兵分四路，两路遏制比干岭和古道两个碉堡，一路埋伏在西公路两边，准备接应打援，另一路由他带领直插九仙庙。等了半天，日军并没有来。最后才知是换防日军没到，碉堡里只有四五个伪军，小旦立即命令大家悄悄打开碉堡底层的门，搬进柴草点燃，霎时熊熊大火冲天而起，睡梦中的伪军没来得及吭声就上了西天。敌人发现后出来援救，却被埋伏的民兵们打了回去。

拔掉九仙庙碉堡之后，广大群众欢欣鼓舞，奔走相告，敌人却气得七窍生烟，到处张贴布告，悬赏五万元“金票”捉拿黄小旦。

黄小旦英勇杀敌的消息不久便传到延安，毛主席在一次座谈会上说：“山西有个黄小旦很勇敢，我看他是个黄大胆。”从此黄小旦的名字闻名全国。

抗战胜利后，黄小旦担任潞城民兵九纵队四连连长，随军南征。在河南伏牛山附近打退了国民党军队的数次进攻。军分区授予他们“太行山民兵坚强连”的光荣称号，并记集体特等功一次。

1950 年，黄小旦以全国民兵杀敌英雄的身份出席了全国群英会，受到了毛主席、周总理等中央领导的接见。

令敌人闻风丧胆的一等侦察英雄赵亨德

赵亨德，这是一个在抗日战争时期令日军、汉奸闻风丧胆的响当当的人物。在正太线上、太行山区，到处都流传着他的诸多堪称传奇的动人事迹，如屡炸火车，破坏日军运输线；活捉“舌头”，获取敌人情报；为民除害，摧毁“棒棒队”；深入据点看戏，捕获日军头目，等等。群众对他交口称赞，誉为英雄；敌人对他恨得咬牙切齿，但又无可奈何。

赵亨德在 1944 年 11 月 21 日召开的首届太行区群英大会上荣获“侦察一等英雄”的光荣称号，1947 年 4 月 19 日，在正太战役解放平定县城的战斗中光荣牺牲，年仅二十六岁。

弃笔从戎　勇敢杀敌

赵亨德 1922 年 6 月 6 日出生于山西省平定县城关镇的一个知识分子家庭，父亲赵毓鸿，为山西省平定县城基督教友爱会所办新民学校庶务。1931 年 7 月 4 日，平定县城驻军国民党高桂滋部士兵举行武装起义，组建中国工农红军第二十四军，军长郝光，政委谷雄一，辗转开赴河北省阜平县，建立了红色苏维埃政权。这使年少的赵亨德看到了光明的前景，萌发了革命的意识。1933 年，赵亨德积极参加学校掀起的破除封建迷信的活动，与同学们一起砸烂寺庙泥像，表现出与陈旧思想文化决裂的决心。

1937 年，赵亨德随父赵毓鸿到寿阳，在该县中学读书。7 月 7 日，卢沟桥事变爆发，华北人民陷于水深火热之中。日军铁蹄所到之处哀鸿遍野，尸骨成堆。国家兴亡，匹夫有责，具有爱国思想的热血青年纷纷离开教室，走出校门，踏上了抗日救亡之路。刚满十六岁正在上中学二年级的赵亨德也离开了学校，决定奔赴抗战第一线。回到平定县城不久，他便加入县抗日民众的行列中，每天奔走城乡，募捐财物，支援前线。他还积极参与县牺盟会的活动，宣传党的抗日救国十大纲领，发动各界群众团结起来，保卫祖国河山，抵御日本入侵。一天，正太铁路沿线的牺盟会中心区特派员在平定城关帝庙做演讲，说牺盟会中心区龙泉村要组织一支武装力量，名称就叫平定抗日游击队。赵亨德一听非常高兴，与刘景山、贾新峰等十二名热血青年相约去找牺盟会。他们昼夜赶路，来到龙泉村，在这里见到了平定县牺盟会的负责同志，参加了抗日游击队。

不久，开赴山西的八路军一二九师政治部也派人来到平定县，协助平定游击队进行了一次整编，并决定让这支武装力量接受地方组织领导，开辟根据地，坚持长期抗日。11 月 4 日，八路军在这一带组织了广阳战斗，赵亨德跟随游击队积极参战，承担了担架运输任务。为了及时抢救伤员，他冒着敌人的炮火往返于山间小道上，非常勇敢。

1938 年，赵亨德所在的平定抗日游击队被编入秦基伟、赖际发领导的太行独立支队。赵亨德在连长刘德文、老红军指导员林银珍的教育帮助下，很快成长为一个吃苦耐劳、意志坚强、不怕牺牲的革命战士。5 月，他光荣地加入了中国共产党，并当上了班长。

这年夏天，由于汉奸告密，日军封抄了赵亨德的家，把他的父母抓进阳泉日军宪兵的牢房里关了七十多天，并多次对他们进行残酷的毒打和非人的折磨。后来两人虽由基督教友爱会的牧师保释出来，但终因身体摧残严重，不久就双双去世。父母的惨死，使赵亨德悲愤异常，这种国恨家仇更激起他奋勇杀敌的决心。1939 年，赵亨德在冀西参加了黑水河战斗。当敌人占领了对我军极为不利的山头时，他毫不犹豫地选择带领一连人向高地进攻。在战斗中，他的左臂和面部受伤，但他坚持不离前线，继续带领战士们冲锋，最后终于把敌人赶下山头，并占领了敌人后面的高地，切断了敌人的退路。这对于整个战斗的胜利起了非常重要的作用。在总结这次战斗时，赵亨德受到了表彰，获得一等物质奖励。同年在榆次黄彩战斗中，获团部通令嘉奖。1940 年，他参加了闻名中外的百团大战。在激烈的战斗中，他身先士卒，冲在最前面，带领全连战士激战三小时，全歼两处守敌，为破袭战扫清了道路。由于他作战勇敢，沉稳机智，很快就由班长升任排长、连长、营长。

屡炸火车　断敌后勤

正太铁路，东起石家庄，西至太原，绵延于太行山峻岭幽谷之间。1937 年，日军控制了正太铁路后，它便成了敌人运输物资的大动脉。日军凭借便利的交通条件，一次一次向我太行抗日根据地发动了规模空前的大“扫荡”。为了粉碎敌人的进攻，太行二分区决定成立以赵亨德为组长的四人敌工小组，主要任务就是侦察敌情和通讯联系。他们经常深入敌占区进行活动，获取情报，还插入敌人心脏破袭敌人的运输命脉——正太铁路，扰乱敌人的后勤运输。

一个深秋的夜晚，在寿阳县南山的崎岖小路上，走来几个人。他们敏捷地绕过一簇簇刺人的荆棘，爬上一个个陡峭的石坎，翻过山顶后，在芹泉车站附近的地方隐蔽起来。他们就是赵亨德敌工小组。赵亨德等人在隐蔽处观察了一会儿，敌人毫无动静，原来车站东西三里长的铁道上竟然无一兵一卒。机会难得！赵亨德命战士小白留在原地监视敌人，自己则和另外两个队员迅速冲上铁道，从背上取下地雷埋了起来。一袋烟的工夫，地雷就埋好了，赵亨德又弯下腰小心翼翼地将拉线绕缠在铁轨上。一切布置就绪后，他赶紧撤到道旁的玉米地里。约莫过了半个钟头，“呜——呜——”一列满载军用物资的火车疾驰而来。进入雷区后，只听轰轰几声巨响，这列列车顿时像条被打断骨头的长蛇，瘫倒在铁道旁。

几天后，赵亨德又带着三名队员，装扮成农民模样来到寿阳县马首车站南面的一座桥下。走在前面的郝根田像走累了似的，席地盘腿而坐，两眼却不停地向四周扫视。他胳膊弯里挎着装满玉米棒的柳条筐，观察一番，见四下无人，便像猴子一样敏捷地爬到桥架中央，从筐子里取出炸药包安放在桥墩要害部位，尔后又爬下来若无其事地走进庄稼地。不多一会儿，一列日军的火车疾驰而来。就在火车接近铁桥时，赵亨德猫腰冲到桥下，沉着地点燃了导火线。机车刚驶上大桥，便在惊天动地的爆炸声中翻滚到桥下。

爆炸事件在正太铁路线上不断发生，马首车站的大桥刚刚抢修好，芹泉车站东面又响起了爆炸声，芦家庄一列载有军用物资的货车也飞上了天。赵亨德敌工小组通过在正太线上的飞行爆破，把这一交通线搞得经常断路。

仅 1942 年 10 月，他们就创造了月爆破四次的记录，炸毁敌人机车四辆、车皮十节，毙伤敌人二十余名。

1943 年，敌工小组逐渐扩大，发展成有三十余人的侦察队，赵亨德任队长，活跃在正太和南同蒲两条铁路线形成的三角地带。到 5 月，赵亨德率领侦察队实施爆破二十七次，炸毁火车头七个、车皮十六节，歼敌四十余名，缴获了大批轻重武器，吓得敌人很长一段时间夜晚不敢行车，实现了截断正太铁路线大动脉的战略目标。

赵亨德率领的这支部队，虽然名义上叫侦察队，但从它所担负的任务来看，实际上已成为一支活动在敌后的强有力的武装工作队。敌人对赵亨德的爆破活动气急败坏，然而又毫无办法。他们在正太路沿线到处张贴布告，悬赏两千块大洋捉拿赵亨德。但赵亨德依然神出鬼没，活动在正太铁路线上，敌人一听到这个名字就胆战心惊。

1944 年 3 月初，正太铁路上车辆往来频繁，驻晋敌军纷纷调动。日军从国内调来一个新编兵团接替正太沿线敌六十二师团防务，我二分区为了能准确了解该兵团情况，特令赵亨德带领五名侦察员于 3 月 6 日前往测石驿东站敌据点捕捉“舌头”，当时未能完成任务。16 日早晨，他们又在坡头东站附近潜伏。上午十一时发现敌人工兵一名，赵亨德当即带领队员上前将其捕获并带往根据地。回根据地途中经过一处绝崖时，敌兵纵身跳下逃走，赵亨德也跟着跳下，结果跌伤了腿，没能追上敌人，第二次也没能完成任务。此后，为了完成上级交给的任务，他继续在芹泉站一带活动，进一步详细侦察了解敌军的行动规律。从 16 日至 28 日期间，赵亨德带领侦察员在车站附近连续潜伏七个夜晚，并和同志们进行了实地演习。经过周密布置，4 月 3 日夜，他又带领两名精干侦察员化装成日本人，勇敢地走向目的地，正碰上敌独立步兵第十旅团二二九大队士兵青木外出巡逻。他们三人立即不动声色地迎上前去，接近后突然一下子将他抱住，捂住他的嘴，不让他出声。这样，赵亨德他们未发一弹就将青木捉回分区，胜利完成任务。

1944 年 11 月 21 日，太行区召开群英大会，赵亨德出席并荣获“侦察一等英雄”的光荣称号，大会授予他奖旗、奖章，并给予他物质奖励。《新华日报》（太行版）12 月 11 日刊载《一等侦察英雄赵亨德》的文章，介绍了他爆破铁路、捕捉敌人的英雄事迹。

深入险境　活捉日酋

日军占领昔阳县城后，派来了一个叫清水的头目。这家伙长得肥头大耳，五短身材，满脸横肉。他先在城关附近搜罗了一帮地痞、流氓，组成了一个“棒棒队”，专门烧杀抢掠，欺压百姓。接着又拼凑了一个“自卫团”，用来对付我抗日游击队。更可恨的是清水在县城建造了一个杀人魔窟“留置场”，配制了各种惨无人道的刑具，对被捕的抗日军民和无辜群众进行残酷迫害。

太行二分区领导决定为民除害，并将任务交给赵亨德。赵亨德认为打击敌人最好的办法是开展群众性的对敌斗争，因而他一方面动员群众空室清野，一方面积极组织民兵打击敌人。

有一天，“棒棒队”在某村勒索群众，一个在外边放哨的哨兵被赵亨德他们抓到了，经审问得知“棒棒队”只有十几个人。赵亨德当即决定带领九个精干部下前去收拾他们。稍作布置后，他便叫那个被捉的哨兵带路，前往“棒棒队”所在的院子里。当这些家伙正在拷打老百姓的时候，侦察队员像神兵从天而降一样突然出现在他们面前，看着眼前黑洞洞的枪口，这些家伙完全失去了抵抗能力，被全部活捉。另外一次，赵亨德假冒自己是敌人查哨的，捉住敌人一个哨兵，抓到一个叛徒，解救了五百名老百姓。

1944 年初的一个早晨，昔阳交通站送来情报：清水要到沾尚据点看夜戏。赵亨德听后喜上眉梢。为慎重起见，他又派队员虎儿到沾尚实地了解情况。晌午时分，虎儿赶回来报告说：“据点里的日军前两天就准备酒肉要给长官设宴，村里这几天也确实在唱戏。不过村里的老百姓说：‘老狐狸清水为防万一，找了几个与他长得相似的‘棒棒队’小头目，装扮成他的样子，出出进进，真假难辨，有时连据点里的日军也分不清。’”听完虎儿的报告，赵亨德果断地说：“不论是真是假都要捉。捉住真的更好，即使是假的也可杀鸡给猴看，扫扫清水的威风。”

经过一番准备，在太阳快要落山的时候，赵亨德带领十余名侦察队员化装成邻村看戏的农民，来到沾尚村。夜幕降临后，他们便三三两两混在看夜戏的人流中进入戏场。

不一会儿，人群中出现一阵骚动，人们纷纷避让，闪开一条通道，只见四个伪军簇拥着一个矮胖的日军走进来。此人坐定后，戏台上锣鼓声骤起，叫板开戏。赵亨德看看时机已到，抬手砰砰两枪打掉了戏台前的吊灯。霎时间，整个戏场变得漆黑一团，就像炸了马蜂窝一样，人们哭天喊地往场外挤去。赵亨德乘乱一个饿虎扑食将坐在长凳上的日军长官抱住，虎儿立即将毛巾塞进他嘴里，接着两人一左一右架起他随着人群冲出戏场。其他队员见已得手，推开阻挡的伪军跟着杀了出去。后来一审问，才知道抓住的只是清水的替身，不过假清水依旧交代了很多重要的情况。

第二天，昔阳城里到处传颂着赵亨德活捉“清水”的消息，人们无不拍手称快。住在城里的清水听到报告后心惊胆战，再也不敢轻易在公开场合露面。

1945 年 1 月 9 日，赵亨德受命率侦察队从根据地插入正太路沿线开展活动，11 日到达寿阳城以东地区。一天，太原地下党通过同蒲、正太沿线的敌工站送来一个重要情报：1 月 16 日夜，有敌人一列军用特需车从太原开往北京，载有日本高级军政要员。接着又收到敌工站一个报告：这些天，正太线上的警戒突然多起来了，除了巡逻部队外，据点里的敌人也常常出来搜查村庄和行人，铁甲车日夜不停地开来开去……

一个大猎物出现了！为了保险起见，分区决定从主力部队中挑选一个精悍的加强排配合侦察队展开行动。加强排和侦察队员一样，每人一长一短两支枪，一把大刀，一律便衣，由赵亨德统一指挥。赵亨德整整花了一天的工夫，亲自侦察地形和敌人火车运行的规律，并组织当地民兵一同到西庄铁路旁设伏。他还详细规定由谁专门打前面的车头和邮便车、行李车，谁专打后面的头等卧车和军人特许车，还安排民兵在铁路两头警戒。

1 月 17 日凌晨，赵亨德他们开始进入伏击地。一会儿，巡道的铁甲车开了过来，在铁道上来回走了几趟，见一切安静如初，便放心地开走了。紧接着附近龙凤山据点的敌人也出来查路，诈唬一阵，见民兵事先伪装的护路队员都拿着铜锣站在那里，以为平安无事，也放心地走了。赵亨德见查路的敌人一走，立即带几个队员迅速奔上铁路，麻利地卸下铁轨两边的夹板，拔出道钉，错开道轨，然后重新隐蔽起来。

不一会，西边就传来了“隆隆”的响声，转眼工夫，长龙似的列车便出现在战士们眼前，当开到被破坏的路段时忽地窜出道轨，东倒西歪地停下来。“同志们，冲啊！”赵亨德大喊一声，举起两把盒子枪便冲向列车。从睡梦中惊醒的敌人情知不妙，慌忙把车门关死，然后从车窗口拼命向外射击。赵亨德带领战士向敌人乘坐的车窗内投进几颗手榴弹，炸死敌人数十名。接着趁敌人混乱之际，又向车厢内投进土雷十几个及一包炸药，当即将特许车及头等卧车车厢炸毁大半。我英勇的战士又趁着烟雾冲入车厢，捉住了数名敌人。赵亨德也跳上车在车内搜索。突然，从暗处跳出一个满身污血的日本人，举起洋刀向他砍去。赵亨德一闪，洋刀砍进了他的左臂。在此危急关头，队员黑牛正好赶到，一枪结果了敌人的性命。赵亨德不顾伤口滴血，仔细一检查，发现在两具日军的死尸下面还蜷伏着一个日本人。这家伙油头粉面，五十岁开外，身穿一件貂皮大衣。赵亨德一看就知此人非等闲之辈，马上命令队员将他押下车迅速带走。后经审问，此人竟是曾任日军旅团长、时为伪山西教育厅中将学务专员的铃木川三郎。

1945 年 8 月 10 日，日本宣布无条件投降，赵亨德随部队转战河北西部，整编后升任团参谋长。1946 年，赵亨德从冀西返回太行山区，在近一年的解放战争中，先后参加了榆次长宁、太谷阳邑、平定锁簧等大小战斗百余次。10 月，在白羊墅车站炸火车时左眼受伤失明，但他仍然坚持战斗。1947 年 4 月，在解放平定县城的战斗中，赵亨德光荣牺牲，年仅二十六岁。5 月 2 日，平定县上万群众在庆祝解放的同时，为赵亨德烈士举行了隆重的追悼大会。

为了纪念这位人民英雄，我人民政府为他在平定县东关立碑，其碑文如下：

悼太行英雄赵亨德参谋长：

献身革命，忠心耿耿。

驰骋疆场，入死出生。

八年抗战[①]，屡建奇勋。

自卫战争，敌顽震惊。

优秀党员，千古英名。

太行之光，浩气长存。

---

① 应为“十四年抗战”。抗日战争从1931年侵华日军发动“九一八”事变开始至1945年日本无条件投降为止，历时十四年。之前所称“八年抗战”，指1937年卢沟桥事变后全面抗战直至日本无条件投降，特此说明。

为民族解放流尽青春热血的梁奔前

梁奔前是一个年轻的女子，受父亲影响，追求进步，积极投身抗日救亡运动，是中国共产党提高了她的思想觉悟，坚定了她的革命意志。当外国强盗侵入我们的家园，杀害我们的兄弟姐妹，霸占我们国土的时候，她积极发动妇女做军鞋，支援前线，传递战斗情报，与之展开了不屈不挠的斗争。在不幸落入敌手，面对种种威胁利诱、严刑拷打的生死关头，她大义凛然，宁死不屈，表现出了一个革命战士的英雄气概，真正做到了三军可夺帅，匹夫不可夺志，为中华民族的解放事业献出了自己年轻的生命。

受家庭影响　积极追求进步思想

梁奔前，原名竞一，山西省平遥县襄垣村人，1925 年出生于一个知识分子家庭。父亲梁元茂，字松波，省立师范毕业后在本县执教，为人正直，具有反帝反封建的进步思想，1927 年 5 月加入中国共产党，是平遥县最早的一批共产党员之一。大革命时期，他曾以共产党员个人身份加入国民党，和共产党员李舜琴、段灿、任行健等人组建了平遥县国民党县党部，发动青年学生参加国民革命，组织各行业工人成立联合工会，举行声势浩大的集会游行等革命活动。大革命失败后，他与党组织失去了联系，开始从事商业和教育活动，但仍积极参加进步活动和抗日救亡运动。

梁元茂作为一个曾经富有激情、理想的共产党人，对子女从小便讲解革命道理，讲述革命先驱同敌人拼死斗争的英勇事迹，鼓励他们追求进步、追求光明。在父亲潜移默化的影响下，梁奔前和姐姐梁竞新都关心国家命运，积极要求改变积弱积贫的社会现状，相继走上了革命道路。

梁奔前幼时活泼好动，性格倔强，聪慧好学，七岁入本村小学读书，成绩名列前茅。“九一八”事变后，日本帝国主义侵华活动猖獗，东北三省相继沦陷，全国人民积极响应中国共产党的号召，展开了如火如荼的抗日救亡运动。此时的梁奔前，年龄虽小，但依旧在学校积极参加抗日救亡的歌咏比赛、游行和募捐活动。1936 年考入本县二高小后，在“一二·九”运动的感召下，她对抗日救亡的时局更是十分关注，抗日的报刊是她最感兴趣的读物。她追求知识和一心抗日的举动得到了父亲的大力支持，参加了抗日救亡宣传队，与进步同学走出校门张贴标语，演唱救亡歌曲，集队上街游行，声泪俱下地讲述抗日救亡的道理，受到广大群众的高度赞誉。

投身抗日救亡的火热战斗

“七七”事变后，辍学在家的梁奔前抗日救亡之心更为坚定。一次日军扫荡祸及襄垣村，梁奔前随乡亲们到山区的宋家岭村躲避，她只带了一包抗日书籍，刻苦研读，手不释卷，找机会就给群众宣传抗日救亡的道理，揭露日本法西斯的侵略罪行。

1938年4月，平遥县抗日民主政府成立，梁奔前家成了县、区干部与她父亲传递情报、布置任务的联络点。每当抗日政府的人来到家里，梁奔前便领上妹妹在门外放哨。一天傍晚，抗日干部朱指南一行二人下山来执行任务，半路被敌人尾随，梁奔前机智地将二人及时藏匿，避免了一场大祸。1941年7月的一天，她父亲清早起来一出街门，就被日伪军警抓了起来。梁奔前面对这突如其来的情况，表现出了异乎常人的聪明机智。她急速将父亲近日带回家而未隐藏的抗日书报装入裤裆，佯装解手藏在厕所脚踏石板下，使敌人在搜查中一无所获，抓不到把柄而使父亲脱险。

面对敌人的残暴行径，梁奔前满腔怒火，向父亲提出了要上抗日前线参加八路军打日军的请求。父亲认为她体力太弱，难以适应战斗生活。梁奔前就坚持每天跑步锻炼身体，在家里的大场院内一口气能跑二十多圈，很快达到了父亲提出的条件。1941年冬，在父亲的支持下，十六岁的梁奔前来到离家七十多里的边山，参加了抗日民主政府在斜坡村举办的教师训练班。从此，她作为一名光荣的抗日战士，踏上了革命的征途。

1942年春，从训练班结业的梁奔前，先后被派到西崖窑、仁义、千庄等地担任根据地的小学教员。她把全部心血都用在了建立抗日学校上，深入自己住处附近的各村老百姓家中动员青少年到学校读书。在当时，这项工作很难开展，因为胆小的家长怕让自己的孩子上学后招来杀身之祸，还担心让女孩子上学抛头露面惹人笑话。梁奔前没被困难吓倒，她不怕碰钉子，多次登门做宣传工作，讲解穷人为什么穷，财主为什么富，又讲解日军为什么敢在中国领土上横行霸道的道理。功夫不负有心人，在她耐心细致的动员下，不少家长的思想终于做通了，把自己的孩子送到了抗日学校。她还按照中国共产党提出的十大救国纲领自编抗日救亡课本，内容有看图识字、抗日口号、抗日顺口溜、抗日歌曲等。

1942年秋，梁奔前被调回区里组织和开展妇女工作。每到一村，她就住在群众家里，了解人们的思想，组织妇女上民校，教她们读书识字，教唱抗日歌曲，讲解抗日斗争形势。在庄则村，她住在郝桂兰家，郝桂兰的父母封建思想十分严重，女儿想念书，他们不让念，平时连门也不让女儿出。逢年过节街上闹红火，只准女儿站在屋顶上看，不许跑到街上去。梁奔前从郝桂兰的处境中进一步认识到解放妇女的迫切性，便鼓励她说："你爱念书，我教你；你想自由，我帮你。"从此，梁奔前每天都要教郝桂兰认字。同时，动员她的父母亲让他们支持女儿上民校，参加社会活动。开始，两位老人都很固执，不管怎么动员，他们都坚决地说："一个女孩儿家，识字顶啥用呢？"梁奔前说："女的和男的一样，女子也能办大事，成大器。"一回说不成，她连续动员五六回，终于解开了这两位老人的思想顽结，让女儿上了民校。

妇女支前的主要任务是做军鞋。具体要求是，三个妇女做一双鞋，只能多，不能少。做军鞋最大的难题是没有做鞋的布料和纳底的麻绳。穷苦的老百姓，身上穿的衣服是补丁盖补丁，一件衣服要穿十几年，有的人甚至衣不遮体，难以度日，赶做军鞋的任务怎么完成呢？梁奔前跑东门串西门，了解情况做动员工作，又把自己身上穿的衣服献出来剪了鞋面。在她的带动下，不少妇女把自己舍不得用的、省吃俭用积攒下的布料献出来做了军鞋。料凑齐了，妇女们集中在一起做，你争我抢，都想多出点力。梁奔前风趣地说："一双军鞋一颗心，送给咱抗日的好弟兄；前方后方同用劲，多消灭几个日本兵。"这些幽默的话常逗得大伙儿合不拢嘴。在妇女们的密切配合下，上级布置给千庄一带做军鞋的任务都能按时间、高质量地超额完成，得到了抗日政府和有关部门的表彰。

在县抗日政府干部王炯、焦桂英的引荐下，梁奔前与八路军洪赵支队副支队长张永亮（张成宽）认识了，在相互了解、熟悉的基础上，双方都觉得志同道合。在党组织的支持下，1944 年 6 月他俩在沁源县水峪村举行了婚礼。典礼非常简朴，一张桌子，一杯茶水，一盘瓜子，一顿便饭，两支小蜡烛，一间破草屋。父亲梁元茂赠送了四件礼物，花禧牌手电筒、怀表、《孙子兵法》、自来水笔。婚后，他们互敬互爱，生活十分甜蜜。

婚后不久，他俩到梁奔前工作的千庄居住。过了不到两月，一天，警卫员给张永亮送来通知说：“前方有紧急战斗任务，须速返部队。”此时，奔前正在为永亮赶做衣服，永亮说：“拿衣服是来不及了，我今天必须返回部队，指挥战斗。”张永亮在院子里紧紧握了一下梁奔前的手，就跨上战马离去了。张永亮回队接受任务后便率军投入了战斗，在攻打浮山炮楼时同敌人展开殊死战斗，壮烈牺牲。过了很长时间，梁奔前才得知张永亮牺牲的消息。她不由失声痛哭，悲痛欲绝。但她想到自己肩头的重任，想到丈夫未竟的事业，便擦干了眼泪，化悲痛为力量，又投入了新的抗日战斗。

1944 年冬，因工作需要，党组织调梁奔前到平遥抗日县政府交通局工作。交通局设在宋家庄。梁奔前到任后很快熟悉了新的工作环境。她身背军用红皮挎包，腰束红皮带，脚穿自做的圆口布鞋，翻山越岭，忍饥挨饿，跑遍了抗日根据地的山山岭岭。每当上级布置任务时，她总是抢着干，而且能够顺利地完成好。为防不测，传递情报大都是在夜间行动，在山间的夜里，经常会听到狼号豹啸，但她从不惧怕，独来独往，从未出过差错。

为抗日救亡流尽青春热血

1945年2月的一天，正值中国农历的大年初一。天刚蒙蒙亮，日本侵略军派遣北支一四六一部队便纠集驻平遥偏城、原家庄等据点的日伪军三百余人，向抗日县政府驻地宋家庄和附近的三岔口等村庄进行偷袭。霎时间三岔口枪声、喊声、哭叫声一片。相隔两里的宋家庄政府工作人员，闻声急忙赶来掩护群众转移。

在紧急情况下，梁奔前马上拿起早已准备好的文件包，由游击队和民兵掩护，和郭鸿、岳侠一道往山上跑去。本已脱险的梁奔前，为何又落入日军的魔掌？据郭鸿回忆，“当跑到半路回头看时，不见梁奔前同志。岳侠和我东找西找都不见她。后来才知道，她跑回去拿图章去了。拿到图章后，梁奔前一边招呼人们躲藏，一边往南跑到半里外的山沟里把文件埋藏好，然后才向山上转移。就在这时，不幸被包抄过来的日伪军围住了。敌人从她身上搜出了一支钢笔，认定她是八路军的工作人员，便用枪托砸她，用脚踢她，随即把她反绑双手，押往三岔口村。”这时的三岔口村阴森恐怖，四周都是荷枪实弹的日伪军，中间架着一挺歪把子机枪，敌人在人群中寻找着共产党、八路军。

日军队长摇晃着洋刀，强迫村民说出梁奔前的身份。“你们认识不认识这个人？她是干什么的？不说的死啦死啦的！”一个日军用刺刀尖戳住妇女郝春英的胸口，一股劲地逼问。眼看日军要杀害群众，梁奔前愤怒地大声喝道：“不要伤害群众，有什么事冲我来！”日军队长问道：“你是共产党的干活？”为了掩护群众，梁奔前将生死完全置之度外，高声说道：

“我就是共产党员，你们枪毙我好了！”日本队长要她交代共产党的编制和退却的路线。梁奔前冷笑一声说道：“想得美！你们日本侵略者失败的命运已定，你们的末日已经来临，中国人民是不可欺压的！”日军队长气急败坏，恼羞成怒，下令将梁奔前推进了正在燃烧的房屋中用烟火烤她。

梁奔前在烟火熏烤中坚贞不屈，毫无惧色地指着日本队长怒斥道：“今天，你们只能把我烤死，但是，伟大的中华民族是杀不绝的，中国共产党党员是烧不尽的，胜利只能是我们中国人民的！”日本随军翻译渡边龟二郎听了梁奔前的话，又看到她那不怕死的精神，深受感动。他凑在队长跟前耳语一阵，以“有事要向她调查”为由，建议队长将梁奔前囚入窑洞。

日伪军当夜住在了三岔口，渡边龟二郎参加了对梁奔前的审讯。他劝梁奔前：“你在队长面前承认共产主义是错误的，改变信仰，放弃共产主义，就可免一死。”梁奔前对他说：“无论如何不能说共产主义是错误的，哪怕是一时的胡说也绝对不行，因为我相信共产主义一定会胜利！”

审讯无效，日军又派伪军到窑洞给梁奔前送饭进行收买。梁奔前却把碗一甩，朝着那个伪军斥责道：“你这个汉子，觉得光彩吗？要吃你去吃，我不吃日军的饭！”她知道摆在自己面前的路只有两条：一条是跪在敌人脚下，把敌人要问的情况说了就能生；一条是严守党的机密，跟敌人斗争，这就得死。在这生死关头，她选择了后一条，但她丝毫不惧怕，独自在窑洞里哼起了《义勇军进行曲》。

其他屋子里，野兽般的敌人喝着酒，吃着抢来的鸡，狂饮号叫。在院子里，几个日本兵强迫从平川抓来的群众，围着饭桶跪着，把米饭握成团，像喂狗一样，把米团扔过去让他们在空中“叼”着吃。如叼着，一阵怪笑；谁要叼不着，就把谁的头按在地上，让其用嘴舔着吃，以此为乐。梁奔前顺着号叫声从窗户望去，见到此情此景，怒火骤起，气愤地大声喝道："我们是人，不是狗！"吼声惊醒了那些跪着的群众。

经过多次审讯，敌人用尽各种酷刑却始终没有从梁奔前嘴里得到任何有用的东西。日军队长大为恼火，下令将梁奔前绑到屋顶上冻死。天很冷，夜晚可达零下三十摄氏度以下。渡边龟二郎本来已经睡下了，但想起梁奔前在屋顶上将要被冻死，便起来抱了一捆谷草爬到屋顶盖在她身上，还叫监视的士兵注意不要把她冻死，借口需要继续审讯。

次日晨，渡边龟二郎先到屋顶把盖在梁奔前身上的谷草挪开。队长发现梁奔前没有死，就又花了整整一天的时间继续审讯，但还是没有得到任何情况。晚上，梁奔前又被绑到了屋顶上，渡边龟二郎不忍心，做了最后一次说服："你的年龄和我女儿的年龄相仿，年纪很小很小的，你只要暂时改变主义，然后进县城，我可以从中周旋，以求生存。"但梁奔前宁死也不改变主义，还反过来动员渡边龟二郎反正。

第三天清早（即农历正月初三），日军队长见软硬兼施、恩威并用的办法在梁奔前身上均无所获，便下令把残留的房屋全部点燃，又威逼梁奔前在屋顶上向山里喊话，让八路军、政府干部和群众回来，佯言日军已经撤走。梁奔前却面对山野高呼："打倒日本帝国主义！中国共产党万岁！中华民族……"随着口号声，铁骨铮铮的女英雄梁奔前壮烈地牺牲在日军的屠刀下，年仅二十岁。敌人走后我们的同志去处理后事时，见她手里还拿着一块石灰疙瘩，在她的身边地上写着"誓死不当亡国奴"几个字。

梁奔前的鲜血洒在偏僻的平遥县三岔口村，她的光辉形象为中华儿女树立了永垂青史的典范。1957 年 12 月 15 日，家住日本北海道枝幸郡滨顿别町一五四番地的渡边龟二郎，致信中国红十字会访日代表团，以崇敬和惭愧的双重心情如实地回忆了梁奔前的英雄事迹和坚贞信念，在国内和国际产生了巨大的影响。1964 年，中共平遥县委、平遥县人民委员会将梁奔前烈士的坟墓移迁新址，勒石永志。

战斗在敌人心脏的赵宗复

赵宗复虽出身封建官僚家庭，但受进步思想的影响秘密加入我党地下组织。他不避艰险，不怕牺牲，利用其父赵戴文是山西军阀阎锡山心腹的这层特殊关系，在隐蔽战线为我党做了许多有益的工作，与敌人展开了巧妙斗争，起到了别人难以替代的重要作用。

追求进步　秘密加入地下党

赵宗复，又名近之，祖籍山西五台县东冶镇，1915年2月出生于太原。父亲赵戴文，前清秀才，曾留学日本，参加过同盟会和辛亥革命，后任国民党政府内政部部长、山西省政府主席等职，为阎锡山的心腹。

1920年，赵宗复开始在太原国民师范附属小学读书，由于天资聪颖，刻苦勤奋，每次考试都名列前茅。1925年夏天，他积极跟随国民师范的进步师生参加了声援“五卅”运动的募捐活动。

1926年暑假，赵宗复考入太原进山中学。进山中学由阎锡山1922年创办，但后来在大革命洪流的影响下变成了传播共产主义的基地之一。赵宗复在进山中学学习的六年中，阅读了《共产主义 ABC》等大量进步的和宣传马克思主义的书刊，受到了革命的启蒙教育。大革命时期，武汉国民政府曾派罗任一来山西和阎锡山联络，劝导阎锡山参加北伐。罗到山西后，阎锡山即指定赵戴文和他打交道。1927 年大革命失败后，罗任一被阎锡山关了起来，罗的许多书报都被封存在赵戴文家里。赵宗复出于好奇心，经常偷偷浏览这些书报，当他看了汉口《中央日报》上郭沫若写的揭露蒋介石背叛革命的文章时，受到了很大震动。由此，他开始对父亲赵戴文的行为不满起来。

1929 年，赵宗复读高中一年级时，有一批曾经亲身参加过大革命的人员流亡到太原，先后进入进山中学当教师，经常向学生介绍创造社等左翼文艺团体的活动和苏联小说。赵宗复从小喜爱文学，常和这些老师来往，逐渐懂得了不少革命道理，在思想上进一步明确了革命方向。

“九一八”事变后，全国各地掀起了抗日救亡运动的热潮，蒋介石的不抵抗政策激怒了爱国青年，进山中学的学生也奋起投入战斗。1931 年 12 月 28 日，太原各大中小学校的学生组织了一次声势浩大的示威游行，并派出代表向山西省政府请愿，争取抗日自由。当示威群众游行到国民党山西省党部门前时，当局竟悍然下令向手无寸铁的群众开枪，打死了进山中学学生穆光政，造成了“一二·二八”惨案。这更加激起了赵宗复对国民党反动派的满腔怒火，激起了他积极参加抗日救亡活动的决心。在此期间，赵宗复认识了与他二姐一起刚从日本留学回国的共产党员张磐石，并邀请张磐石到进山中学做“九一八”事变后的形势报告。在张磐石的影响下，赵宗复初步树立了只有马克思主义才能救中国的信念。

1933 年，赵宗复考入北平燕京大学新闻系学习。这时，张磐石也在北平做地下工作。他们经常来往，交谈思想。燕京大学是一所教会学校，赵宗复对这里的一切都很反感，曾想离开学校，要张磐石介绍他参加革命工作。他还沉痛地向张磐石哭诉他如何厌恶自己的家庭，表示想和家庭脱离关系。张磐石一边给他讲学习和革命的关系，要他继续留校；一边告诉他，参加革命必须背叛剥削阶级家庭，但这种背叛主要是从思想上讲的，并不是要断绝一切关系，有这种关系对革命也可能是有用的。赵宗复接受了张磐石的劝导，继续留在燕大，一边学习，一边参加革命活动。一年级时，他就参加了进步团体国际问题研究会，后来又参加了党的外围组织反帝大同盟燕大支部，不久担任了支部书记。他还积极参加学生会的工作，协助陈翰伯编辑周刊。1933 年 5 月，赵宗复加入了共产主义青年团，并担任团的西郊区委宣委和交通工作。同年 12 月，他转为共产党员。

这年底，赵宗复经张磐石介绍，参加了第三国际远东红军情报工作。当时，赵宗复从事这一工作的直接领导者是共产国际派来的刘一樵，不和地方党组织发生关系。他以高度的组织性、纪律性、原则性和灵活性，克服各种困难和艰险，多次往返北平和太原之间，从父亲那里了解蒋、阎的情况，利用蒋、阎之间的矛盾，争取阎锡山合作抗战。1935 年 7 月，赵宗复为在太原建立情报机构，从北平回到太原，巧妙地把共产党员牛佩琮安排在阎锡山办公室做秘书工作，并通过山西大资本家徐一清的儿子、榆次纱厂经理徐士珙传递情报。徐是赵宗复的二姐夫，对阎锡山对待山西民族工商业的态度颇为不满，两人貌合神离。赵宗复利用他们之间的矛盾，积极做徐的工作，促使徐支持抗日。徐为做买卖经常往返平、津和太原之间，很多重要情报都由赵宗复精心安排，通过他传递给党组织。

赵宗复还利用他父亲的社会地位，掩护和营救了许多革命同志。在燕大时，他节衣缩食，常把父亲寄给他的钱分给在北大、清华、燕大学习和从事革命活动的青年。张磐石在北平从事地下工作时，赵宗复就经常给他经济接济。1935 年，张磐石被捕关押在保定监狱，赵宗复用山西省政府的大信封一次给他寄去一百元，还寄去了许多书籍。

同年 12 月“一二·九”运动爆发，汉口到上海的交通关系被破坏。赵宗复很想公开参加“一二·九”运动，但又怕暴露身份，因而只是协助学生会做了一些合法工作。周围的同志不知道他早已是地下党员，燕大支部书记陈洁还鼓励他参加党的组织。赵宗复也怕关系一时接不上，情况有变，所以于 1936 年初由陈洁介绍第二次加入了中国共产党。他在党内担任党小组长，工作十分认真、细致，每次接受上级党组织的指示后都要背诵一遍，因而交给他的任务都能完成。这年夏天，远东红军情报处又来了指示，赵宗复这才向党支部声明另有秘密任务，重回到原来的系统工作。

不避艰险　在阎锡山内部为党工作

“七七”事变后，全国军民奋起抗日，赵宗复毅然放弃了留学日本的机会，奉党的指示奔赴抗日前线，回到了自己的家乡太原，参加了续范亭、程子华、南汉宸等共产党员和国民党左派组织的第二战区民族革命战争战地总动员委员会，并在这个组织内担任宣传科科长，组织民众参加抗日活动。不久，他接到上级党组织指示，即利用自身的特殊社会关系打入阎锡山内部做情报工作。1938 年 2 月，赵宗复通过父亲赵戴文的关系，到临汾阎锡山的总部政治部工作。总部政治部的主要负责人是梁化之和刘岱峰，赵宗复任交通科科长。交通科后来扩大为政治交通局，赵宗复任局长，主要负责各游击行政区的交通联络和书刊发行等工作。赵宗复利用这个阵地建立了情报站，工作开展得很出色。

这年2月16日，阎锡山为排挤共产党，强化自己的统治，在襄汾温泉村召开了他的党、政、军高级干部会议，即第二战区抗战工作检讨会。会议决定成立“民族革命同志会”。赵宗复为争取合法身份，作为发起人之一参加了这个组织。会后不久，日军占领了临汾，阎锡山的军队溃不成军，于是阴谋策划争夺我党领导的新军，逼薄一波交出军权。为坚持党对新军的领导权，赵宗复协助薄一波做了许多工作。

1939年夏，赵宗复接到上级指示，要他去上海接受新任务。为了摆脱阎锡山特务的怀疑和跟踪，他假托赴四川看望母亲，打着赵戴文四少爷的牌子，从成都到昆明，然后经越南、香港辗转到上海。在上海，赵宗复接受了短期的通讯训练后，上级党组织决定要他回晋西建立电台。赵宗复衔命北返，刚刚回到山西，阎锡山一手策划的“十二月事变”就发生了，同时下令撤销政治部交通局。赵宗复建立电台一事未能实现，他和上级组织的关系也中断了。他只得先派肖希明去西安、兰州等地寻找党的关系，未成，后又送肖到延安寻找。

1940年初，党派第十八集团军驻第二战区办事处处长王世英和副处长曹言行会见了赵宗复。王世英对赵宗复说：“阎锡山并没有识破你的身份，应设法继续留在阎总部工作。”在王世英指导下，赵宗复利用父亲的关系又取得了阎锡山的信任，担任了第二战区政治部宣传处处长。

赵宗复在阎锡山总部工作时获得很多重要情报，如阎锡山想回太原暗中和日本勾结等，都及时通过王世英向党中央做了汇报。为了尽量争取阎锡山留在统一战线中，不让他公开投敌，赵宗复协助王世英继续执行反蒋拉阎的政策，并发挥了重要作用。

“十二月事变”后，王世英为使赵宗复长期从事隐蔽活动，利用阎锡山办学校的机会，让他取得主持进山中学的合法地位。1941 年，进山中学在隰县重新恢复，阎锡山任名誉校长，赵宗复担任校务主任，次年担任了校长，直到 1947 年。在此期间，他在教育战线上为党积极工作，把进山中学办成为党培养革命人才的基地，并分期分批地把青年知识分子送上革命道路。新中国成立后，这些青年都担负起各方面的重要工作。

赵宗复十分重视对青年学生进行革命思想教育和品德教育。他倡导民主办校方针，积极支持学生成立各种社团，创办各种小报，揭露旧社会的黑暗，传播革命真理。他通过王世英从延安、香港购买了大量革命书籍和刊物，如《解放日报》《民主周刊》《整风文献》《甲申三百年祭》《钢铁是怎样炼成的》《日日夜夜》《毁灭》等进步书刊，引起学生的争相传阅。

赵宗复在进山中学从事教育工作时，丝毫没有放松党的地下工作。他经常借口看望父亲到吉县克难坡了解情况，掩护营救革命同志。1942 年，杜任之被阎锡山怀疑扣捕，押送回克难坡。路经隰县时，赵宗复在路口等候，并亲自给父亲赵戴文写信，派专人送往克难坡，要求对杜任之加以保护。阎锡山想通过高干签名的手段陷害杜任之，赵宗复设法劝说赵戴文串通阎锡山的高级官员孙楚等拒绝签字，使阎锡山陷害杜任之的阴谋未能得逞。1943 年，赵戴文病故于吉县克难坡，赵宗复借奔丧之机，一到克难坡就去找杜任之，告诉他说：“我父亲死了，你的处境将更加困难，要争取恢复自由，想办法离开这里。”他们研究好对策，借吊丧之机找到梁化之和几个以往与赵戴文要好的高干，保释杜任之到山西大学任训导长，恢复了他的自由。

1944年夏，国民党政府组织了一个中外记者参观团赴延安，中途会经过晋西阎锡山司令部。阎为讨好中外记者，宣扬自己的“兵农合一”政策，便派山西省经济建设委员会秘书长、贸易公司经理徐士珙和赵宗复随中外记者参观团去延安。

赵宗复到延安后，通过王世英和伍修权介绍，两次见到毛泽东和周恩来，并同毛泽东一起吃饭、照相，周恩来还亲自送给他一件由延安工人制作的蓝呢大衣。他为了珍存这件纪念品，只在中华人民共和国成立时穿过一次，其他时间一直保存在箱子里。毛泽东单独接见他时，亲切地对他讲：“你父亲已故了，他在抗战问题上倾向我们，该算是开明绅士啰。你的任务还很艰巨，你要回去做阎锡山的工作，让他走抗日的道路。”

运筹策划　同敌人展开巧妙的斗争

1945年日本投降后，阎锡山回到太原，配合蒋介石政府在山西大肆迫害进步人士，压制民主运动。这时，赵宗复在进山中学利用“同志会”“投枪社”和“书报代办所”等进步社团组织，首先把学生会的领导权控制在进步同学手中，把三青团分子赶出学生会组织，并采取以攻为守的办法，与阎锡山统治集团展开斗争。

1947年初，全国反美反蒋运动蓬勃开展，阎锡山唯恐波及太原，决定于3月17日在海子边组织太原市大中学生举行反苏游行大会。赵宗复知道后，通知进山中学的地下党员乔亚、进步学生卫兴华等联合其他学校研究对策，准备破坏这次集会。大会开始后，反动当局万万没有想到学生代表发言的调子全是反对美帝国主义的，会议主持人慌了，还没等开完会就宣布举行反苏游行。在赵宗复的授意下，卫兴华带头大喊反对游行的口号，并首先领着进山中学的同学退出会场，会场顿时乱成一团，阎锡山妄图组织反苏游行的阴谋破产。

1947 年物价飞涨，吃米贷金的学生愈来愈苦。赵宗复曾多次出面，要求政府当局给师生增加米贷金，但政府迟迟不予答复。赵宗复遂联络其他学校开会，决定采取强硬态度和政府当局交涉。各校遂派代表去教育厅、市政府等处请愿，阎锡山害怕事态闹大，便通知各校从 5 月开始将米贷金由两万一千元增至五万元，由此这次反饥饿斗争取得了胜利。

同年夏，徐士珙出任太原市工商业联合会理事长。为加强对太原民族工商业的控制，他准备创办一份《山西工商日报》，并聘赵宗复兼任总编辑。在赵宗复的主持下，《山西工商日报》于同年 6 月 1 日创刊。为了使阎特梁化之“放心”，赵宗复还特邀梁化之的兄弟梁丰厚任副社长。从此，赵宗复以这份报纸为阵地，展开了宣扬民主和反对国民党独裁、内战的斗争。他聘请社会上有名气的进步民主人士担任社论委员，撰写深刻的评论文章，公开抨击阎锡山政府垄断市场的禁令和所谓“平民经济”的政策措施，揭露国民党官僚买办阶级的营私舞弊和糜烂腐化的生活。《山西工商日报》出版后，大违阎锡山和徐士珙的意愿，不独工商界人士啧啧称赞，就连太原报界也大为轰动。

这些斗争，引起了反动派的惊慌和仇视，阎锡山遂将赵宗复调离进山中学。1948 年 8 月晋中战役后，党派刘展到太原和赵宗复联系，让他离开太原孤城。赵宗复说：“太原还有工作要做，为了少让一些同志牺牲，多为太原的解放做点工作，个人安危是小事。”于是他留在太原继续为党搜集情报，把阎锡山军事部署据点和第一道防线、第二道防线绘制成图，派人送到解放区。这期间，山西大学有个教授给周恩来写信，联系想要到解放区去。赵宗复派去送信的人在过封锁线时被敌人抓住，供出了赵宗复。阎锡山命大特务杨贞吉于8月30日将他扣捕，由梁化之对他逼供诱供。赵宗复做了一些无关紧要的交代，如承认他和程子华、南汉宸有过来往等。阎锡山信以为真，遂恢复了他的自由。出狱后，赵宗复更加不顾自己的安危，继续配合解放军开展地下斗争。

1949年3月，太原接近解放，阎锡山狗急跳墙，进行了一次大逮捕。赵宗复为了护送八名共产党员和革命青年离开太原，动用了阎锡山一个汽车连队的关系。然而正要行动时，却被叛徒出卖，八名同志皆被逮捕就义，赵宗复亦遭逮捕，被监禁在太原绥靖公署阎锡山家后院的一个防空洞里。梁化之假惺惺地到牢房里对赵宗复说："老弟，上次看在赵主席面上放了你，这次我可无法救你了，不过只要你彻底交代，把太原全部共产党员名单交出来，我就保你活命。"赵宗复义正词严地说："我不是共产党员，我更不知道太原的共产党组织。我和父亲走的不是一条路，要杀你就杀吧！"

1949年3月29日，阎锡山借口国民党代总统李宗仁请他商谈和平谈判，逃往南京。此时太原就要解放了，形势十分紧张。4月23日晚，梁化之和阎锡山五妹阎慧卿在准备自焚前执行阎锡山逃离前就定下的处死赵宗复的决定。梁化之派他的一个马弁一手持枪、一手持毒药，逼赵宗复自杀。赵宗复对那个马弁说："兄弟，你毒死我有什么好处？我对山西人民做了很多好事，解放军马上就要进城了，我还要继续为人民做更多好事。你为什么要杀我？你杀了我，你就有罪了。"这时传来两声巨响，解放军的炮弹已落在绥靖公署大院。赵宗复继续做马弁的工作，他又问道："解放军进城后你打算怎么办？"马弁说："还不是等死。"赵宗复便回复说："不，只要你现在保护我，解放军来了，我一定保护你。”马弁被赵宗复感动了，他扔掉手中的毒药，用装有沙子的麻袋堵住关着赵宗复房间的大门，并持枪站在门口，成了赵宗复的卫士。两个小时后，解放军先锋队冲进绥署大院，赵宗复获救归队。

1949 年 9 月 2 日，山西省人民政府成立，赵宗复参加了成立大会，并担任山西省人民政府委员、教育厅厅长。1950 年经邓初民推荐，又担任了山西大学副校长。从此以后，赵宗复一直致力于党的高等教育事业。

在“文化大革命”中，赵宗复受到残酷迫害，于 1966 年 6 月 21 日含恨去世，时年五十一岁。1979 年 1 月 12 日，中共山西省委推倒之前强加给他的一切诬陷和不实之词，彻底为他平反昭雪。

一心向党慷慨赴死的女英雄刘胡兰

刘胡兰度过了一个苦难的童年，在蒋阎反动统治之下，社会战乱不断，苛捐杂税繁重。她一家人尽管起早摸黑辛勤劳动，但生活依旧过得紧巴巴的。她也成长于一个伟大的时代，抗日烽火燃遍祖国大地，共产党领导的八路军、工作队进驻她的家乡，领导、发动人民群众救亡图存、反霸锄奸，给当地人民带来了新气象，开创了新局面。刘胡兰在共产党、八路军干部、战士的教育、影响下，走上了革命的道路。她跟踪敌人，传送情报，带领妇女为八路军战士纺线、做军鞋，看护八路军伤病员，样样工作都干得很出色。在解放战争时期白色恐怖十分严重的情况下，她不顾个人安危，仍然留下来抚慰、鼓励群众同敌人做斗争。后来，由于叛徒出卖，她不幸被捕。当敌人在她面前将其他六位同时被捕的同志用铡刀铡死，企图威胁她背叛党组织的时候，她面不改色心不跳，严词痛斥敌人，最后从容就义。

苦难的童年

刘胡兰，原名刘富兰，1932 年 10 月 8 日出生于山西省文水县云周西村的一个贫苦农民家庭。她的父亲刘景谦是一位地道的中国农民，为人老实，很少说话，整天只知道起早睡晚在地里劳动，母亲、奶奶纺花织布、缝补浆洗，日夜操持家务，日常开支非常节俭。尽管如此，在各种摊派、苛捐杂税的压榨下，加之连年的天灾兵祸，他们一家的生活却依旧一年不如一年，日益陷入贫困。由于长期的贫困与劳累，她的生母王变卿身体虚弱多病，特别是生下二女儿爱兰之后，便一病不起。刘胡兰四岁时，生母就撒手人间。过早失去母爱的她，倍加体会了人生的不幸与苦难。俗话说，穷人的孩子早当家，刘胡兰从小就很懂事，母亲去世后，她小小年纪就自觉承担起了照看妹妹的任务，同时帮助奶奶拐线、为父亲到地里送饭，做一些力所能及的事情。

刘胡兰在很小的年纪就耳闻目睹社会的黑暗及许多不公平现象。1936年，阎锡山为了防堵陕北红军过黄河，到处抓红军探子，凡是身上带着红手绢和红布条的就被认为是红军探子，文水城的监狱里挤得水泄不通。这一来，可把老百姓害苦了。差不多天天有“官家人”来扰害：有来清查户口的，有提着马棒来要军费的，还有过路队伍在这里“打尖”的……这些人一来村子就乱了，要吃要喝，要粮要款，三句话答不对就是一马棒，真是闹得鸡飞狗跳。折腾一段时间后虽然平静下来，但家里没有一点欢乐，生活比以前更困难了。尤其是这一年，给妈妈办丧事花了一笔钱，这临时军费又花了一大笔，只这两宗花费就把这些年来积蓄下的几瓮粮食粜完了。而村公所又派出了杂费、水费，一家子人张口要吃饭、伸手要穿衣，爷爷愁得直叹气。

好不容易熬到第二年。这年春天风调雨顺，庄稼长起来了，不料整个夏天一连几十天没下雨，秋庄稼干得快能点着火。好在这地方还有点水利工程——引汾河的水浇地。不过这一工程是周围几十个村庄合伙修的，各村轮流用水，需要二十几天才能轮到一次。人们天天盼，夜夜盼，一直盼到三伏将尽，这才轮到云周西村浇地的日子。这一天爷爷和父亲早早吃完早饭就扛着铁锹到地里去了。谁知等啊等，一直等到后半夜也轮不到他家浇地。后来一打问，原来是地主老财家已浇完庄稼地，现在正在浇麦茬地。眼看浇地时辰就快完了，一个年轻农民气不过，将渠堰挖开把水引到自家地里，结果村长石玉璞领着一伙手下过来就把这个农民五花大绑捆起来吊到了村公所。这件事，让为父亲送饭的刘胡兰看到眼里，记在心里，她感到了世道的不公，从小就埋下了阶级仇恨的种子。

在八路军、革命者影响下成长

卢沟桥事变后，日本军队打过来了，阎锡山的几十万部队一战即溃，敌人把文水城给占领了。1938 年春天，一支共产党领导的部队开到了文水平川。驻扎在云周西村的是八路军一二零师第六支队的一个连。这支部队并不像阎锡山所宣传的那样，长得青面獠牙，杀人如割草，而是待老百姓很和气。队伍一来就把街道打扫得干干净净，还在大街上写了很多抗日标语。白天，队伍不是出操就是上课，傍晚不是学唱歌，就是做宣传，要不就是帮老百姓干活，和老百姓真像一家人一样。这样好的队伍，老百姓怎能不喜欢呢？就连小孩子们也是成天跟着队伍转。刘胡兰经常跟在村里年轻人后面，听张连长讲抗日救国的道理。这些道理胡兰不大能听得懂，可是她就是喜欢听。

这支队伍虽然好，但当人们看到他们简陋的装备、武器之后，心里仍然不免犯嘀咕，他们到底能不能打得过日军？不久事实证明，这是一支能征善战的队伍。一天，驻文水县城的一百多名日军出来祸害老百姓。这支部队得到消息后，埋伏在大象镇的公路两旁，等到敌人走到跟前的时候，猛然间扔过去几十颗手榴弹，一下子就把敌人的装甲车炸毁了。紧接着机枪、步枪也一齐开火，把敌人打了个落花流水。这一仗除炸毁一辆装甲车外，还打死几十个日军，没死的日军丢盔弃甲仓皇逃回文水城去了。这一仗以后，群众对这支队伍更信任、佩服了。村里成立了新政权，建立了农救会、青救会、妇救会等群众组织。抗日政府免除了一切苛捐杂税，废除了封建水规，浇地再不能由地主们独霸了。贫苦群众的日子由此好过多了，连着两年大丰收，胡兰家存放余粮的那几个大瓮又都满了。1939 年冬天，父亲又续弦，娶回继母胡文秀。胡文秀待她姐妹俩很好，也就在这时候，为了体现母女情深，将她的名字由刘富兰改为刘胡兰。

1940 年春天，村里办起了小学，刘胡兰入学读书了。在学校里，她学习很用心，学到了许多闻所未闻的新鲜知识，还学会唱不少抗日歌曲。然而这种快乐读书的日子只过了一年。1941 年 1 月间，敌人集中了几个县的兵力，突然向文水平川展开了大规模扫荡。抗日部队转移了，敌人肆无忌惮地到处烧，到处杀。云周西村的抗日村干部都转入地下，学校放寒假后一直没开学，刘胡兰闷在家里很无聊。有一天，她想到学校去看看，走进学校院子，看见到处是干草、马粪，教室窗户上的玻璃全被打碎了，学校已被敌人糟蹋得不像样子。这时忽然听到有一伙人走进学校，她急忙躲在一堵墙背后偷偷观看。只见日军把给八路军办事的本村村民石居山吊到房梁上用马鞭狠狠抽打，问他村干部藏在哪儿，粮食埋在哪里。起初石居山只是说不知道，后来大骂开了，还说：“老子就不告诉你们，把老子枪崩了好啦！狗日的们，迟早不得好死！”他被打得昏过去，敌人用凉水把他浇醒，但他始终没说一句真话，后来被敌人带走了。

回到家后不久，刘胡兰从大伯口中听到两个不幸的消息：一个是石居山被带回城里宪兵队，敌人用尽了各种刑法，他什么也没说，后来被敌人活活打死了；另一个是刘胡兰曾经见过的自称“人民勤务员”的文水县抗日县长顾永田，在一次日军扫荡战斗中壮烈牺牲了。

1942 年初秋的一天，和刘胡兰很熟悉的两位小通讯员被敌人打死了。事情是这样的，当他们被敌人包围后，为了掩护胡区长脱险，故意暴露目标，分开向外冲。他俩很勇敢地击毙两个日军、一个伪军后，一个死在村南头，另一个死在村东头。刘胡兰听到这个沉痛的消息，眼泪像断线的珠子一样滚了下来。听人们说，两位烈士的遗体已移到观音庙里，她情不自禁随人流走进观音庙。当看到两位小通讯员染满血迹的遗体时，刘胡兰脑海里忽然涌现出顾永田、石居山等人为革命不惜献出宝贵生命的光辉形象。她边流泪，边暗暗下决心，自己如果以后到了这一天，也一定要像他们一样，死得有骨气！

积极开展革命工作

1943 年夏收的时候，情况发生变化：遵照党中央要把敌人挤出去的指示，大批抗日干部又回到了平川，一些武工队、小股的游击队也拥过来了。当地党组织决定先镇压一批罪大恶极的汉奸，打掉敌人的耳目。刘胡兰听到这个消息很高兴。一天，她跟妈妈在麦地里捡拾麦穗，忽然看见那个叫刘子仁的汉奸骑着自行车过去了。这家伙盘踞在信贤据点里，作恶多端，经常带领日本兵搜捕抗日干部，正是这次要镇压的对象。刘胡兰盯着他进了保贤村后，拔腿就往村里跑。回村后找了好几个地方，终于找到村干部。当她把情况一反映，村干部说："这个消息很重要，正发愁找不见这家伙。胡兰子，你可为咱立了一功！"第二天，群众中纷纷传说，大汉奸刘子仁昨天夜里被游击队抓住镇压了。同时被镇压的还有另外一个汉奸，叫王益龙。刘子仁和王益龙被镇压后，对汉奸走狗的震动很大，信贤据点里的敌伪人员都不敢公开为非作歹了。平川形势好转了，村里的各种抗日团体暗中也都恢复起来。妇救会也恢复了，会员都是从全村妇女里挑选出来的骨干分子，胡兰和她的好朋友金香、玉莲也都被挑选上了。妇救会平素除了暗地里做军鞋、做军袜，给隐蔽在村里的村干部、游击队员缝补衣服、拆洗被褥外，她们还经常三三五五聚在一起，偷偷阅读根据地的报纸，也常常分头到各家各户做宣传。

1945 年 8 月，日本宣布无条件投降，抗日战争终于迎来了胜利的一天。不久，村里派刘胡兰和其他几位姑娘去贯家堡参加妇女干部培训班。在四十天的培训班学习中，刘胡兰听县委领导讲了当前形势、政策法令和有关妇女工作等的问题，懂得了许多革命的道理，思想觉悟得到了很大的提高。培训班回来不久，组织上就让刘胡兰担任了云周西村代理妇联秘书。在此期间，她动员全村妇女上冬学，发动全村妇女纺线，由于以身作则、方法对头，样样工作都走在了前面。在之后的妇女选举中，就被选成了正式的村妇联秘书。

刘胡兰对自己要求非常严格，对工作也认真负责，决不允许有一丝马虎。在一次验收军鞋的过程中，有个叫二寡妇的女人，仗着和村农会秘书石五则有勾搭，做的军鞋轻飘飘的，质量很差，企图蒙混过关。刘胡兰发现后便退回去，让她重做。二寡妇拒不认错，而且撒泼耍赖，大吵大闹，这时石五则也过来替她求情。二寡妇见有人为她撑腰，骂得更厉害了。刘胡兰沉稳地说：“你别骂大街，有假没假，咱们割开看看就知道了。”说着举起菜刀，一下子把鞋剁开了。大家一看，鞋底里垫的都是草纸。在场妇女们气得低声骂开了，纷纷要求开二寡妇的斗争会。区、村干部知道这件事后，赞扬刘胡兰做得对，对坏人坏事就应该绝不留情，并批评了石五则的徇私行为。

1946 年初夏，由于刘胡兰对工作积极负责，品质好，有培养前途，区里决定调她到区妇联当干事。不久，根据她之前提出的入党申请，党组织批准她成为一名中国共产党候补党员。

轰轰烈烈的土地改革在文水全县展开了。当区委干部石世芳带领土改工作组来到云周西村召集村里的干部和积极分子开会的时候，刘胡兰因害眼病在家休养，也参加了。会后就分头去访贫问苦，发动群众。然而这项工作初期进展并不顺利，由于封建阶级统治了几千年，贫苦农民心有余悸，因此，有些明明苦大仇深却也不敢站出来同地主做斗争。安排刘胡兰访问的三户贫雇农中，就数刘马儿受的剥削压迫最厉害，刘胡兰于是先做他的工作。谁知一谈话，刘马儿就一股劲说自己受穷是命不好，一点都不配合。后经过刘胡兰不厌其烦、耐心细致的说服动员，刘马儿终于道出了他在地主石玉璞家当长工时所受的气，但此时他仍顾忌石玉璞身后有后台，自己斗不过人家。后台是谁？在刘胡兰的启发引导下，刘马儿说，他曾亲眼看见石五则和石玉璞在一起喝酒吃肉，之后石玉璞还吩咐他给石五则送过一篓子肉和点心，并叮嘱他不准把这件事告诉任何人。刘胡兰得知此事，立即找工作组去汇报。当她走进工作组房间时，正好遇上大家在召开党员会议研究土改问题。在会议上，刘胡兰捅出石五则与石玉璞有勾搭一事。石五则仗着自己是老干部，大骂刘胡兰血口喷人。后经深入调查，不仅证明刘马儿所言属实，石五则还接受过石玉璞的一百二十块现款。区委认为这是蜕化叛变行为，决定开除石五则的党籍，撤销他农委主任的职务。后台扳倒以后，刘马儿等贫苦群众纷纷站出来揭发石玉璞等地主富农的剥削压迫罪行，云周西村的土改运动顺利展开了。

坚持斗争　慷慨就义

1946 年 11 月初的一天，区委干部吕梅找到刘胡兰，向她传达县委会议精神。吕梅说："蒋介石决心发动内战，正调集大量兵力准备进攻延安，我们的主力部队可能要调到黄河西面去保卫延安，保卫党中央。主力部队一走，阎锡山很可能会乘机打过来，摧毁革命政权，屠杀革命干部。所以县委要求，除挑出一些年轻力壮的人留下来坚持工作以外，其余老弱病残和'红'了的一些村干部一同转移到山上老根据地去。区委研究决定，让你也转移出去。"刘胡兰听吕梅讲完，想了一阵说："我还是留下来吧，我身体结实，能跑能跳。形势这么紧，更需要有人做工作。"在刘胡兰的一再请求下，区委批准她留下来坚持工作。

留下来坚持工作的区干部被编成几个小组，分头进行活动。刘胡兰和吕梅算是一个小组，她们的主要任务是到各村督促、检查备战工作，动员群众埋藏公粮，安排坚持地下斗争的一套人马……工作很多，任务很重。然而，此时形势却更紧张了，敌人不断向文水平川调兵遣将。刘胡兰她们只能白天躲在野外，黑夜进村找村干部们了解情况，研究对付敌人的办法。

后来受到敌人的一次冲击，二人失散了。

刘胡兰一个人回到云周西村，大伯告诉她，如今，阎匪军在大象镇扎下据点，村里是一个叫石狗子的坏蛋当村长，这家伙为敌人办事很出力，经常威胁干部家属。回村后，刘胡兰夜里找了几个可靠的群众了解情况，群众都要求镇压石狗子，要不然会坏大事。刘胡兰把石狗子的情况写了一封信，让地下村长郝一丑带上去找陈区长。12月的一天夜里，陈区长带着武工队来到云周西村，告诉刘胡兰说："县里已经批准镇压石狗子了，我们今夜就是来执行这个任务的。"第二天大街上贴出布告，石狗子被政府枪毙了。

石狗子被镇压后，驻扎在大象镇的敌人恼羞成怒，决定来报复。他们先派部分军队闯到云周西村抓走石三槐、石六儿、石五则。石三槐、石六儿任凭敌人严刑拷打，什么也没有说。而石五则这个软蛋一经敌人审讯，就把刘胡兰和村里的干部家属都出卖了。

1947年1月12日拂晓，敌人派两个连的兵力，由营特派员张全宝任总指挥突然包围了云周西村。而刘胡兰前一天晚上在村民金香家见到了陈区长，陈区长告诉她，最近形势非常危急，组织命令她和金香尽快转移到山上去。第二天一早起来，她就回到家里准备进山的行李，忽然大伯慌张地跑进来说："勾子军进村啦，把陈树荣、刘树山、石世辉、张年成都抓起来了。你赶快躲一躲！"刘胡兰正打算出去躲一下，就听街上响起了紧急的锣声，接着是叫喊声："全村民众，赶快到观音庙开会，无故不到，查出来要按私通'共匪'办理！"母亲对胡兰说："到你金忠嫂家躲一下吧，她生下孩子才四五天，万一敌人查问，就说是侍候月子的。"到了金忠嫂家一看，屋里已躲好几个女人。刘胡兰觉得躲在这儿不合适，便走了出来。此时街上已经到处是勾子军了。勾子军看见刘胡兰，不问青红皂白便叫喊让她去开会。刘胡兰见无法走脱，就随人流走到观音庙。这时观音庙前空场子里已经站了许多人，她穿过人群站到他们一家人身边。一会儿，叛徒金川子带着人将金香从人群里抓进庙里。见此情景，刘胡兰已经清楚，一场严峻的考验就在眼前。她轻轻脱下了指环，掏出了手绢和万金油盒，郑重地交给了母亲，决心用鲜血与生命同敌人做一场殊死的斗争。这时，金川带着两个士兵来抓她，她大声说："别拉扯，我自己会走！"说完把头一扬，大踏步向观音庙里走去。

刘胡兰跨进大庙的西厢房。审讯她的是特派员大胡子张全宝，他沉着脸问道："你就是刘胡兰？"

刘胡兰响亮地回答："我就是刘胡兰，怎么样？"

"你给八路军干过什么事？"

"只要我能办到的，什么都干过。"

"那么你们村长是谁杀的？"

"不知道。"

"你们区上的八路军都到哪里去了？"

"不知道。"

张全宝一连碰了几个钉子，本想发作，突然贼眼一转，威胁着说："现在有人供出你是共产党员。"刘胡兰知道自己被坏人出卖，她把头一扬，自豪地说："我就是共产党员，怎么样？"

"你为啥要参加共产党？"

"因为共产党为穷人办事。"

"以后你还会为共产党办事不？"

"只要我还有一口气，就要为人民干到底！"

张全宝万万没有想到，一个小女孩的信仰竟如此坚定。见硬的不行，他便奸笑着哄骗说："自白就等于自救，只要你自白，我就放你，还给你一份好土地……"

刘胡兰轻蔑地说："给一个金人，我也不自白。"

敌人的威胁和利诱都失败了，但他们并不死心，妄图用血腥的屠杀逼迫刘胡兰投降。于是他们在大庙西侧广场上放下了铡刀、木棒，将刘胡兰和石三槐等同志押解出来。在刘胡兰面前，敌人把石三槐等六位同志先用木棒打昏，然后残忍地用铡刀一个一个铡死。张全宝指着六位同志的遗体，厉声问道："你难道就不怕死吗？"

刘胡兰逼近一步，斩钉截铁地说："怕死不当共产党！"

张全宝无可奈何，站起来无耻地说："刘胡兰，只要你当众说句今后不再给共产党办事，我就放了你。"

刘胡兰坚定地说："那可办不到。"

张全宝气急败坏地说："你，你……"

刘胡兰用愤怒的目光盯着张全宝，喝问道："我是怎个死法？"

张全宝恼羞成怒，立时显出了本来面目，凶狠地吼道："怎个死法？一个样！"

刘胡兰理了理头发，重新包了包头上的毛巾，从六位烈士遗体前走过去，踏着他们的鲜血，昂首阔步走到铡刀跟前，然后从容地躺在刀床上。

张全宝腿都有点哆嗦了，声嘶力竭地吼道："给我铡！"

……

刘胡兰英勇牺牲后不久，她的事迹传到了延安，毛泽东为她亲笔题词：生的伟大，死的光荣！

荣立九次特等功的战斗英雄张英才

在解放战争时期，张英才参加了上党、吕梁、陇海、宛东、平汉、豫东、淮海、渡江等战役，经历大小战斗一百多次，荣获三次“特等战斗英雄”称号、九次特等功、五次一等功、三次二等功。作为一名军人能在战场上得到特等功，绝非易事，大都是九死一生、以命相搏而来。世人都知道朝鲜战争打得非常惨烈，然而获得特等功的只有两个人，一个是杨根思，一个是黄继光。而张英才在短短的三年内，竟一连九次荣获特等功，创造了传奇战绩，走向人生辉煌，由一个从小山沟里走出来的苦命孩子成为声名远扬的“兵王”。伟大领袖毛主席对张英才记挂在心，多次接见了他。

苦难孩子在战斗中成长

张英才，山西万荣人，1924 年 12 月出生在一个贫苦农民家庭。他家世代都是农民，父母勤劳朴实。穷人的孩子早当家，张英才六岁时就跟着父母在地主家干活，时不时还要遭到无故的打骂，这深深地刺痛了他幼小的心灵。母亲体弱多病，家里主要靠父亲辛苦支撑。不幸的是他八岁的时候，父亲在干活时受了重伤，家里的重担瞬间落在张英才稚嫩的肩上。一个还不满十岁的小男孩，每天早出晚归砍柴、种地、放羊。尽管如此，家里除了贫穷还是贫穷，经常是吃了上顿没有下顿。一天，地主的儿子在他面前走来走去，炫耀着自己碗里的饺子。闻到香气，张英才忍不住咽了咽口水。地主的儿子看到后，趾高气扬地问道："想吃吗？只要你叫我一声爷爷，我就把这碗饺子给你吃。"面对这样的羞辱，张英才却不能反抗，他只能狠狠地攥着拳头不说话。但是地主的儿子却更加高傲，不屑地说："一辈子穷鬼的命，逞什么强？"张英才终究还是忍不住，挥起拳头把地主儿子的碗打碎在地。地主儿子的哭声引来了管家，管家拿皮鞭把张英才打得浑身是伤，这才作罢。

1936 年，红军来到万荣县建立革命根据地。这一年，张英才只有十二岁。一天，张英才在山上放羊，突然遇到了暴风雨，二十几只羊全部跑丢了。张英才不知如何是好，回到地主家一定少不了打骂，回家也无颜面对父母，只好躲到了山上的一个破庙里。但是在山上没吃没喝，他只能到处摘野果子充饥，不久他眼前一黑，晕倒在了山头。等他再次醒来，身边多了一位和气的大叔，正准备喂他喝小米粥。这位大叔是红军的炊事员。张英才从小过惯了苦日子，他没有想到，世界上除了父母还有愿意帮助他的人。当他知道这位大叔是红军队伍的人时，便想跟红军走。大叔说，你现在年龄太小，等长大再说。于是张英才便在根据地的文化补习学校里边读书，边等待。到了十五岁那年他又要求进部队，部队首长还认为他年纪太小，不让他参军。张英才软磨硬泡十几天，跟在队伍后边，赶也赶不走，最后首长没办法，只好收下了他。

1939 年，张英才入伍，任八路军总部宣传队干事，整天做的是写大字、贴标语等文职工作。直到1941年3月，在一次抵抗日军扫荡的行动中，由于缺少人手，他才被派上战场。第一次参战，他就打死一个敌人。很快在6月的战斗中，张英才起到了不小的作用。在打退日军的袭击正要撤离时，指挥战斗的连长张亚雄不幸中弹牺牲。这个时候张英才主动站了出来，稳住了军心，带领五名队友掩护大家成功撤退。然而这场战斗并未结束，大败的日军恼羞成怒，在一天凌晨偷袭了我军，张英才只好继续掩护部队撤退。战斗中，日军向我方扔过几颗手榴弹来，其中一颗正好朝旅长飞来，危险之际，他奋不顾身地扑到了旅长身上。幸好这颗手榴弹扔得稍微偏了一点，最后两人都无大碍，张英才只是肩膀上受了点轻伤。由于屡次战斗表现突出，1944年10月，他被任命为五十七团五连的副指导员，不久被调任为九连指导员。在人民军队这座大熔炉里，张英才不仅得到了实战锻炼，学到了很多灵活机动的战略战术，而且提高了思想觉悟，认识到他所经受的一切苦难并不只是个人的不幸遭遇，而是整个劳苦大众的共同命运，只有推翻反动统治，下层民众才能过上好日子。在党的培养教育下，张英才怀着阶级仇恨的满腔怒火，焕发出无限大的能量，同敌人进行了坚决的斗争。

上党战役初建殊勋

1945年8月中旬，阎锡山承蒋介石之意，向上党解放区进犯。为了保卫胜利果实，中共中央军委命令晋冀鲁豫军区坚决歼灭来犯之敌，除去心腹之患。

上党战役开战不久，张英才的九连便随大部队合围长治。要攻长治，必须先扫清长治周围的重要关隘。张英才所属团主攻北关，全团从东西两面对北关实施攻击。九连的任务是横插北关，直抵城门，紧紧堵住敌人的进出，歼灭北关之敌。攻击前一天大雨倾盆，这天天黑不久，部队便开始行动了。九连渡过关外一米多深的洪水，秘密冒雨前进，很快从西北侧突进北关关门。进关后，副连长率一排由右侧搜索前进，张英才带二、三排顺大街直抵城门（此时连队缺配连长）。在敌人没发现的情况下，张英才指挥部队快速占领街中房院，控制制高点，堵塞老街道，开辟新通道。在堵塞街道时，有位新战士不慎弄出响声，被城门外楼房上的敌人发现了，顿时密集的子弹便朝街道射过来了，手榴弹也扔了过来。张英才赶紧指挥部队就地还击。一阵猛烈还击后，敌人很快乱作一团，有的藏身自守，有的四处逃生。不到十分钟，这座楼房上的敌人就被全歼了。

打掉楼房之敌后，张英才立即带领部队顺街冲进去，占领了几座院落，向街东高楼之敌展开攻击。如果此时全团攻击北关的部队都能按时到位，九连突出的位置就是有利的。然而此时先攻入北关的兄弟连队尚未完全合围敌军，九连一下被压在了三面受敌的院落里。面临如此危险境地，张英才意识到，如不在进攻中做好守的准备，别说堵住敌人，恐怕连自己的退路都成问题，弄不好极有可能被敌人追赶出城，甚至被敌人吃掉。于是，张英才立即命令手下的两个排趁黑夜敌人不敢行动，迅速将已占领的几座矮房挖通连接起来，以备坚守。墙壁挖通后，连接副连长所带一排的新通道也被打通，一排立即迅速靠了过来。

随后，张英才立即和副连长商量如何重新调整防卫兵力。他决定先从一、二排各抽一个班合成正面防卫力量，然后让一排剩余人员对付西敌独立大院，让二排剩余人员对付东敌高楼，三排留作预备队，以防敌人大反攻。

天刚拂晓，夜里不敢行动的敌人立即向占领房顶的两个班扫射。密集的子弹打得这里战士们抬不起头，根本无法撤下房。张英才见此情况，立即让部队从房内捅开房顶，接应房上的战士们。房上的二排长急中生智，放了两个烟幕弹，很快便将两个班从房顶撤了下来。这会儿，敌人的火力也暂时停止了，几幢高楼都静悄悄的，有人建议攻击敌人的高楼，可张英才觉得情况异常，估计敌人可能组织反冲锋，立即命令战士们赶紧在墙壁上挖阻敌抢眼，准备封锁敌人反冲的街道。在他的指导之下，几幢房子很快挖出了立姿和跪姿的枪眼。

战斗的发展果然又被张英才料中了。太阳刚升起，九连西南敌人的一个师便在几十门炮火的掩护下向我军发起反冲锋。敌人见九连阵地低矮，立即用重火力攻击，转眼之间，便将他们所占的几座平房打得墙倒屋塌。敌人以为九连已被消灭，立即组织部队冲过来。张英才带领部队潜伏在房内，一动不动。待敌人乱哄哄冲到有效射程内后，立刻命令部队一齐开火，一下子就把敌人打散了。敌人几次冲锋都被张英才冷静指挥打退，但他们并不甘休，很快又发动了更大规模的进攻。

在敌人组织反攻的间隙里，张英才让部队迅速改善自身工事。由于立射、跪射抢眼很容易遭到敌人重火力攻击，他便指挥战士们用室内木板在平地上搭成掩体工事，再在工事下迅速挖出交通壕，并贴地面戳出许多暗枪眼，这样防卫敌人枪炮的能力就大大加强了。

此时敌军突围之心更切，他们用重机枪封锁住九连阵地墙壁上的全部立姿、跪姿枪眼，派出一批又一批的敢死队员往枪眼里扔手榴弹，企图将九连战士全炸死在破房内。可他们万万没有料到，张英才早已带部队钻进暗壕，仍可从贴地枪眼狠狠地给予他们打击。敌人连续两次大冲锋失败后，终于发现了九连战壕下的贴地枪眼，发现火力无法封锁这些出其不意的射击孔之后，便立即派爆破组来炸。可九连严密监视着敌人的行动，每次敌人爆破手尚未靠近，就被战士们打翻在地。

后来，一些居高临下的敌人见正面攻不破九连阵地，立即派强大的兵力从右后侧压来。虽遭我纵队炮火猛烈射击，但仍有二三十个敌人扑到了九连阵地后方的屋顶上，朝二排阵地猛扔手榴弹，打得二排战壕内的战士抬不起头。张英才一看情况危急，立即命令一排长带领一个班长绕到敌人背后干掉敌人。他俩绕到房西角大树下端起机枪一阵猛扫，二三十个投弹的敌人转眼之间就被打得滚下房来。房下的两个班乘机出击，很快便把敌人全干掉了，还缴获了一批枪支弹药。

就这样，九连从早晨一直守到天黑，全天打退敌人二十二次进攻，毙敌三百余人，敌人始终未攻破他们所守的阵地。为了表彰九连英勇杀敌的事迹，纵队立即在火线战报上刊登了授予九连“铁的九连”称号的消息。

吕梁战役、淮海战役连显神威

1946 年 11 月上旬，胡宗南从晋南地区抽调了四个旅的兵力，准备渡过黄河进攻延安。中央军委下达指令，由晋冀鲁豫军区第四纵队的下属部队进攻并解放吕梁地区，破坏敌人进攻延安的计划。在这场战役中，九连的主要任务是在方山东杨村阻击来犯之敌，以掩护我主力部队顺利转移。

张英才带领九连三十多名战士占领了敌军必经之地的交通路口。国民党军队见九连人数不多，便根本不放在眼里，一窝蜂地冲过来。双方近距离展开激战，然而敌人数量很多，九连很快就被敌军三面包围，情况异常危急。他命令战士们充分利用地理优势，以不怕牺牲、压倒一切的大无畏英雄气概，对敌人展开猛烈反击。子弹快打完时，张英才就让战士们全部上刺刀，做出欲同敌人肉搏的架式。敌人被张英才和战士们的杀气所威慑，畏畏缩缩不敢前进。但发现我方只剩下十几个人时，他们便放松了警惕，居然喊着要抓活的，在一个军官带领下攻了过来。此时九连只剩下一挺机关枪，被张英才稳稳地握在手里。当敌人靠近时，张英才突然疯狂地扫射，敌军一阵大乱，那军官以为中了埋伏，掉头就跑……军官一跑，士兵也立马慌了，一个个如惊弓之鸟抱头鼠窜。如此张英才抓住时机，再胜一阵。

双方就这样近距离作战，九连战士在敌我力量悬殊的情况下，坚持了整整四个小时才等来我方援军。战役结束后，九连只剩下十几名战士，活下来的每一个人身上都是血迹斑斑。这场战役，张英才荣获了人生第一次特等功，而此时他才二十二岁。

1948 年 11 月，影响最大、歼敌数量最多的淮海战役打响了。这时，张英才已担任三十八团一营的营长。他带领全营战士刚进驻小张村阵地，上级就交给了他们新的作战任务——既要防止两个师的敌军突围，又要阻止两个旅的敌军北援。这仗真有点难打，全营加起来只有五百来人，而对方至少有两万人以上，更不用说武器装备上的优势。但张英才此时已经是个身经百战的老兵了，曾在死人堆里摸爬滚打多年，面对如此情况心中一点不慌。进入阵地后，他召集连级干部开会，根据此前的战斗经验，将我军的主要火力点全对准敌侧翼部位。此举在于，当敌军采用坦克加步兵一起上的打法时，我方就可以用火力点消灭掉敌人的步兵；当敌人想用炮火摧毁我方外围的火力点时，却受限于地形怎么也打不着。

12月2日，张英才率领一营全体战士去抵挡敌军十二兵团的十一师三十一团和十八师五十三团。果不其然，敌人想用钢铁洪流冲破我军封锁线，于是我军伏击人员迅速攻击敌军的几辆先行坦克。敌人反应过来之后，便用两个团的兵力在坦克和榴弹炮的掩护下，向一营阵地发起第一轮冲击。张英才令炮兵部队迅速压制敌人的进攻火力，让埋伏在侧翼的士兵投掷手榴弹专炸坦克的履带，一次不行，就两次、三次……敌军的坦克一辆接一辆被摧毁。失去坦克掩护的敌军步兵，在我军机枪、步枪的密集扫射下，乱作一团，狼狈而退。这一仗，敌军伤亡一千多人，而一营战士只有四十余人伤亡。之后，敌人又发起了几次进攻，但都被我军战士打退。

12月11日，我军对敌人发起总攻，在漫山遍野的喊杀声中，张英才带领一营的尖刀班战士一举攻进了敌军的十四军军部，当场击毙其军长熊授春。

在淮海战役中，张英才营参战十五次，毙敌两千余人，俘敌一千余人。淮海战役总前委将他所在的营命名为“钢铁营”，全体战士记大功一次，张英才又一次荣立特等功。

1949年，正投身渡江战役的张英才接到上级命令，让他作为第二野战军的代表加入中国青年代表团，去匈牙利首都布达佩斯参加第二次世界青年代表大会。

受到毛主席的亲切接见

1950年9月25日，第一次全国英模代表大会在北京召开。此次大会共有三百五十名代表参加，其中，有九十二名为社会各界模范代表，有二百五十八名是解放军战斗英雄代表。战斗英雄代表中立过一到九次特等功的有七十八人，九次那个就是张英才，仅此一人。当张英才进入会场时，许多战斗英雄代表纷纷过来与他握手、拥抱。

表彰会议结束后，国家设宴招待英模代表，张英才被安置在毛主席身边。毛主席询问他："你就是张英才？你去过大别山没？"张英才说："主席，我没去过大别山。我是陈赓兵团的，只到过伏牛山。"毛主席又问："张英才，你的家乡在哪里？"张英才回答道："我出生在山西的一个小山沟里，在党的指导下才走上革命的道路。"毛主席接着说："三国时期有个千古名将关云长，也是你们山西人，但他只不过是过五关斩六将，你十几次立大功，比他厉害多了。"毛主席甚至设家宴招待了张英才，做了山西人都爱吃的刀削面，还特意准备了一瓶山西老陈醋。张英才结婚后，毛主席把他小夫妻俩又叫到中南海设家宴招待。吃饭时，主席关心地问他的生活情况，并说了不少鼓励的话。

1973 年，党中央开设读书班，有资格去这个班学习的都是九大中央委员以上的人员，出现在名单中的有王洪文、陈永贵等人。毛主席很希望张英才能来中央读书班学习，当得知第一期人员中没有张英才时，有些不甘地问周总理："这些没有打过仗的都来了，我们的战斗英雄张英才为什么不能来？"周总理解释道："张英才也参加读书班的学习，只不过在第二期。"毛主席这时才露出了满意的笑容。由此可见，毛主席对张英才是多么的喜爱和赏识。

1955 年，张英才被授予上校军衔。1958 年 4 月起，历任副师长兼参谋长、师长、副军长。1969 年入川后任十三军副军长兼任中共四川省重庆市委书记，是中共第九、第十届中央候补委员。1980年调任陆军五十军副军长，1983年离休。2017年，这位极具传奇色彩的英雄与世长辞，享年九十三岁。

潜伏在傅作义身边的红色特工阎又文

1997年，原中央调查部部长罗青长在看一部谍战片《第二条战线》时发现里面一个反派人物的身份搞错了，他不是国民党的骨干，而是我党打入敌军内部潜伏多年的一位地下党员。罗部长马上打电话约来了该剧的编剧、导演询问情况。编剧、导演肯定地说，不会弄错，之前我们曾反复翻阅核查过这个人物的有关档案历史资料，里边就是这样记录的。再说，如果有错，政审也过不了关呀！罗部长意味深长地说，他的身份很特殊，保密层级很高，一般人是不知道他的真实身份的。于是，罗部长就详细讲述了这位神秘人物的真实身份、传奇经历以及他在没有硝烟的战场上为我党我军做出的重大贡献。最后，罗部长感慨地说，解放将近五十年了，这位同志的特殊身份也应该告诉世人了。1997年7月10日，罗部长专门在《北京日报》发表《丹心一片照后人》一文，为他正名。这位长期潜伏在傅作义身边的红色特工就是本文的传主——阎又文。

受我党派遣打入傅作义部队卧底

1914年7月6日，阎又文出生于山西省荣河县（今万荣县）荣河镇郑村的一个农民家庭。他自幼勤奋好学，成绩一直名列前茅，但由于家庭贫寒，曾有过多次面临辍学的危机。他一边打工，一边坚持上学。功夫不负有心人，1934年，他考入山西大学法学院。在此读书期间，阎又文在新思想的感染下帮助山西大学教授温键公、张友渔、杜任之等人主持翻译、出版马克思主义等中外进步书籍，并积极参加抗日救国的优秀学术团体“中外语文协会”。而张友渔、杜任之以及邢西萍（徐冰）都是以教授身份为掩护的我党地下工作者。在这一环境下，阎又文阅读、翻译了大量进步书籍，并撰写、发表了多篇进步文章，这也让邢西萍等人对这个优秀青年暗暗赞叹。

1937年正值阎又文毕业之际，卢沟桥事变的爆发将中华民族推向了危险的边缘。阎又文的家乡也陷入混乱之中，日本人打到家门口，肆意地烧杀抢掠，让他心痛不已，至此他决定投笔从戎，赶赴战场报效国家。然而这也并非那么容易，彼时日军为了巩固他们用暴力抢来的阵地，设置了重重关卡，对进步青年进行追杀，一旦被他们抓到，最后的下场就是被活埋或是被吊死。另外，阎又文还面临着没有盘缠上路的窘境，卖掉衣服和被褥后才勉强凑齐了路费。其间阎又文遇到了学长樊长荣，当时他正受傅作义委派在西安招收青年学生，在他的帮助下，才终于抵达革命圣地延安。此时正值国共合作时期，党决定派一位同志到傅作义身边去开展工作。原准备派一位老同志去，但又怕引起傅作义的怀疑，后经邢西萍推荐，才决定派年轻的阎又文利用和傅作义的同乡关系、本人历史单纯等有利条件过去。离开延安时，上级领导对他的嘱咐是：一不搞兵变暴动，二不搞瓦解、情报工作，只是广泛结交朋友，扩大我党的政治影响，做巩固抗日统一战线的工作。接受任务后，阎又文被中共西北局先安排到国民党西北军阀马鸿逵的部队，又辗转寻机转入第七集团军傅作义部，任团政治部主任。

1938 年 9 月，在傅作义部队的中共特派员潘纪文经长期观察之后，介绍阎又文加入了中国共产党。在第七集团军工作期间，由于阎又文的文笔富有鼓动性，且才华出众，很快便得到傅作义的赏识。于是，1939 年春，傅作义便提拔阎又文为自己的私人秘书，并兼任贯彻社（相当于政治宣传部）主任一职，负责抗战的思想宣传以及政治动员等工作。

1939 年下半年，国民党掀起了第一次反共高潮，对我党人士进行了残酷迫害。这时蒋介石电令傅作义要他清理其内部的共产党人，并派中央监察委员姚大海来到其驻地五原百川堡，名为考察，实为监督。傅作义出于无奈，只得将已公开身份的共产党员“礼送出境”。由于事出紧急，党组织来不及妥善安排留下来的秘密党员就被迫匆匆撤离，至此阎又文与组织失去了联系。失去组织联系的他，凭借受党多年培养教育的思想基础以及先前从事学生运动的经验，对傅作义部队展开了强有力的政治工作，增强了部队的战斗力，为傅作义部后来同日作战做出不少贡献。

再次恢复党组织关系

1945 年 8 月，抗日战争胜利。就在日本投降几天后，在陕甘宁边区保安处工作的王玉接到上级交给的任务：到绥远傅作义部队去找一个叫阎又文的地下党员。此时，党组织和阎又文失去联系快七年了。音讯全无七年，阎又文还会是当年的阎又文吗？边保的领导提醒王玉，阎又文有变坏的可能，但以组织对他的了解，更大的可能是他仍然是党的好党员，忠于党的信仰。

1946年春节后，王玉化装来到包头，遇到一个叫薛起禄的国民党军官，他是傅作义司令部机要室秘书。闲聊时王玉以老乡身份询问了一下阎又文的情况。薛起禄给了王玉最需要的信息："阎又文，他是傅长官的秘书啊！"王玉闻知大喜，递烟、敬酒，更加殷勤，很快二人就热络到称兄道弟的程度。几天后，薛起禄把王玉带进了戒备森严的傅作义长官司令部阎又文办公室，见到了阎又文，但没有相认。隔了几天，王玉打听到阎又文的家庭住址，提了两盒糕点直接登门拜访。王玉接连问了三个问题："你叫阎又文吗？""你是山西荣河人？""你是山西大学毕业的吗？"阎又文先是疑惑不解，很快转为慎重，点头称是。双方对视了一下，王玉决定单刀直入自我介绍："阎又文同志，我是从延安来的，党中央派我来找你。"阎又文情绪激动地跨前一步，握住王玉的手说："多少年了，我总盼着这一天啊！"

阎又文领着王玉上了大街，来到自己投资开设的一家布店。两人进了经理室，把门关上，这才畅谈起来。此后，这家布店就成了两人的联络点。王玉来之前，边保的领导交代任务时特别嘱咐：一是和阎又文建立绝密单线联系，不允许和任何地方组织发生关系；二是要阎又文了解和掌握重大的具有战略性的政治军事情报，了解和掌握傅作义和蒋介石的关系，"别的一律不要搞"，以免增加暴露的危险。在敌占区，与阎又文联系的只有王玉一个人。而即使在解放区，知晓阎又文身份的也只有边保和中央社会部的几位高层领导，再往上，则直接联系到周恩来和毛泽东。后来，阎又文的关系转到中央社会部，这条情报线更被压缩到阎又文—王玉—罗青长

（时任中央社会部一室主任，主管情报工作）—李克农（时任中央社会部部长），足见中央对这条情报线的重视和保护。这也成了阎又文真实身份难以被世人知晓的重要原因。

此时，阎又文已是国民党十二战区政治部副主任，上校军衔，并兼任十二战区机关报《奋斗日报》社长。更为有利的条件是，他是傅作义的随身机要秘书，深得傅作义的信任。傅作义主持的军事、政治会议，都由阎又文负责记录，傅作义的重要电报、文件及讲稿都由阎又文起草。傅作义曾对周围的人说："只有又文写出的东西和我的思想吻合，他用的语言和我想要说的一样。"阎又文和王玉在布店里先后密谈了几次，把傅作义的军事实力、作战计划、师以上将领的情况以及傅和蒋的矛盾做了详细讲述。阎又文特别提到，傅作义已经被拉到了蒋介石的内战战车上，他的部队很可能会进攻绥东解放区。王玉找到驻扎在华北野战军某部，但接待王玉的部队领导听后，却摇着头说："你这个材料对傅作义的军事力量估计得太高了。"然而，1946 年 6 月间，蒋介石撕毁停战协定，向解放区发动全面进攻，绥东战役开始。傅部先后占领了集宁、丰镇、阳高、张家口等地。时任中央社会部部长的李克农曾语气沉重地总结，华北战场初期失利败就败在对情报不够重视。在战役后期，华北野战军避其锋芒，实行战略撤退，并没有与傅作义部队发生大规模战斗。

绥东战役的节节"胜利"，让傅作义部队大有"横扫千军"的气势，骄横不可一世。此时的傅作义也对这些战果沾沾自喜，随着自信心的膨胀，也想搞一点舆论战。他找来笔杆子阎又文，交代他写一封致毛泽东的公开信，要"长自己的志气，灭共党的威风，同时也给蒋公和美国人显示我们的态度"。这样的文章写还是不写？阎又文只好请王玉向中央请示。王玉如实向延安做了汇报。这一次阎又文得到了周恩来的直接指示：这封信不但要写，而且要骂得狠一些，要让傅作义和他的官兵兴高采烈，得意忘形，让我们的指战员看后在战场上恨不得将敌人一口吃掉。9 月 20 日，傅作义部队机关报《奋斗日报》刊登了《致毛泽东的公开电》，第二天，国民党南京《中央日报》全文转载。阎又文这篇“檄文”写得洋洋洒洒，言辞犀利，字里行间极尽讥讽、嘲笑、挖苦之能事。毛泽东对这篇文章留下了深刻印象。1949 年北平和平解放之后，傅作义、邓宝珊到西柏坡拜会毛泽东，阎又文随行。傅作义见到毛泽东说：“我有罪。”毛泽东说：“你办了一件大好事，人民是不会忘记你的。”随后，有人引见了傅作义身后的阎又文。毛泽东笑着说：“阎又文，你的文章写得很好啊！”

传递平津战役的重要情报

1947 年底，傅作义升任华北“剿共”总司令，坐镇北平。不但有自己的二十万嫡系部队，还手握华北地区四十万蒋系部队的指挥权。掌握了傅作义的思想动向，就等于掌握了整个华北地区的军事动态。潜伏在傅作义身边的阎又文，作用至关重要。1948 年 5 月，李克农找来王玉，派他进入北平联系阎又文。其时，党中央已经开始酝酿辽沈战役的战略设想，同时也考虑在华北与国民党进行大会战。阎又文的任务仍然是搜集战略层面的情报：傅作义的政治动向，国民党华北地区的军事力量和作战计划，傅和蒋的关系。和阎又文接头后，阎又文把王玉安排住进了北京饭店。此时的阎又文仍是傅作义的秘书，但军衔已升至少将，兼任华北“剿总”办公室副主任、政工处副处长、新闻处处长兼新闻发言人，已进入华北“剿总”

的决策核心。他给王玉办了一张《平明日报》的记者证。每周六，阎又文都会在北海漪澜堂主持中外记者招待会，王玉就持记者证参加。有关的绝密情报，就通过记者招待会这个最公开的场合秘密传送出去了。

1948年10月，辽沈战役胜局已定。东北问题解决后，就要着手解决华北问题了。中央最初的战略构想是，先夺取归绥，攻克太原，解放绥远和山西全境，然后集中华北解放军全部和经过休整的东北野战军主力，解决傅作义集团。傅作义虽然手握六十万重兵，但面对强大的解放军即将兵临城下的危急局势，也是忐忑不安。是死守北平，还是撤退南方？他作为军事长官亦在反复掂量，并采取相应的兵力部署。如何摸清傅作义的战略动向，这又到了起用阎又文的时候。李克农派王玉再次潜入北平，限两个星期拿到傅作义的作战计划，最迟不能超过三个星期。仅仅一个多星期后，王玉就从北平回来了，并带回了傅作义的详细作战计划。阎又文提供的这份情报，牵一发而动全身，对华北乃至全国战局都起到了重要影响。这份情报的具体内容，因各种原因不可知，但从毛泽东、中央军委不断调整战略部署的电文中亦可看出端倪。10月31日，毛泽东在给东北野战军的电报中指出："在沈营线战斗结束后，应休整一个月左右，约于12月上旬或中旬开始行动，攻击平津一带，准备于战争第三年的下半年，即明年一月至六月期间……"直到11月9日深夜，中央解决华北问题的决心还是要先攻克太原，而后再解决平津。但时隔六天后的16日凌晨，中央军委突然做出决定，四时致电林彪、罗荣桓、刘亚楼，令其"早日入关，防止敌人逃跑"。五时致电华北野战军撤围归绥，缓攻太原，以迷惑和稳住傅作义。出于同样的原因，对淮海战场上已经被包围的杜聿明兵团也暂缓攻击。如果没有此后的这些战略调整，那么傅作义很有可能为保存实力放弃平津退至南方，那将对全国解放进程造成无法预料的后果。

和平解放北平的功臣

1948年11月23日，东北野战军主力分三路提前入关，突然包围唐山、塘沽、天津的国民党守军，阻断了傅作义的海上退路。随后，华北野战军突然出现在张家口以西地区，发起猛烈攻击，断绝了傅作义西逃之路。12月4日，解放军完成了对北平的合围，华北几十万国民党军队成了瓮中之鳖。

围城期间，傅作义顾虑重重，摇摆在战和之间，情绪极不稳定。一方面他的谈判代表出城与解放军进行秘密谈判；而另一方面蒋介石的特使也轮番飞到北平，甚至拿着蒋介石的“手谕”令其南撤。为了彻底消除傅作义的侥幸心理，从1948年12月底到1949年1月中旬，解放军坚决彻底地歼灭了驻守天津、塘沽、张家口、新保安的国民党部队，特别是新保安战役中，傅作义的“王牌”三十五军被全歼，给傅的军事力量和他的个人心理造成了巨大打击。12月25日，我党宣布了以蒋介石为首的四十三名头等战犯，傅作义的名字也在其中，这对傅作义的冲击很大。阎又文劝导说：蒋介石对你不率部南撤肯定会生疑，这时把你和蒋绑在一起，应该是为了解除蒋的怀疑。不久之后，解放军特使转来了一封毛泽东亲拟的电报，告诉傅作义：“我们这样一宣布，你在蒋和蒋的部队面前地位加强了。你可表示坚决打下去，别无出路。暗里和我们谈好，和平解放北平。”这封电报证实了阎又文的分析，加重了阎又文所做判断在傅作义心中的分量。

这时秘密和谈虽然仍在进行，但傅作义仍在打各种小算盘。阎又文摸清了傅作义的各种小心思：一是南逃会蒋；二是往西投靠马家军；三是固守北平，继续顽抗；四是和谈。究竟走哪条路，决心难下。根据党的指示，阎又文对傅作义展开了大力度的攻心工作。他对傅作义分析指出：我部非蒋嫡系，投靠蒋绝非上策，如今丢掉整个华北，老蒋怎能放过你；与马家军会合，目前整个北平被共军百万大军包围，此路不通；第三条道路更不可采纳，如果对抗共军，北平文化古城将遭到毁灭性破坏，你将成为千古罪人；所以，走第四条道路，与共军谈判，才是唯一正确的选择。后来，傅作义与中共和谈，阎又文成为谈判代表重要成员，他对谈判过程进行了详细记录，回到北平后又把与叶剑英的谈话记录交给傅作义。傅作义看后，沉思良久说：看起来，事到如今，只有放下武器这条出路了。

1949 年 1 月 22 日，阎又文以华北“剿匪”总司令部政工处副处长的身份，在中山公园水榭举行了最后一场中外记者招待会，代表傅作义宣读了《关于北平和平解决问题的协议书》以及傅作义的文告。1 月 31 日，北平宣告和平交接。2 月 2 日，傅作义携邓宝珊、阎又文一起到西柏坡见毛泽东。在那里，阎又文第一次见到自己的直接领导罗青长，正式恢复了组织关系。不过真实身份仍未公开，他受命继续隐蔽身份，协助完成傅作义部队的改编和绥远的和平起义工作。后来在达成的《绥远和平协议》上，代表国民党部队签字的竟还是他这个中共特工。

新中国成立后，阎又文随傅作义的部队接受改编，后参加抗美援朝。归国后，被任水利部部长的傅作义点名调到水利部农田水利局任副局长。按照组织的安排，阎又文的真实身份仍没有公开。1960 年，阎又文调任农业部粮油局局长。时值三年困难时期，主管粮食生产的阎又文压力可想而知，他常年在全国各地奔波，积劳成疾，1962 年 9 月 25 日逝世，时年四十八岁，遗体被安葬在八宝山革命公墓。

大义凛然牺牲于太原解放前夜的徐会云

徐会云在进山中学读书期间，受周围进步老师、同学的影响，产生了追求革命的思想，后辗转于北平、武汉、鄂豫皖边区等地。其间加入了中国共产党，参加革命工作，一度曾担任北平市委书记。抗战胜利后，受党派遣回到太原，以山西大学教师的身份为掩护，在师生中传播革命思想，开展争取民主与和平的宣传运动，组织山西大学师生进行罢教、罢课、反饥饿、反迫害、反内战的斗争。1947 年 11 月，他被山西特警处逮捕亦受尽严刑拷打，坚贞不屈，后被秘密杀害。

辗转于北平、武汉、鄂豫皖边区等地开展革命工作

1911 年 4 月 11 日，徐会云出生在山西定襄县阎家庄的一户富裕人家，父亲徐子才为其取名徐文岐。1917 年 8 月起，在自家开办的私塾读书，先生为其另取学名“会云”。1919 年 8 月，就读于本村初级小学。1923 年 8 月，考入定襄县立第三高级小学。1926 年 8 月，以优异的成绩考入太原进山中学。进山中学是 1922 年创建的一所私立学校，校长由阎锡山兼任。

徐会云入学时，这里已成为继省立一中之后中共太原地方党团组织又一主要活动基地，学生革命运动正处鼎盛时期。共产党员、青年教师何雁秋、宋日昌、张伊林等先后在这里任教，向学生传播新思想、新文化，介绍“创造社”等左翼文化团体的活动和苏联小说，宣传科学社会主义理论及俄国十月革命的成功经验。

在进步教师，特别是同班同学、共产党员刘岱峰的影响下，徐会云思想进步很快，且极富友爱之心。无论是年幼的同学，还是家境贫寒的同学，他都十分关心。尽管自己家境殷实富足，但他的生活依旧很俭朴，而且对生活在社会最底层的劳动人民极为同情，除了在同学间宣传社会主义的光明前景，还经常与赵之云、张敏等在报纸副刊上发表文章，传播共产主义思想。在进山中学学习的六年间，是徐会云人生观、价值观的形成时期，也是由一名懵懂少年成长为革命青年的重要阶段。

1932 年 7 月，徐会云结束进山中学初高中阶段的学习生活。此时，太原市级党组织尚未恢复，党的基层组织也大都遭到破坏，党在山西的革命活动陷入低潮，徐会云倍感茫然，决心到北方革命中心北平寻求救国救民的真理。到北平后，徐会云名义上在北平弘达中学继续学习，但实际上将主要时间和精力都用来参加革命活动。通过参加检查日货和“九一八”周年纪念、十月革命十五周年纪念等一系列活动，他广泛结识了一批进步师生和革命人士。在共产党人张磐石、武新宇、刘岱峰、赵宗复等的引导下，他很快被吸收为社会科学研究会会员。1933 年春，徐会云担任中国社会科学家联盟（简称社联）北平分盟执行委员会委员。在分盟执委会党团领导下，他积极宣传革命理论，主动参加党组织的学生游行、飞行集会和秘密散发传单等活动。暑假期间，由张磐石等人介绍，他在北平光荣地加入了中国共产党，并担任西河沿党支部书记，从此开始职业革命家生涯。1933年10月，他被指定担任中共北平市委“苏联参观团”党团组织部部长，后因取道日本时没办成出入境手续而未成行。

1934年3月初，由于叛徒告密，中共北平市委遭到极大破坏，二十多名党的领导干部先后被捕。4月中下旬，中共河北省委派张磐石到北平了解市委被破坏的情况，与赵宗复一起研究决定，由徐会云担任河北省委与北平市委联络站的负责人，与裴丽生、刘岱峰等负责北平市委的恢复与重建工作。在极端艰苦和斗争环境十分险恶的情况下，经过多方努力，中共北平临时市委得到恢复，徐会云被指定为市委负责人。在他的领导下，北平西郊区委以及社联、左联、革命妇联等外围群众团体相继得到了恢复。

1934年六七月间，经党组织同意，徐会云考入武汉大学文学院哲学教育系深造，并继续从事党的工作。在武汉学习期间，他积极钻研党的各项方针政策，认真学习马列主义基本理论，并参加了党组织开办的为期一个月的抗日常识研究班培训，亲耳聆听了董必武、叶剑英、张爱萍等同志的授课，思想觉悟和理论水平进一步提高，并一直与中共河北省委保持书信联系，定期汇报自己的学习、工作和思想状况。

1938年武汉会战开始后不久，徐会云结束了在武汉大学的学习与革命活动。暑假后，徐会云带着中华民族解放先锋队及八路军武汉办事处的组织关系，被党组织分配到鄂豫皖边区抗日根据地工作。初到鄂豫皖，徐会云被安排在边区党的领导机关工作。鉴于他体弱多病，党组织特别安排了一些适合他身体状况和性格特点的工作。他先后担任特委党校、省委党校教职员，区党委群众学校教材编审处主任、政治部军政干部学校教官、政治部《大洪报》编辑、省委机关报编辑、行署秘书、图书馆长等职务，同时在党内先后担任党小组长、党支部书记、党总支委员等。其间，也参加了鄂豫皖区党委第二期整风学习，通过系统学习毛泽东的《改造我们的学习》《整顿党的作风》《反对党八股》等重要文章，他对全党开展整风运动的目的及意义理解得更加深刻，受到了马克思主义的系统教育和思想洗礼，提高了掌握革命理论的水平，端正了思想，进一步理解了马克思主义必须与中国革命实践相结合的深刻道理。

在鄂豫皖边区工作的八年间，无论是从事教学工作，还是主持教材编写等文字工作，抑或具体管理学生等事务性工作，徐会云都能认认真真、勤勤恳恳、兢兢业业、脚踏实地做好。此外，业余时间他还撰写了大量宣传介绍党的方针、政策的文章及评论。

回太原组织发动反对内战争取和平民主运动

1945年8月15日，日本宣布无条件投降，徐会云感到无比兴奋与自豪，对中国革命的胜利更加充满信心。就在人们欢庆中国人民获得抗日战争伟大胜利的同时，阎锡山在蒋介石的授意下，于8月中旬令其第十九军军长史泽波率部入侵上党革命根据地，从而局部拉开了内战的序幕。徐会云分析时局后认为，阎锡山会重新占领太原，今后我党与国民党争夺大城市的斗争将愈演愈烈，于是主动要求回太原参加城市秘密工作。鄂豫皖边区党组织同意了他的请求。

8月20日，中共中央决定撤销北方局和冀鲁豫分局，成立晋冀鲁豫中央局，由邓小平任书记。令徐会云高兴的是自己的同乡加学长薄一波担任了晋冀鲁豫中央局的副书记（不久又兼任城市工作部部长）。新组建的晋冀鲁豫中央局城工部此时也在考虑派人进入太原等大城市开展城市工作的问题，徐会云作为从太原走出来的共产党人，自然成为首批人选。党组织让其利用武汉大学毕业生的有利身份，在太原教育界谋取公开合法的职业，在知识分子中开展反对内战、争取和平的民主运动。

接受任务后，徐会云的心早已回到了十五年前曾经学习和生活过的太原。交接完工作后，他便立即起程，于 1946 年 1 月到达河北武安县伯延镇晋冀鲁豫中央局机关驻地。见到薄一波后，两位志同道合的定襄同乡紧紧握手，互致问候。徐会云向学长简要汇报了离晋十五年来的工作和生活情况，薄一波向徐会云介绍了太原的政治形势，并指定他为太原地下党的负责人之一，嘱其尽快与地下党员赵宗复和胡熙庵等取得联系，利用赵宗复的合法身份和特殊的家庭背景，以及在阎锡山身边做事的秘密党员胡熙庵等，广泛进行党的统战和地下工作。

三四月间，徐会云辗转到达太原，与赵宗复、胡熙庵接上组织关系，向他们传达了党的城市工作方针和指示。为便于开展地下工作，8 月徐会云通过亲属关系，成功应聘为山西大学讲师。利用这一身份，他与山西大学教授、法学院院长杜任之及太原女师青年教师赵守封等秘密党员密切配合，把严开元、郝树侯、张炽甫等一批进步教授和苏高林、张锐锋、周新民等教育界进步人士团结在党的周围。除在山西大学校园开展民主运动外，他还与地下党员一起在太原工业学校、女子师范学校等组织和发动了反蒋、反阎运动。夏秋之交，利用赵宗复担任进山中学校长的有利条件，他们倡导成立了进山中学同学会，徐会云被推选为主席。其后他们经常以召开座谈会的名义，在师生中传播革命思想，开展争取民主与和平的宣传活动。在大学一年级国文课教学中，徐会云巧妙地融入马克思主义理论，引导学生追求真理，对进步学生世界观、人生观和价值观的形成起到了重要的作用。在中共地下党的领导和徐会云等一批地下工作者的启发教育下，不少青年学生开始向往革命，反对内战，希望和平与民主。

1946 年 12 月北平发生美军士兵强奸北大女学生事件后，全国学生迅速开展了轰轰烈烈的反美反蒋和反饥饿、反内战、反迫害的学生运动。然而，随着国民党蒋介石加快全面内战的步伐，阎锡山开始撕掉过去“仁慈善政”的假面具，对共产党及其领导者大肆进行造谣诬蔑，还在大街小巷刷写恶毒中伤性的标语，以至于很多不了解内情的知识分子开始对我党产生恐惧心理。

徐会云与杜任之多次研究后认为，在特务控制极严的太原知识界和山西大学发展中共党员，直接开展争取民主与和平运动难度较大，经征求进步教授意见后决定，应利用在广大知识分子中有较大影响的中国民主同盟这一党派组织开展革命工作。于是，由杜任之出面，让进步教授王文光在 1947 年 7 月去南京探亲时，赴上海找民盟中央主席张澜、常委罗隆基并取得联系。通过与民盟中央委员周新民等沟通，得到认可之后，徐会云与王文光、杜任之三人正式加入民盟，随即吸收进步教师季陶达、成恒长、张少苍等，以及进步学生巩象巽、高效曾、王涛、马作楫等为盟员。民盟山西大学支部秘密宣告成立，并在校外发展了两名共产党员、三名党的地下工作者加入。很快，民盟山西大学支部发展为民盟太原支部，又发展了梁维书、李祥瑞、尚勉旃、张致中等几位地下工作者。徐会云与杜任之等通过民盟这一新的党派，团结进步的教育工作者，争取中间分子，并组织山西大学师生进行罢教、罢课斗争，在山大校园开展了一系列反饥饿、反内战、反迫害的民主运动，影响并带动了全市群众性的争取和平与民主运动的开展，推动了山西大学学生运动的深入发展，奠定了中共党组织在太原开展地下工作的基础。

面对如火如荼的革命形势，阎锡山为了维护其反动统治，在太原实行了白色恐怖统治，成立了以特种警宪指挥处处长梁化之等为首的“三自传训委员会”，在全市实施“政治革新和转变干部意识”等暴政。一时间，特务活动十分猖獗，党的地下组织不断遭到破坏，不少地下工作者或群众先后被杀害。

徐会云有时任省政府秘书长吴绍之是其叔伯姐夫这一特殊关系，因而太原绥靖公署特种警宪指挥处的特务们对他虽然有所怀疑，但没有立即下手，不过还是加紧了对他的监视，并最终将他诱捕。

遭逮捕坚贞不屈，牺牲在太原解放前夕

1947 年 11 月 2 日是个星期天，初冬的天气已经很冷。这天一大早，一个身着军服的年轻人闯进山西大学宿舍，找到徐会云说：“徐先生，我是吴公馆的勤务兵，吴秘书长有事，请你过去一下。”徐会云一听是吴绍之有请，未加怀疑便穿上外套跟着来人走出山大宿舍，坐上一辆早已备好的人力车朝吴公馆方向奔去。

“车夫”走得很快，几乎是一路小跑，但到了南肖墙东口应当往西拐，“车夫”还一个劲儿地往北跑。徐会云发觉不对劲，便大声斥责道：“站住！去省府吴公馆应该往西拐！”“车夫”却假装没听见，仍一个劲儿地往北跑。徐会云知道上了特务的当，遂急忙闪身跳下，疾步往回走。但为时已晚，特警队长带领打手们已经迎了上来。特警队长用枪抵住徐会云阴阳怪气地

说："徐先生，吴（绍之）秘书长在特警处梁（化之）处长那里，咱们先去那里吧！"说完不等徐会云再申辩什么，便强行将他押往特警处。

他们起初对徐会云实施软化政策，将其囚禁在双龙巷特警处的"第一招待室"。这里是阎锡山企图软化共产党高级"政治犯"的地方，所以又称"优待室"。过了几天，徐端以特警处代理处长的身份，摇头摆尾地向徐会云劝说起来。他的话还没说完，徐会云就严厉斥责道："我认得你是谁！你不配和我说话……"徐端碰了一鼻子灰，只好狼狈溜走。

一段时间后，梁化之亲自"登门"与徐会云"谈话"，兜着圈子想让眼前这位比自己小四五岁的定襄同乡供出其共产党员的真实身份和党的组织关系，以及我党在太原的活动情况等。但谈了好长时间，一无所获。后来梁化之索性直接追问说："你对时局有何认识？你对共产党看法怎样？"

徐会云坦然地说："依我看，国民党要灭亡，共产党要成功。如果你认为共产党不会成功，你就把我放了，咱们走着瞧。如果你害怕共产党胜利，你就扣着我。扣与放，由你好了！"

梁化之一听火冒三丈，立刻撕掉了伪善面孔，嗖的一下跳了起来，拍着桌子进一步追问道："我再问你一句，你承认不承认你是共产党？"徐会云淡然一笑，很策略地答道："同情共产党者，并不都是共产党！"

徐端、梁化之见"优待""劝导"不成，便对他施以各种酷刑。酷刑过后，又把他关进了精营西边街四十五号特警处阴暗潮湿的地下室。徐会云与四五名政治犯在木笼里备尝寒风侵袭之苦，无论睡卧便溺都在其中。看守们看谁不顺眼，随便拉出去就是一顿毒打。尽管遭受非人折磨，但徐会云的革命意志丝毫没有动摇。

最后，梁化之使出了利用变节分子来利诱的毒招。一天，地下室出现了与徐会云有党的关系又是同乡的熟悉面孔。此人装模作样地靠近徐会云说："会云兄，咱们的问题，这里全知道了。关于你的组织关系，还是谈了吧，免得皮肉受苦。再说，纵然这样死去，共产党也不会给咱们立纪念碑，开追悼会……"徐端这时也插话说："文岐兄，你瞧，识时务者为俊杰，瞧瞧你的同党，人家就不像你这样固执。因为这样，我们才让他当上本处的少将设计委员。如果你能和他一样，将会有更大的官做。"

徐会云满脸怒火，照准叛徒狠狠地唾了一口，大声骂道："呸！你有什么脸面来见我，无耻的叛徒，滚！" 徐端像野兽一样猛扑过来，打了徐会云两个耳光，狂叫道："你要造反！"徐会云理直气壮地说："造反？是的，我们是要造反的，总有一天要彻底消灭你们这群吃人的野兽，埋葬你们这个罪恶的制度！"徐端又阴阳怪气地叫道："好！既然你承认你是造反的共产党，那就告诉我，还有谁是共产党？"徐会云轻蔑地回答道："瞎了眼的东西，要我出卖同志，一万年也办不到！"徐端气急败坏地马上下令："快动刑！"众打手听到命令立刻一拥而上，七手八脚将徐会云按倒在地，把他打得皮开肉绽，然后重新关进木笼里。

徐会云面对徐端和梁化之的威逼利诱等种种伎俩，正气凛然，始终不为所动。梁化之无计可施，又不便立即杀掉眼前这位吴绍之秘书长的亲戚，只得直接向阎锡山请示处置办法。在得到阎锡山的指令后，1948 年 12 月的一天夜里，特警处刽子手们将徐会云从木笼里拖出来架到刑讯室，用绳子活活勒死了他。徐会云为中国人民的解放事业献出了宝贵的生命，时年三十七岁。

徐会云被害后，一位党的地下工作者将这一不幸消息告诉了他的儿子徐俊德，并嘱其寻机出城寻找薄一波，报告其父被阎锡山身边那个定襄籍叛徒出卖的情况。在无法出城的情况下，徐俊德隐姓埋名，在期待中迎来了太原的解放。新中国成立后，经过多方走访、取证和不懈努力，终于让出卖徐会云的那个叛徒受到了应有的惩罚。

太原解放后，中共山西省委、太原市委及太原地下工作处理委员会追认徐会云为革命烈士、优秀党员。1979 年 4 月 7 日，中共太原市委和忻县地委联合在太原双塔革命烈士陵园为徐会云烈士举行了追悼会。1994 年 8 月 1 日，中共定襄县委与县人民政府在定襄县历史纪念馆落成之际，为徐会云烈士竖立了纪念碑。

艰苦奋斗改变家乡贫困落后面貌的劳动模范郭凤莲

郭凤莲在20世纪六七十年代可以说是一位闻名遐迩、家喻户晓的风云人物。在社会主义建设高潮中，她担任大寨“铁姑娘队”队长，带领一群英姿飒爽的女青年，发扬自力更生、艰苦奋斗的革命精神，不怕苦累，冲锋在前，修梯田，筑堤坝，大搞农田基本建设，面对恶劣的自然环境，战天斗地，稳夺高产，为改变家乡的贫困落后面貌做出了重要贡献。

在改革开放时期，她与时俱进，解放思想，改变观念，组织带领家乡的父老乡亲，充分利用当地的自然资源优势，创办了面粉加工厂、水泥厂、核桃露厂、羊毛衫厂等，还开发红色旅游，发展餐饮业，形成生产、运输、销售一条龙服务线，闯出了一条农、工、商相结合的劳动致富的新路子，在发展经济的历史大潮中又立新功。

为改变家乡贫困落后面貌战天斗地、冲锋在前

虽说大寨村是郭凤莲最得意的名片，她的青春年华是在大寨度过的，

她的辉煌成就是在大寨取得的，但她的出生之地其实并不在大寨。1947年9月，郭凤莲出生于山西省昔阳县距离大寨不远的武家坪村，这里是她生命的起点。郭凤莲的幼年是不幸的，在她懵懵懂懂三岁那年，母亲就因病去世，父亲没有能力独自照顾一个小孩，便把她送到了大寨村外婆的家中。于是，她又有了一个家，这个家就是大寨村，是她最有归属感的地方。郭凤莲的整个童年时代都是在大寨村度过的，她对这里的一切都充满了深厚的感情。后来随着年龄的增长、见识的增加，她也清楚地意识到，这里七沟八梁一面坡，坡陡沟窄，土地贫瘠，水井三天两头打不出干净的水，路上那些坑坑洼洼也绊住了村子与外界交流的脚步。这里的生存环境真的太差了，村民们的日子是土里刨食，靠天吃饭，一旦遇到天旱雨涝就衣食无着。

1963年夏天的那场特大暴雨，大雨像从天上往下倒一般，连续下了七天七夜，直下得不少房屋倒塌，道路被冲垮，低洼地方的积水能撑开船。最要命的是，地里那些正在拔节吐穗的庄稼被这场无情的大雨冲得七零八落，有的漂浮在水面上，有的倒卧在淤泥里。村民们看着眼前这些令人沮丧的难过情景，欲哭无泪。老天爷呀！这日子今后可怎么过呀？在此艰难时刻，大寨大队党支部书记陈永贵站了出来，他掷地有声地说："乡亲们！再大的自然灾害也不可怕，只要我们依靠党的领导，依靠集体的力量，大家齐心协力拧成一股绳，就一定能够战胜自然灾害，重振家园！"他的话激起了大家战胜困难的勇气和决心，村民们仿佛被注入了一股无穷大的力量，此起彼伏纷纷响应，于是一场大规模的生产自救劳动拉开了序幕。

男人们顶着盛夏烈日，挽起裤腿，挖渠排水，扶起倒伏的庄稼，抢种晚秋作物，忙得不亦乐乎。女人们自然也不甘落后。这一年，郭凤莲才十六岁，完小刚毕业，正在村里当幼儿教师。之前她跟外婆一块生活，外婆年事已老，六七岁时她就帮外婆做家务活，当半个家，从小便养成了吃苦耐劳的品行。这时，她挺身而出，发动联络了同村的二十二位少女，成立了一支后来所说的铁姑娘队伍，积极投入生产自救劳动之中。村里一些具有重男轻女思想的男人瞧不起她们，认为种地是男子汉的活，女人干不了。郭凤莲听见这些风言风语，很不服气，大声辩驳道："毛主席说，妇女能顶半边天，男同志能做到的事，女同志也能做到。我们不仅要干，而且能干好。不信，咱们可展开劳动竞赛！"她说到做到，在填堵决口的劳动中，百多斤的沙袋，她眼睛也不眨地就往肩上扛；骄阳似火晒得人浑身发烫，她躲也不躲地在地里挥着锄头；开垦荒地需要人开路，她自告奋勇跑在最前面。在郭凤莲的鼓舞感召下，其他娘子军成员也毫不退缩、干劲十足。一个工期下来，她们产出的劳动成果一点不比男人们的少。在铁的事实面前，那些瞧不起她们的男人服气了。铁姑娘队由此首战告捷，初露头角。

在包括郭凤莲等铁姑娘在内的全体村民共同努力下，大寨在附近村子中最早实现了土地复产。邻近村子里的人还在眼巴巴看着成片的荒地摇头叹气时，大寨村的土地里已经长出了庄稼苗。

这一次的危机，最大的威胁来自那场特大暴雨，即便已经度过了危机，但大寨的村民们还是心有余悸：要是再来一次暴雨灾害，之前的劳动岂不是又全部白费了？一定要想出一个根治这穷山恶水的好办法！在郭凤莲的提议下，经以陈永贵为首的党支部与村民开会讨论研究决定，做出了一个修建堤坝引流的宏伟工程规划。在1963年冬季铺开的这场战天斗地、重振山河的农田基本建设大会战中，郭凤莲带领姑娘们顶风冒雪，吃冰碴饭，脏活累活抢着干，不论是扁担挑土垫地，还是筑堤坝抬石头，哪里有困难就冲向哪里，哪里有需要就出现在哪里。尽管双手被磨出血，双肩被磨出伤痕和老茧，她们从未抱怨，充分发挥了青年主力军的先锋作用。有时候，外婆心疼她，怕她累坏了，劝她说，一个女孩子别经常风里来雨里去，即使要干也悠着点。郭凤莲总是回应说：“女孩子怎么啦？女孩子也是大寨村里的人啊！孩子为自个儿家里做点事，还能偷奸耍滑？我恨不得一个人分成两个人干，一小时掰成两小时用。”郭凤莲就是这么个倔强的实心眼人，认准的理，九匹骡子也拉不回来。

由于前期水利设施工程做得好，后来精耕细作不松劲，管理工作又到位，灾后的 1964 年大寨村获得了一个大丰收，取得了粮食产量四十万斤的好成绩。或者说，这不仅仅是个好成绩，而是一个奇迹！这份奇迹中自然包含了郭凤莲等铁姑娘的不少血汗。这份奇迹也引起了党和国家领导人的极大关注。毛泽东亲笔题词，号召全国人民“农业学大寨”。周恩来也说，他们是自力更生艰苦奋斗的楷模！

大寨村受灾不挫志气、艰苦奋斗稳夺粮食高产的先进事迹，在各大报纸陆续登载出来了。之后，全国各地农业战线掀起了轰轰烈烈学习大寨的高潮，大寨村出名了！郭凤莲也出名了！全国人民都知道大寨有个铁姑娘叫郭凤莲，她不仅是全国妇女学习的榜样，也是全国青年学习的榜样。

一晃又一年过去了，这一年来，郭凤莲并没有沾沾自喜，停滞不前，而是把荣誉看作对自己更大的鞭策和鼓励。她仍然保持着艰苦奋斗的作风，不仅自个儿扑在集体生产劳动中大干苦干、出力流汗，还很注意留心学习别人的先进农业技术。有一次，郭凤莲听邻近村子的人聊天，说是现在有一种可以在石头缝里种树的技术。她一听就很高兴，大寨村自然条件差，大石头更是遍地都是，如果能学到这个技术，那是不是就可以给大寨村改头换面了？其他村子里有见过世面的人，知道这些种树技术，郭凤莲就老老实实地每天跑过去学习，拼命用脑子去记。掌握这门技术之后，她就找了几块石头，进行了第一轮试验。当看到石缝中的树苗仍旧能够健康成长时，郭凤莲就决定把这个技术推广出去。在郭凤莲的带动下，大寨村迎来了第一次种植技术革新。尽管这里的土地条件不算好，但他们还是想尽办法克服重重困难，在劣质土壤中种下了优质树苗。第一轮生长期过去之后，看着土地上大片大片的绿，村里人竟然激动得红了眼圈。

解决了植被问题，下一步要解决的就是水源问题。这里是黄土高坡，水资源稀缺，水质量也不高，但郭凤莲锲而不舍，带头翻山越岭，和大家一起寻找合适的水源，一起打井，一起修建水利工程。工作的过程必然是艰辛的，但成果是令人喜悦的。村里人的饮用水问题得到了很大改善，农作物的灌溉问题也得到了解决。这个曾经贫瘠的黄土坡，如今已是绿荫遍地，有山有水有风景了。

大寨人经过几年的艰苦奋斗，把兔子不拉屎的荒丘变成了五谷丰登、青山绿水的宝地，成为农业战线上的一面旗帜。1973 年，党中央决定提拔陈永贵为国务院副总理。这样一来大寨村的村支书位置就空了出来，陈永贵想了想，向各位领导推荐了郭凤莲。他说："别看这女娃娃只有二十六岁，她可厉害着呢，这些年大寨村的变化，相信各位都看在眼里。我敢说，如果没有郭凤莲，大寨村肯定没有今天。而且村民们也都服她，让她来当这个支书准没错！"郭凤莲这个名字领导们也早有耳闻，由她接任大寨村村支书的位置，其实也是众望所归。当任命书发下来的时候，郭凤莲却少见地产生了紧张情绪。自己能当好这个领头人吗？自己能够不辜负党的信任吗？接下来发生的事实证明，郭凤莲做得非常好。在她的带领下，大寨村的发展速度越来越快，村民们的生活水平不断提高，文化教育、医疗卫生等都得到了很大改善。

与时俱进，转变观念，带领乡亲发展经济奔小康

历史的车轮滚滚向前，随着时代的发展变化，郭凤莲几经沉浮，于1991年辞去昔阳县公路段党支部书记的职务，又回到她魂牵梦绕的大寨村，第二次担任村党支部书记。这一次，她是要带领乡亲们发展经济，劳动致富奔小康。这一年，郭凤莲已经四十四岁了，当年那些“铁姑娘”姐妹们，如今也不再是小姑娘了，曾经的那些劳动伙伴们，也成了大寨村的中流砥柱。看到“铁姑娘”队长郭凤莲回来，大家自然都热烈欢迎。在回家的当天晚上，村民们还为她办了个接风宴，谈到昔日离别时，彼此都没有想到，这辈子竟然还能有“并肩作战”的一天。村民们很激动，郭凤莲也很激动。

回来后，她通过走访了解得知：由于思想一时转不过弯来，1983年家乡才实行了联产承包责任制，而别的地方早已实行两年了。在她离开的这十年里，大寨换了四任支书，集体账目上已经没有一毛钱，而且还欠了一大笔外债，和周边村庄相比已是相当落后。如何带领乡亲们顺应改革浪潮，重新振兴大寨，郭凤莲感到肩上的担子很重，任务很艰巨。她回来做的第一件事就是凝聚人心，统一认识。她多次在会上讲：以前是全国学大寨，现在是大寨学全国，人不能跟历史赌气，我们必须放下身段，从思想到行动真正融入改革的大潮。

为了尽快振兴大寨，她决定前往全国农业示范村河北省高前村参观学

习。光自己去还不行，她还想带着村里的干部和村民一起去，让大家出去见见世面，也能为大寨的发展提出更好的意见。于是她拿出多年的积蓄，包了三辆大巴，带着全体干部和部分村民到了高前村。一下车，大家都愣住了，高前村村民都住着漂亮的二层小洋楼。随行的一个村民惊讶地问道："咱们是不是来错了？这是城里吧？"负责接待的张书记笑盈盈地说："没有错，这就是我们高前村。"郭凤莲出来与他握手并说道："我记得以前你们还到我们大寨学习过，现在我们也到你们这儿学习来了。"张书记说道："咱们互相学习嘛！"当张书记介绍他们村的发展情况时，郭凤莲如饥似渴地仔细听，认真记，遇到不懂的地方就停下来问，进行请教、讨论，并开动脑筋反复思考琢磨，领会其精神实质。与此同时，她还带人到过上海和南方一些先进村庄进行考察。

取经回来之后，她就信心十足地根据大寨的实际情况，借助本地的资源优势，陆续开办了水泥厂、砖厂、面粉加工厂、羊毛衫厂、衬衫厂等村办企业。开办厂子并非易事，需要启动资金、厂房、机器、原料、技术，以及得力的人员搭配、严格的规章制度等，都是棘手的事。至于申请贷款、注册登记、招聘人才、开拓业务等诸多环节，都必须事先考虑周到，安排得当，每一个环节都不能出现问题。创办期间，她外出联系、内部开会，找人谈话，忙得七手八脚，顾不上吃饭、睡觉，人瘦了十多斤。建厂之初，她定下的一条基本规矩就是必须保证产品质量，杜绝弄虚作假，不能砸了大寨这块牌子。在郭凤莲及一班人的苦心经营和全体村民的努力拼搏下，几年下来，各个厂子都发展势头良好，盈利丰厚。于是他们乘此东风扩大规模，增加项目，又创办了大寨核桃露厂、酒厂、小煤矿等多个企业。办厂期间，郭凤莲放下身架，不怕疲劳，四处奔波，上省城，去山东，远赴内蒙古，找领导支持，拉赞助商，求银行贷款，寻找合适项目，不知流了多少汗水，动了多少脑筋，受了多少委屈，但只要能使大寨村民快速致富，她什么罪都受得了，什么苦都吃得下。

大寨是当年毛泽东亲手树立的一面红旗，知名度很高，从 1964 年至 1979 年十五年间，全国各地到大寨参观学习的累计一千零四十三万人次，平均每年近七十万人次，每天一千九百多人次。周恩来三次、邓小平两次到大寨，朱德、叶剑英、李先念、郭沫若等党和国家领导人也都多次来过。另外，还有三十九个国家的党首政要来过大寨。红色旅游兴起之后，郭凤莲抓住这个大好机遇，将大寨申报为全国青少年爱国主义教育基地，着力进行开发，每年能吸引四十万游客前来，同时开办餐饮业、小商店、小旅馆，光这一项每年就能给大寨创收六百万元。

经过三十多年的奋斗，大寨村又重新成了中国农村的标杆。村民们不用背井离乡外出打工，只需要在本村企业上班，每月就可拿一万多元工资。每位村民都是大寨集团的员工，每年享有集团的股份分红，人均纯收入一万七千元；生活变得越来越好，村道整洁，环境优美，每户人家都住着大楼房，开着小汽车。

郭凤莲非常重视大寨村的团结，每年的春节前后，她都会邀请全大寨五百多口人吃上一顿年夜饭，增进村民之间的感情。吃完饭后，郭凤莲就会召开一场全体村民参加的村务大会，于会上公开财务收支情况，每一笔钱花在了哪里，都会讲得非常清楚。财务的透明化让村民对村委更加信任，在工厂里干活的时候也就更加卖力、认真。除此之外，每当重阳节的时候，郭凤莲还会带着人陪村里的老年人过节，特别是那些没人陪、家里有困难的老人，她会特别关心。

近年来，大寨将所属的十多个村办企业整合为郭凤莲任董事长的“大寨经济发展集团”，很快就实现了规模化、专业化、品牌化发展。大寨品牌涵盖了餐饮业、旅游业、轻工业等多种产业，年销售额可达十七亿元。在郭凤莲的带领下，村民们闯出了一条农、工、商一体化发展的新路子，大寨的发展将越来越辉煌！

郭凤莲深切地体会到新时代给大寨村经济带来的便利，她明白新的时代需要更加富有蓬勃朝气的新人来带领大寨前进，因此她已经有意给年轻人压担子，着手培养接班人。郭凤莲经常对年轻干部说：“你们大胆干，有问题我解决，争取让我们的后代过上更好的生活！”

郭凤莲，从“铁姑娘”生涯开始至今六十年的岁月里，几番逐浪沉浮，几度随花开谢，她曾经荣耀地站在虎头山上放声高歌，也曾经失意地待在家中闭门苦思，如今她正沉着练达地驰骋于振兴乡村建设的浪潮之中。从某种意义上来说，郭凤莲是新中国农村发展史的一个缩影。从另一个角度来看，她所经历的光荣和迷茫、挫折和重生，其实是我们共同走过的一段心灵旅程。几十年沧海桑田，大地上每天都有新的辉煌诞生，但这并不意味着昨天的故事就随风远去。郭凤莲的人生经历值得深思，我们是否可以从中获得某些有益的启示？

舍己救人大爱无疆的马牡丹

在熊熊燃烧的烈火中，在面临生死考验的紧急关头，她以柔弱之身毫不犹豫地冲入烈焰腾飞的火海里，救出了别人的两个孩子，自己却献出了宝贵的生命。尤其令人惊叹、感动的是她自己的孩子亦在火海里挣扎，一声声呼喊着妈妈，然而她冒着生命危险两次扑入火海，最先救出的却是别人家的孩子。当她用尽最后一点力气，第三次扑入火海救出自己儿子的时候，儿子却因烧伤严重在去医院的路上就停止了呼吸。她用自己的实际行动谱写了一曲舍己救人、大爱无疆的人生壮歌，历代剥削阶级所谓的“人不为己天诛地灭”，在她面前黯然失色。这是一种什么精神？这是一种无私无畏的新时代精神！这是一种崇高的共产主义精神！当我们为之讴歌、感动而奋起学习的时候，请记住她的名字——马牡丹。

沐浴着新中国的阳光雨露成长

马牡丹，孝义县西辛庄镇盆子坡村人，1949 年 4 月 14 日降生在田间路上，故乳名“皮牛”。三年后，她的舅舅看到这个小女孩很可爱，便说："牡丹是花中之王，很美丽，孩子就叫牡丹吧，让咱山沟里也开出一朵牡丹来。"从此，牡丹这个名字就伴随了这个小女孩的一生。

八岁时，小牡丹背着书包进了学校。在人民当家做主的新中国里，沐浴着新时代的阳光雨露，她第一次从课本上看到了五星红旗，第一次听到了刘胡兰、董存瑞、黄继光的故事，第一次学会写"共产党万岁"。她从小受的教育是要珍惜今天的幸福生活，人与人之间要互相关心、互相爱护，当别人有困难的时候要伸出援手，乐于帮助。所以马牡丹一放学，不是帮五保户王奶奶扫院，就是给军属张大伯抬水，人们都夸她是个乐于助人的好孩子。马牡丹生在新社会，长在红旗下，从小热爱劳动，不怕苦、不怕累，干起活来很卖力气，这点全体师生都有目共睹。在一次班委会的选举中，许多同学纷纷称赞说："牡丹干活实在，从不落后，劳动委员应该由她来担任。"在小伙伴们的极力推举下，小牡丹当上了班干部。当选劳动委员后，她以身作则，脏活累活抢着干，连续几年都获奖，受到了大家的一致好评。

牡丹的爸爸马治国是一个勤劳、善良、正直的老党员，新中国成立后一直当村干部。他经常对牡丹说："要热爱集体，积极上进，干在人前，得在人后。做人要老老实实，勤勤恳恳。"马牡丹把父亲的教诲牢记在心，一事当前总是先替别人打算，宁愿自己多吃亏，也从不计较。这种优良品德影响了她一生。高小毕业以后，马牡丹响应党的号召，回乡务农。在大搞农田基本建设时，分配的土方任务她总是第一个完成。她干起活来不知苦累，推起小平车来像一阵风，自己的任务完成以后，就去帮助别人。

马牡丹各方面表现都很好，多次受到大队干部的表扬，但她从不骄傲、翘尾巴，而是时时处处严格要求自己。她将毛泽东的《为人民服务》背得滚瓜烂熟，经常用里边的话对照检查自己的行为，发现有什么不足，就让姐妹们监督自己，坚决改正，力争做到精益求精。杏子成熟的季节，是牡丹和小姐妹们最开心的时候。每当牡丹上树摘下杏子，她总是对大家说:“你们拣大的吃，留下小的我吃。”一次，摘杏回来遇到大雨，牡丹看到同伴林翠穿得单薄，冷得发抖，连忙脱下自己的衣服给她披上。一天，牡丹正在河里洗衣服，突然听到孩子哭喊，抬头一看，原来是一头老母猪咬住了三岁小孩韩明正的腿。情况十分危急，她三步并作两步飞快地跑过去解救。母猪眼露凶光，哼哼叫着很难对付，她手举树枝拼命地朝猪脑袋上抽打，费了好大的劲才将孩子从猪嘴里夺了出来。由于用力过猛，两人都滚到了山坡下，她的腿也受了伤。但她不顾疼痛，赶紧抱孩子上卫生所包扎。事后，韩明正的妈妈拿着点心来看望牡丹，感激地对她说：“牡丹，全亏了你，这点心意你收下吧！”马牡丹把礼物返送回去说：“我没什么，孩子受了惊吓，点心让孩子吃吧！”

一位时时处处急人所难的好媳妇

俗话说，女大十八变。牡丹从小就活泼可爱，长到十八岁时更出落成一个水灵灵的好姑娘。男大当婚，女大当嫁。到了出嫁的年龄，牡丹相中了老实巴交、勤劳朴实的张根喜。别人家的姑娘出嫁时要彩礼、要嫁妆，她什么也没要，一支笔，一个笔记本，就嫁到了同县的柱濮乡贺家庄。

1969年，牡丹的第一个孩子难产夭折了，她奶了别人家的孩子。过了几个月，婆婆患病在太原住院，她把给别人奶孩子积攒起来的钱全部拿出来给婆婆治病。婆婆回家后，她端汤送药，倒屎倒尿，照料得十分周到。

婆婆感动地说："牡丹比亲生女儿还要亲！"她的公公患有肺气肿，每天要打三次针，找医生很不方便。牡丹看到这种情况，便抽空向人请教学会了打针，一天三次，十多年来没误过一次。村里人看在眼里，常常竖起拇指啧啧称赞说："像这样孝顺的儿媳妇确实难得！"

人常说，妯娌关系难处，牡丹却能把妯娌关系相处得很好。她的弟媳妇怀了孕，一天在割豆子时跌到了坑里。牡丹得知后，立马拿上衣服提着暖壶茶杯，赶到地里照顾弟媳，又搀着护送回家。一天中午，牡丹正吃午饭，突然听说弟媳的三儿子丢了。她当即放下碗，爬山翻沟，四处寻找，直到下午四五点钟才从河滩里把孩子找回来。牡丹还经常帮弟媳洗衣服、抱娃娃，就像亲姐妹一样。弟媳玉珍非常感动，常对大家说："走遍全中国，也找不到像我二嫂这样的好人！"

牡丹干活实心，不怕苦累。1979 年，人们选牡丹当了妇女队长。给牲口割草是个苦重活，她自告奋勇承揽下后，睡起晚早，爬沟下梁，每天能割草三百多斤。"我上树去打，你们在地下捡。"一到核桃收获季节，牡丹总是这样吩咐同伴们。嗬！又是一个丰收年！全村一万多斤小麦都已黄灿灿地晒到场里。夜里，牡丹在睡梦中听到雷声，她马上起来挨门逐户叫大家收麦子。雨一直下了三天，没有淋坏生产队的一粒麦子。

牡丹的邻院有位杨大娘，丈夫、女儿都在外边工作，有些家务活她一个人很难承担。牡丹就把她家的重活计全包了下来，不是帮她碾米磨面，就是帮她担水送粪。大娘感激得不知说什么是好。武俊琪家是贺家庄第一个产粮大户。1983 年秋天，收回的玉米堆得像小山似的。牡丹抽空常去帮忙剥玉米，手都磨破了也不停，几天就剥了一千斤。一次村里的赤脚医生耿瑞的妻子赵萍不慎把戴在手上的一块上海表丢了，急得四处寻找，找了半天渺无踪影，一个人坐在家里生闷气。这时，门吱扭一响，牡丹进来了，手上举着她的表说："我在路上捡到表，怕你着急，就赶紧送来了。"有人说牡丹"太傻"，到手的好东西怎么不留下自己用？牡丹说："这样的事，我一辈子也不会干！""不好了，杨刘柱家的猪跌到茅坑里了！"这时，男人们都下地了，女人们谁也不敢去捞。牡丹看见后，不管什么脏臭，用手抓住两只猪耳朵，使足了劲儿，也不顾茅粪溅了满身，狠狠一拽，捞起了猪。妇女们对她这种见义勇为的麻利劲儿、泼辣劲儿，佩服得不得了，说她有大丈夫气派。初秋的一个深夜，邻居赵润香的男人外出时，她的旧病又发作了，难受得满头大汗。深更半夜，这可怎么是好？牡丹听到她的呻吟声，摸黑爬起来，又是请医生，又是喂药汤，一直守护到天亮。润香的丈夫去世后，牡丹对她更加关心。1984 年秋天，润香把谷穗晒到窑顶，夜里突然下起大雨，牡丹急忙起床拿自家的塑料布给她盖上。

说起马牡丹给亲人四邻、村里队里做的好事、善事，真是三天三夜也说不完。论起来，这都是些平凡小事，马牡丹做这些事完全是出乎本心，并不是要邀功请赏，也不图什么回报。然而正是这些小事的铺垫、支撑，她后来才做出了牺牲自己、献出儿子、抢救他人的惊天壮举！

用生命谱写了一曲大爱无疆的壮歌

农村实行责任制后，牡丹家生活有了明显好转。她送两个孩子进了学校，希望自己家里也能出个有出息的人才。她还清了外债，又和弟弟家合买了骡子和小平车，准备以后跑运输。牡丹第一次买回了自己心爱的皮鞋。正当幸福生活向她频频招手的时候，谁知一件塌天大祸竟悄悄地落在她家头上。

1985年6月10日，天还没亮，牡丹就起床了。看着三宝嫩生生的小身子，牡丹给他掖掖被角，舒心地笑了。接着，牡丹喂过骡子，焙干馒头，煮好鸡蛋，给丈夫包好，又帮丈夫穿戴好下井的衣帽，送他下煤窑去了。吃过早饭，牡丹正准备去磨面，突然听到“着火啦！”的呼喊声。她放下手里的活计就向外跑去。刚拐过自己家门口，就看见场上那个堆放麦秸的窑洞里冒出一股股浓烟，从里面传出了孩子的哭声。牡丹不顾一切冲到跟前，只见窑洞门口挡着栅栏，里面还顶着一个打场用的扇车，火势已经很大了，翻卷的火舌肆无忌惮地吞噬着所有的一切。没等同来的武俊元老汉拉开栅栏门，牡丹就侧身挤进窑洞。这时她看到三个被洞口大火逼到最里边的孩子，其中有一个就是她的小三宝。“妈妈——妈妈——”三宝在慌乱中看到了母亲，展开双手，哭喊着。小三宝的喊声不断地传入她的耳中，然而，就在三个孩子都面临生命危险的时候，这位最疼爱自己的母亲，第一个抱起的却是邻居小孩武二新，她一边把二新从扇车顶上往外递，一边大声对三宝说：“你等一等，妈妈把他们抱出去就来抱你！”二新被外边的人接走后，牡丹又返身冲入火海。这个时候，火势更猛了，三宝呼唤妈妈的声音也越来越弱了。然而牡丹第二个抱起的还不是自己的小三宝，而是邻居家的二花。浓烟呛得她睁不开眼，烈焰烤得她喘不过气来，由于惊慌和焦急，跄跄踉踉往出跑的过程中，二花被摔在地上。牡丹不顾一切又扑进火中，第二次抱起她冲出火海，递给了外面的乡亲，二花也脱险了。这时候，牡丹全身衣服都着火了，小三宝的声音已经听不见了。窑洞外面的乡亲高声对牡丹喊：“不行了，你快出来吧！”“我的三宝还在里面，我的三宝啊……”马牡丹哭喊着第三次扑进了火海，抱起了浑身烧着的小三宝，母子俩被淹没在火海中。赶来救火的人们已将洞口两边的砖墙拆倒，然而长长的火舌从洞口伸出，谁也无法靠近。突然，火光中，人们隐约看到一个蠕动的火团移到了洞口。“快，牡丹往外挪挪，妈妈拉你！”婆婆不顾一切地和村民王二驴拽出了牡丹和三宝。牡丹已被烧得体无完肤，小三宝则只剩下微弱的呼吸。中午，全村人目送着牡丹和她亲爱的三宝被抬上了前往医院的大卡车，盼望着牡丹和小三宝能再回到贺家庄来。

牡丹被送到汾阳人民医院。她不知道，小三宝在路上就停止了呼吸。经诊断，牡丹全身有百分之五的面积为三度烧伤，百分之六十为二度烧伤。牡丹的大伯子到医院来看望她，她第一句话就说：“那天妈妈拉我时烧伤了脸，现在好了吗？”“好了，她有你嫂子照顾，你就安心养伤吧。”村里的乡亲来看望牡丹，她问起了二新和二花。当她知道这两个孩子都安然无恙时，心里感到阵阵欣慰。娘家的叔伯哥哥埋怨她说：“你抱出自己的娃娃就行了，管人家干啥？”牡丹却说：“三个娃娃都在火里，不抱哪个都不行。”“牡丹，咱三宝还在医院里，你不要太难过了，好好养伤。”丈夫看她时深情地说。“你不要哄我了，我知道俺孩已经不在了。”两行晶莹的泪珠从她脸上滚下。老父亲扔下了活计，赶到医院来看她。牡丹再也抑制不住内心的悲痛，伸出她那没有了皮肉的双手哭着说：“爹爹，没有了手，我以后可怎么劳动呀？”

牡丹最终还是没有抗住死神的威胁，6 月 19 日，她的心脏停止了跳动。她带着对新生活的向往和对儿子的思念，默默地奉献出一切后，又默默地离开了人们。当人们正盼望着牡丹伤好回村时，迎回的却是她的遗体。村民们无不失声痛哭，他们身披素缟，手捧供品、花圈，纷纷来到她的灵前。四百多群众从各村自发赶来，参加了她的追悼会。灵堂前“舍己救人风格高尚，先人后己万众敬仰”的挽联，表达了大家对她的深切怀念。

马牡丹救人牺牲后，山西省委、吕梁地委、孝义县委，全国妇联、山西省妇联先后做出决定，号召人们向她学习。山西省人民政府批准马牡丹为革命烈士，吕梁地委命名马牡丹为“当代吕梁英雄”。中共中央政治局委员、全国政协主席邓颖超为马牡丹题词“伟大中华的母亲马牡丹烈士名留千古”，全国政协副主席、全国妇联主席康克清题词“学习马牡丹同志舍己救人的精神”。

舍己救人的优秀共青团员池越忠

在过去的革命战争年代，山西有面对敌人铡刀从容就义的最年轻的共产党员、女英雄刘胡兰。在今天改革开放的和平年代，山西又涌现出一位面对险情毫不犹豫跳进冰湖舍己救人的最年轻的共青团员、女英雄池越忠。池越忠救人献身的英雄事迹一经传开，不仅感动了她所在学校的师生，而且感动了与她认识或不认识的许许多多的人，成为全省乃至全国青少年学习的榜样。下面我们将历史的镜头倒播，回放女英雄池越忠救人的壮举以及她在党的培养教育下茁壮成长的历程。

冰窟救人献出花样年华

1983 年 12 月 9 日，节令已至大雪，气温下降很快，冷风嗖嗖地吹，河里已结了冰，人们出门时也穿上了棉袄、棉裤。这是冬季里一个晴朗天气，虽已至下午三点多，但偏西的太阳仍将它那温和的阳光毫不吝啬地撒向人间。

此时，太原古城迎泽湖畔走来了四个小男孩。只见这几个孩子眼睛盯着湖面，似乎要寻觅什么，但当看到湖面已被冰层覆盖的时候，他们眼睛里露出了失望的神色。他们是大营盘小学五年级的学生余斌、王锐和小伙伴陈晋、吴锐钢。这次瞒住大人专程到迎泽湖来，既不是为了游园闲逛，也不是为了玩耍打闹，而是打算在湖中捞几条活蹦乱跳的鲜鱼，送给一位即将调离工作岗位的老师。孩子们以自己特有的方式来表示对老师的感激，心情可以理解，但天真单纯的他们没有想到冬天湖水会结冰，湖面上根本看不到鱼。他们不甘心，于是沿着湖堤走呀走，期盼能找到一处没有结冰的湖面。然而，一直走到了南湖苏州河东岸，除了在湖边的冰层上捡了十几条冻死的小鱼外，就是无法逮到一条活鱼。正当几个孩子盯着结冰的湖面发愣，不知该怎么办的时候，小余斌脑海里忽然闪出以前听说过的一个“神话”，如果把冰层弄开一个窟窿，一条又一条的鲜鱼就会自动蹦出来。于是他和王锐走到湖中的冰面上，使劲地跺了几下脚，希望能跺开一个窟窿逮鱼。

由于他俩的心思都放在跺窟窿上，根本没发现冰层的变化。这时，站在堤岸上的陈晋看到余斌脚下的冰层有些倾斜，连忙喊道：“余斌，快上来！”这四个小朋友中，余斌年龄最大，有十岁，其他三个都是九岁。余斌聪明好动，胆子大，平时就有一股大哥哥的气派，对陈晋的叫喊毫不在意，连连说“不要紧！”，接着又向前走了一步。

不料危险突然降临，只听冰面咔嚓一声，余斌的一条腿陷了下去，王锐急忙来拉他，结果两人一起掉进了冰窟窿里。岸上的小陈晋、吴锐钢见此情景吓呆了，使劲地呼喊：“救人哪！快救人！”余斌和王锐在水里各用一只手你拉住我，我拽住你，用另一只手攀着冰沿。两个小家伙一浮一沉，拼命地挣扎，喝了一口又一口冰水，情况已是十分危急。

这个地方比较偏僻，湖面比人行道约低两米，一般游人很难发现。就在这千钧一发之际，突然从苏州河西岸的小山坡上冲下来一位背书包的姑娘。这位姑娘，脑袋后边头发扎成两束小“锅刷”，眉清目秀，神色坚毅，冲到西岸边，唰的一声扔下了书包，没有半点犹豫就从一米多高的堤岸上跳了下去，在冰面上碎步小跑着。这儿的湖面约有十五米宽，而余斌、王锐落水的地方离西岸不到四米。余斌、王锐都看见这位大姐姐向他们跑来了，他们有了希望，继续拼命挣扎。大姐姐跑来了，跑近了，更近了，只差一米多远了，一伸手就能抓住他们了！谁知意外瞬间发生，这位大姐姐突然滑倒，身体向后一仰，脚下的冰层哗的一下破裂开来。就在这当儿，余斌的头又从水里冒了上来，他看见大姐姐两手扒着冰，身体正在往下沉。他听见大姐姐向他们喊：“不要慌！不要怕！”当余斌再一次从水里冒出头来时，面前只剩一个黑黑的冰窟和泛出的水花……大姐姐，你在哪里呀？

这当儿，王志胜等公园工作人员闻讯后立即向出事地奔去，边跑边扯下身上的棉衣，跳入湖中破冰游去，将两名落水小学生救至岸上。这时岸边有人喊：“还有个女孩没有上来！”王志胜又三次下水，从三个方向潜水寻找，才将为救他人而意外落水的姑娘救上岸。姑娘被救上岸时，当时还有心跳。此时此刻，谁也不知道这位姑娘的名字。在她为抢救他人而奋勇献身的关头，她是无名的，她也不会想到她会成为英雄，她只是在做她应该做的事。大家从她身上摸到一张公交车月票，才知道她是太原市十五中高二的学生，名叫“池越忠”。

落水小学生余斌、王锐经过一番紧急抢救安全脱险，然而救人英雄池越忠却躺在山西医学院第一附属医院的病床上，一直昏迷不醒，生命垂危。

池越忠，你看到了吗？当一听到你因为救人落水后，周围的人们都想尽办法来挽救你的生命：园林工人、三轮车司机、门房、游人、民警、领导，一路为你开绿灯，争分夺秒把你送到医院；医院里的医生、护士日夜不离守护在你的身边，集体研究最佳抢救方案，不惜一切代价，用最好的药，打最好的针；当听说你需要用冰时，他们不顾天色昏暗，下到湖边凿了一盆冰块，迅速送到急诊室内，把冰袋安置在你的头部；当听说你需要在肢体四周放置热水袋时，热水袋、葡萄糖瓶、开水……从药房、从化验室、从病房里、从医院的四面八方调来。新华社山西分社的记者赶来了，《山西日报》的记者赶来了，十五中的校领导赶来了……人们多么希望你能睁开眼睛，醒过来！然而，由于落水时间太长，虽经医护人员历时十四个小时零七分全力抢救，最终也回天乏术。1983 年 12 月 10 日凌晨 5 时 42 分，女英雄池越忠停止了呼吸。

12 月 10 日这一天，中共山西省委负责同志明确要求团省委要迅速开展向迎泽湖救人英雄模范学习的活动。正在参加会议的中共太原市委领导同志立即赶到医院看望了女英雄池越忠的亲人和王志胜，明确提出要在全市范围内开展向池越忠学习的活动。

就在这一天，共青团太原市委和太原市教育局做出决定，根据池越忠生前提出的申请，追认她为共青团员，授予她“优秀共青团员”“太原市三好学生”的光荣称号。

1984 年 3 月 30 日，中宣部和团中央发出向“一山两湖”救人英雄群体学习的号召，命名当时相继发生在西安、太原和石家庄的三起见义勇为事件为“一山两湖”英雄群体。池越忠的名字随着这一英雄群体传遍祖国大江南北，奏响了一曲弘扬正气之歌。

在艰难困苦的环境中成长

池越忠出生于1968年，父母都是国家正式工作人员，本来家庭生活还算温馨。谁知1972年，池越忠才四岁时，她父亲池源却在“文化大革命”中蒙冤受屈，离开人世。这塌天大祸给池越忠带来的是生活上的极度贫困和政治上的备受歧视。她上有两个年少的姐姐，下有一个不懂事的弟弟，农村老家还有奶奶、外祖父，七八口人要吃饭要穿衣，这么重的负担落在了每月只挣三十四元工资的母亲一个人身上，困难程度可想而知。

无奈，她被打发回太原郊区农村老家，自此与奶奶相依为命，过着清苦的日子。她穿着姐姐的补丁衣服御寒，喝玉茭面糊糊充饥。这年秋收，家里收了一些玉茭棒子，越忠多么想吃“玉米面擦圪斗”，奶奶狠了狠心，给越忠做了一碗。越忠一会儿就吃得干干净净，伸出小手还要，奶奶将给自己留的玉米面捞到越忠碗里。越忠端着吃时，不小心将几根掉在地上，沾了泥，奶奶心疼地捡起来，洗了洗，又填到越忠的嘴里，说：“越忠啊！一颗米也来得不容易啊，丢了它，太可惜，以后可不要再丢了。”

1974年9月，池越忠背着书包上了小学。在学校里，看见什么觉得新奇不知道的事情，不懂得的道理，不会做的习题，她都要问，问起来没完没了。由于她学习成绩优秀，老师们都非常喜欢她，却又不敢表扬她。尽管她懂得的东西比同班的孩子多，同时主观上、行动上也愿与同学们友好相处，但因为受父亲的牵连，加上生活困难，吃穿寒酸，许多孩子都不愿意接近她。唉，没爹的孩子比人低一头。这对她幼小的心灵造成了很大的刺激。她有时偷偷地哭：“人家都有爸爸，我为啥就没有呢？”一天，她扑在奶奶怀里，哭着向奶奶要爸爸，这一下，把奶奶的心都哭碎了。

1978 年，党的十一届三中全会召开以后，她父亲的问题得到了公正的解决，同学们这才毫无约束地开始同她交往。从小压抑的她，这时才感到心情舒畅，浑身轻松，在人前抬起了头。

1980 年 9 月，池越忠几经周折，由太原市南郊区东桥大队农村小学升学至太原市三十三中。乡下孩子进入城市中学，吃穿谈吐不习惯、不自然，是一大困难；不会讲普通话，发音不标准，学语文是一大困难；没学过一点外语，学英文又是一大困难；数学没学完，衔接不上又是一大困难；因为营养不良，个子小，体质差，体育达标是最大的困难。面对这些困难，越忠改写了一首汉乐府诗："少壮不努力，老大徒伤悲。今天我少年，理当展翅飞。"

她请人写了"鹏程万里"的条幅挂在家中墙上。在日记本中，她摘引了斯大林语录："只有伟大的目的，才能产生伟大的毅力。"还摘抄了毛泽东的诗词："世上无难事，只要肯登攀。"摘抄了陈毅的名言："我们是世界上最大的理想主义者，我们是世界上最大的行动主义者，我们是世界上最大的理想、行动的综合者。"池越忠摘抄这些名人格言勉励自己，并非只是玩玩而已，在实际生活中，她也是这样严格要求自己的。

教科书中的练习题，学生必做，越忠一定做得整整齐齐；思考题本来只需要思考思考就行了，越忠却一道不漏地认认真真地做到了练习本上，送到老师手里请批改。别的孩子坐在写字台旁，在明亮的灯下半个小时能写完的作业，越忠趴在木头箱前，在昏暗的灯下一个小时也写不完。这样算来，别的孩子每天用两个小时做家庭作业，她得用四个小时，加上多做的思考题，她付出的劳动要比别人多三倍。夏天，她汗流浃背；冬天，她家很少生取暖的火，冻得手伸不出来时，她就用嘴在手上哈哈热气，继续写。数学老师同她是邻居，她晚上不去别人家看电视，总要把白天老师布置的作业全部做完，把数学作业送去给数学老师面批，批完后才回来睡觉。在上初中的两年中，她天天如此，从未间断。

1982年，池越忠初中毕业了，本来她想上高中，将来考大学，妈妈、姐姐也认为她天资聪明、好学上进，考大学有把握。可是，全家人权衡再三，最后还是忍痛让她改变志愿，去报考职业学校，这样好尽快参加工作，贴补家用。池越忠很听话，很体谅妈妈、姐姐的难处，流着泪填写了考生登记表，在志愿一栏填上了“会计职业班”。中考成绩公布后，她考了四百零七分。这样的成绩本可以进入重点高中，但事实却是被调配到了物资管理专业。尽管如此，她仍旧愉快地去报到，并无怨言。

进入十五中职业班后，她回顾了自己十四年走过的坎坷道路，在日记本的扉页上写了鲁迅的一段话：“伟大的心胸，应该表现出这样的气概——用笑脸来迎接悲惨的厄运，用百倍的勇气来应付一切的不幸。”在10月16日的日记中她写道：“我该正正直直、清清白白地过以后的生活，健健康康地走完以后的道路。”

英雄并非口含金钥匙降生的，也不是一帆风顺走过来的，多数情况下，英雄比常人受的苦难更多，走的道路更曲折。

惊人事迹绝非偶然

在池越忠的追悼会上，太原七中送的挽联是这样写的：“破冰凌下水，救生舍己，浩然精神可歌可泣；以红烛自况，躬行实践，惊人事迹绝非偶然。”池越忠舍己救人的英雄壮举、高尚行为，绝非事出偶然或一时的冲动，而是长期受党的教育、影响，将党的精神内化于心、外显于行的表现。

红烛精神是她助人为乐、舍己救人的初衷

越忠生前曾经在语文课本上写了一首“红烛”诗：“红烛小，见真心；流着泪，燃自身。平生闪亮不为己，只求照他人。”她的英雄壮举不仅践行了她的诗，而且映照出她无私无畏的崇高精神境界。当然英雄的举动并不是乍然暴发出来的，而是从平常的生活小事中日积月累逐渐升华形成的。

1980 年，池越忠在三十三中上初中时，学校组织建校劳动，将挖通下水道的任务交给了她们班。下水道入口很小，人在里面直不起腰，她敏捷地钻进去，不怕脏、不嫌臭，在下边干了一个多小时。人们劝她上来，她说：“我已弄脏衣服，同学们不用再下来了。”待把下水道的污物清理完毕上来时，她已经成了泥水人，脸被污浊空气熏得煞白。这时，该洗洗脸回家了吧，可偏在这时，一个同学在劳动中碰破了腿，她争着用自行车把他推到校医务室去包扎，然后又用自行车将这个同学送回家。

一天清早，越忠等了好久才等来了公共汽车，好不容易挤上车找了个座位，恰巧上来一位老大娘，她急忙站起来让了座。大娘一坐下，就哇哇地吐起来，池越忠一边给大娘捶背，减轻大娘的痛苦；一边和大娘聊天，让大娘想别的事儿。这方法真灵，不一会儿，大娘真的不吐了。

1983 年 11 月初，池越忠的脸冻得通红，搓着手进了教室。她的同桌小红梅问：“你怎么不戴手套、围头巾？”越忠说：“在公共汽车上，我见一个小姑娘冻得受不了，就把我的手套和围巾给了她。”后来，小姑娘将手套和围巾送来，抱歉地说：“对不起，将你的围巾挂了个洞。”池越忠抚摸着小姑娘的脸蛋说：“没关系。你这样诚实，长大一定有出息！”

这些看似平凡、不起眼的日常生活小事，就是构成池越忠舍己救人英雄壮举的基础。一个人如果不屑于做平凡小事，恐怕也很难做出震撼人心的大事。古人说的“看似寻常最奇崛”“一屋不扫，何以扫天下”，确实是有道理的。

志向高远是她英雄壮举的动力

池越忠爱学习、爱读书、爱思考，喜欢以英雄名人为榜样来约束鞭策自己，经常把自己的一些观感思考写在日记本里，人们也可以从中看出她思想、情怀形成的脉络。

那还是小学时期，有一天池越忠看小人书《岳飞传》，好奇地问奶奶：“岳飞背上刺的那四个字是什么意思？”奶奶半通不解地解释说：“就是为国家。”“为什么要刺在背上呢？”奶奶说：“怕岳飞忘了。”她说：“奶奶，我不刺字也忘不了。”奶奶在她的额头抿了一指头，笑着说：“你这丫头，哪能比岳飞？”小越忠歪着头，噘着嘴，不高兴了，她觉得奶奶太“小看人了”。

上高中后，池越忠接触的生活面更广泛了，她思考的问题也更深入了。大学生张华为救一位老人不幸牺牲的事迹在报刊上发表后，一场关于人生价值观的大讨论在全国青年中展开了。这不正是自己渴望探求的道理吗？池越忠如饥似渴地读着报刊上登载的讨论文章。为了搞清一些理论问题，她又找了一些哲学书读起来。她所敬佩的保尔·柯察金的名言变得更具体了，共产主义道德观念在她心中化成了张华活生生的形象。有一天上学时，她同一位初中的同窗好友小王在公交车上邂逅，她们谈起了张华，不由得又展开对人生价值的讨论。池越忠感慨地问道：“你有何感想？遇到这种情况，你能不能像张华一样救人？”小王反问：“你呢？”“我？”她立刻不假思索地说，“当然救！”

在她生前的日记中，可看到她摘抄的不少有关志向理想、人生价值观的名人名言，如文天祥的“人生自古谁无死，留取丹心照汗青”，毛泽东的“为人民利益而死，就比泰山还重”，方志敏的“我们活着不能与草木同腐，不能醉生梦死，枉度人生，要有所作为”，雷锋的“人的生命是有限的，可是为人民服务是无限的。我要把有限的生命投入到无限的为人民服务之中去”。如果从以上这些方面看池越忠的思想发展轨迹，可知她后边做出舍己救人的英雄壮举也是合乎逻辑的必然延伸。

我们要全面学习池越忠的这种精神，有理想，有毅力，严格要求自己，既能在关键时刻挺身而出，做出英雄壮举，也能在日常生活中做有益于人民的平凡小事。

饱经坎坷自强不息的励志青年刘笑

古人云：“艰难困苦，玉汝于成。”又言：“水激石则鸣，人激志则宏。”刘笑的人生就是这样的。命运对于他，玩笑可开大了。出生于一个贫苦的家庭衣食不济已经足够艰难，谁知屋漏偏逢连夜雨，一个小娃娃竟得了佝偻病、鸡胸肺结核，由于无钱买药，刘笑成了一个驼背弯腰的残疾人。他不甘向命运低头，也挣扎过、努力过。或许是上天还要考验他，搞文学创作，收到的是一封封退稿信；投资种蘑菇、栽药材什么的，赔进去几千元。他也曾一度迷茫过、绝望过……好在他没有就此沉沦下去。过了一段时间，冷静下来之后，他反思总结自己失败的教训，克服浮躁情绪，爬起来再干。他先搞调查研究，瞅准适合自己的项目，花大力气钻研琢磨，扑下身子侍弄试验，这一回终于成功了。自此，他端正态度，放平心态，乘胜前进，一发而不可收，取得了一项比一项大的成就，得到了一个比一个大的荣誉，成为全省乃至全国知名的明星级人物。

艰难苦涩的人生遭遇

1963年3月的一天，柳林县下三交镇坪上村的一孔土窑洞里，传出了一声响亮的婴儿啼哭，是个男孩。父母欣喜异常，期望孩子健康成长，将来幸福满满，兴旺发达，便起名叫“福旺”。之前，这一家先后出生过十一个子女，有九个因贫病交加夭折了。这一回他们说什么也要把孩子抚养成人。然而事与愿违，当时正值三年困难时期之后，大人都吃不饱肚子，孩子的营养更是谈不上。结果，由于长期营养不良，孩子一周岁时先得了佝偻病，后引发鸡胸结核，两次徘徊于生死边缘。父母万分着急，慌忙抱上孩子去了医院。医生诊断一番后说：“只要花二十元钱，连服十瓶雷米封，便可康复。”但是由于家庭太贫寒了，东挪西凑，家里把母亲陪嫁时的一个银帽花和父亲跳进洪水中捞的一块船板卖了四块钱，让孩子服用了两瓶药后，便再也无钱买药了。自此之后，孩子成了一个驼背弯腰的残疾人。

病残的身躯，给小福旺的生活带来诸多不便。但不幸的遭遇并没有使他自卑、气馁，反倒促使他形成了十分倔强的性格。除了无法改变的躯体之外，他处处都想走在别人的前面。小学时，他勤奋好学，各门功课都名列前茅，令人刮目相看。他爱好广泛，绘画音乐、吹拉弹唱，样样都能来两下；从师习武，刀枪棍棒，八九岁时便小有名气。虽身有残疾，但无人敢出语戏侮。

1980年，福旺高中毕业，由于残疾，不能从事重体力活，升学、参军和打工更是无望。以后的人生路还很长，这可怎么办呀？一天，他读苏联作家奥斯特洛夫斯基的长篇小说《钢铁是怎样炼成的》，当读到主人翁保尔由于遭受严酷战争环境的摧残，年纪轻轻就全身瘫痪，双目失明，面临此种境况，竟能写出轰动世界的名著一事，深受启发，觉得自己也可试着走文学创作这条路。于是他花了整整两年时间，足不出户，日夜笔耕，小说、散文、电影剧本、曲艺，写遍了各种文体，用作业本、废纸、烟盒、牛皮纸写出的草稿摞起来足有一人高，但由于写作基本功不扎实，生活素材积累不丰富，收到了四十九张退稿笺。

看来文学创作之路并非人人都能走通，他从作家梦中醒了过来，调整思路，转向搞实体经济。他曾经赴忻州、离石等地学习煤油灯孵小鸡、小平菇栽培等技术，先后养过三次鸡、一次猪和兔，甚至栽过天麻，但由于经验不足，加之遇上鸡瘟、天旱草料难继等问题，命运一次次捉弄了他，所从事的八个项目，无一例外全部赔钱，最终花光了手头积蓄，还欠债近两千元。为了还债，他不得不以残疾之躯给他人做工，从火热的砖窑里背砖，翻 60° 的陡坡，背一万块砖赚一百块钱，驼背上血痂层层，伤痕累累，内伤外痛使他一度吐血昏倒。一段时间里，这个坚强的男子汉也曾迷茫、痛苦，不知路该怎么走……

地膜覆盖种植优种西瓜一炮打响

好在迷茫、失望只是暂时的，他并没有就此沉沦下去。不服输的倔强性格使他再次站了起来。失败是成功之母，不怕失败，就怕不能从失败中吸取教训。过了一阵子，冷静下来之后，他认真反思分析了一番自己失败的原因，这里边既有客观因素，又有主观因素，最重要的原因是自己盲目自信，对所做的事情缺乏深入了解，懂得一点皮毛就操作，心态浮躁，急于求成。明白了失败的原因以后，他选择目标、确定项目时就成熟、老练多了。

1983年，福旺放下身段，为寻找可行性项目先搞起调查研究。他发现家乡黄河边的沙地西瓜吃起来很香甜可口，但缺陷是个头不大，地气凉上市迟。如何才能把这两个缺陷弥补起来？他苦思冥想，就这两个问题动起脑筋来。一次浏览一本农村科技类的杂志时，福旺看到里面有介绍用地膜覆盖可使水果蔬菜提前上市的文章。他反复研读，心里有了底。后来，他跟一位老瓜农交谈，得知用“北京旱花”优种西瓜籽可使西瓜结大。这些新技术，经多次请教农业专家得到肯定答复之后，福旺便在自家的一亩沙地责任田里，采用当时无人接受的地膜覆盖技术，种上“北京旱花”西瓜籽，搞起试验来，早起晚睡精心耕作、管理。西瓜将要成熟时，他便搭起瓜棚，白天黑夜都在地里照料。这一年，他种的西瓜提前二十天上市，个大皮薄瓤甜，拉到下三交镇上以每斤六角的价格被抢购一空。这一下，一亩地收入一千六百多元，不仅还清了债务，还摆脱了贫困。

科学种田尝到甜头以后，福旺信心更加充足。他想西瓜可以这样搞，其他瓜菜何尝不能这样？于是，1985年他不顾病残之体，扩大规模，承包了四亩河滩地，除继续种西瓜外，还引进了甜瓜、番茄、豆角、黄瓜等二十个新品种，全部使用地膜覆盖技术、优良品种。市场最讲究人无我有，别人家的瓜菜才开花呢，他种植的瓜菜已经上市了。在20世纪80年代，这是破天荒的新鲜事，人们争相购买，福旺赚了个盆满钵满，半年内就创收八千元。那时候流行“万元户”的说法，半年就赚这么多钱，他的事迹在十里八乡很快就流传开了，他成了远近闻名的“驼背西瓜王”。不久，这个年轻人科学种田致富的惊人之举引起了吕梁团地委的关注重视，这一年他获得了“吕梁青年新长征突击手”“吕梁青年致富先锋”光荣称号。就在这一年，他改名了。以前叫“福旺”，灾祸不断；靠科学种田过上了好日子，他欣喜地笑了，故改名为“刘笑”。

把科学种田技术传遍各地

1986年，刘笑被柳林县聘为薛村乡团委书记，在这个新起点上，蓄积在他残疾躯体内的潜能像火山一样喷发出来。上任伊始，他踏遍了薛村乡二十七个自然村的山山水水，急青年脱贫之急，想青年致富之想，打破了一些共青团干部“务虚不务实”“光说不练”“嘴皮子把式”的局面，将自己几年辛苦钻研取得的一技之长毫无保留地奉献出来。他花钱买来优种、地膜，肩扛手提，翻山越岭，开始传授新型西瓜种植技术。

万事开头难，初期，刘笑的一片好心无人理解。他清明节不回家，风雨无阻，一日三场赶着培训，有时只有一两个人在听。然而，“精诚所至，金石为开”，三个月后这个原本不种西瓜的乡，在他口传身教的动员下，有二十八户农民用地膜种了三十六亩优种西瓜。秋后，每户都获得空前丰收，亩平均收入一千元，以三个月的周期得到种传统粮食作物六倍到十倍的收入。

农民最讲实际效果，二十八户瓜农的成功，让他们心悦诚服地接受了科学种田技术。第二年，刘笑借此东风创办了吕梁山上第一个农民专业技术协会——薛村乡西瓜协会，与团县委共同设计了后来推向全国的“万户青年小活动”，发动农村团支部以种瓜种菜为突破口建设团的基层组织，凝聚青年，发展共青团员。特别是他与薛村乡党委、政府共同研究决定，将1986年的三十六亩瓜菜地以近十倍的增幅扩大到三百亩。这些瓜菜地又喜获丰收，在县城上市后，冲垮了外地瓜菜市场，三百亩地收入四十万元。

1988年，周围村庄慕名而来的人渐渐多起来，刘笑趁热打铁，将薛村乡西瓜协会扩展为柳林青年瓜类协会。协会成立后，刘笑将薛村乡沿三川河十三个村庄和沿黄河的石西、高家沟、三交，以及陕西省的宋家川、河底等镇定为西瓜试点基地。此后，一辆摩托载着他，风雨兼程到处跑。为了打开西瓜的销路，刘笑曾在陕北榆林城手推小车沿街叫卖，一个星期后硬是让自家种的“兰州红”冲垮了会稽的“新红宝”。这一年，他为了更换西瓜品种，冒雪下郑州，调回早熟品种“郑杂五号”，随即又单身赴兰州引回了全国评比第一名的中熟西瓜新品种“兰州P2红”。这两个品种的推广，使整个基地千余亩西瓜名气远扬，更打开了发展局面。

1988年，在刘笑创办的柳林青年瓜类协会的影响下，柳林全县已经有十一个乡镇开始大面积种植地膜西瓜。不久，离石、汾阳、岚县、方山等县的科委、科协和扶贫部门人员纷纷登门，请刘笑去他们那儿传授地膜覆盖种西瓜技术。岚县无霜期短，历史上不能种植西瓜，刘笑废寝忘食地培训、细致耐心地指导，带动六个村的瓜农种下三百多亩“兰州P2红”晚熟西瓜。秋后，河曲县扶贫办主任许四仁路过岚县，看到从来不种西瓜的岚县街头摆放了大堆大堆的西瓜，很惊讶，一打听，瓜农称赞说，是柳林的西瓜大王刘笑提供的优种技术，使他们摘掉了不能种西瓜的帽子。许四仁当即驱车千里，将刘笑接到河曲县，培训了六个乡镇的西瓜种植户。培训会上，刘笑深入浅出的讲解吸引了许多致富无门的农民，有天夜里在一个村子培训时，竟将电影场的观众全部吸引到会场。正在河曲拍电视的一个山西电视台的摄影组闻讯后，赶来给他现场录像，并在省台做了报道。

一石激起千层浪，第二年开始，河曲县的西瓜品种全部得到更新换代，迅速发展到两千多亩。也就在这一年，刘笑将吕梁山区、黄河两岸的瓜农全部纳入指导范围，创办了“吕梁山西瓜集团”。

不久，该集团得到快速发展，南起石楼，北至河曲，在长达千里的河套线上大放异彩。短周期、高效益、低投资、快脱贫的地膜覆盖西瓜，激发了农民们科学种田、科技致富的热情，大面积的西瓜种植也使优种西瓜籽和地膜成了抢手货，促进了吕梁山和黄河两岸农业现代化的进程。

不屈不挠攻克治旱技术难关

跨入20世纪90年代，吕梁山西瓜集团已形成以柳林为中心的早熟基地，以离石、方山为中心的中熟基地，以岚县为中心的晚熟基地，总面积发展到七千多亩。名下设立了以县为单位的五个协会、以乡为单位的四十个分会，拥有两千余名会员，为秦晋两省贫困地区培养了三万名科技种田能手，指导和扶持了一万户贫困青年。集团创建者刘笑获得了上至国家、下至地方的各种荣誉。

面对成就、荣誉，刘笑并没有骄傲自满，停步不前，他胸怀更宽广，境界更高远，瞄准了更大的目标。制约吕梁山乃至整个西部山区农业快速发展的瓶颈是天气干旱，几千年来当地农民只能靠天吃饭，对之无可奈何。如何破解此道难题，一般人想都不敢想。而刘笑竟以敢为天下先的魄力、无可比拟的勇气，默默地、自觉地展开攻克此项技术难关的探索。

为了能使“旱地水作物全封闭种植技术”和与之配套的“旱地保水柔性膜体结构材料”顺利面世，他历经十年，孜孜不倦，以非凡的毅力和顽强的精神潜心钻研。1994 年，在海拔近千米的一座干旱山上，刘笑白天奔波于田头地间观察研究试验对象，晚上坐在一孔一米高仅能容纳他那单薄、瘦小身躯的地穴式土窑洞里，思考筹谋。为取得实地经验，他披星戴月，在这里一待就是五个月，曾十七天没有下过山。经过十年的努力拼搏，他的研究终于获得了成功，两项技术都得到国家专利局认可。

1998 年，为了研究“旱井加 W 覆盖集雨节水高效种植模式”，刘笑又一次卷起铺盖上山了。这一回他也是孤身一人，并且在山上一住就是半年。风雨中观察集水，烈日下研究旱象。他先后对以前的治旱技术进行了三次修改，确定了以“W”地膜就地集雨为基础，以旱井集雨为干旱临界期间必不可少的补水方式，然后再用以塑料铺设的水渠将旱井和“W”集雨场连接起来，再配以打孔漏浇节水灌溉的种植技术，大大增强了集雨功效，使治旱技术取得了突破性进展。在提高了集雨量和集雨效率后，刘笑抱着“省力就是省钱，适用才能实用”的科学态度，又对打造旱井和“W”覆盖技术工艺进行了改革。原来打一眼旱井费工耗料，总成本在三百元左右，刘笑简化了打井技术，打一眼蓄水十立方米的旱井只需一个工三十元钱。原来十分复杂的“W”覆盖法，也被他用自制的一把开沟器提高了三倍功效。就这样，一项简便实用的高新治旱技术问世了。此后，刘笑带着自己发明的“旱井加 W 覆盖集雨节水高效种植模式”，和各地共青团组织共同举办农民培训三百余场，听讲者近两万人，分别在山西、陕西、甘肃、吉林、河南等地创建基地二十三个，累计推广面积三万余亩。

刘笑脑海里仍有许多奇思妙想在涌现、碰撞、酝酿、升腾，等待形成一个稳定、完善的蓝图，最终变为现实。他的日记中记录着这样三句话：研究一种把旱井做成口杯一样方便运输和应用的新材料，同时把打井机械化；研究一种利用废秸秆、粪便粉碎后和无害黏合剂喷压而成的复合覆盖材料，实现全田覆盖保墒；研制一种可以把地上的水直接输送到三十厘米到一百厘米地下的渗水管，使补送水直达作物根部被高效吸收。

这就是敢想敢干的“刘罗锅”。阿基米德曾说过，如果给我一个支点，我能撬起地球。刘笑不相信别人会给他支点，他要靠自己去寻找支点。

一个人只要对社会做出突出贡献，党和国家就不会忘记他。下面是刘笑历年来取得的各种重大奖项和荣誉：1988 年出席中国共青团第十二次全国代表大会，1989 年被山西省总工会授予“劳动模范”光荣称号，1990 年被共青团山西省委评为“农村科技致富能手”，1990 年被团中央、国家科委评为“全国农村科技星火带头人”，1996 年被国家六部委评选为“首届中国十大杰出青年农民”，1997 年被团中央授予首届中国青年“五四”奖章，1997 年出席中国共产党第十五次全国代表大会。

大孝无边背母上学的孟佩杰

孝，是几千年中国传统伦理文化中一直标举的一个基本概念，古代的“二十四孝”就是在这方面树立的一些典型。今天，山西出现了一个小女孩，从七岁开始，尽心尽力、一丝不苟侍奉瘫痪在床的养母十多年，其孝心孝行堪与古人媲美。她的事迹一经传播，在社会上引起了一片赞叹之声。在当前受西方思潮冲击，道德滑坡、亲情淡漠的形势背景下，她的事迹更具有驱散迷雾、正本清源的感召力、影响力。

这个女孩的名字叫“孟佩杰”。

小肩挑重担　一片孝心可歌可泣

1991 年 11 月，孟佩杰出生于山西省交口县的一个农民家庭，那是一个与常人无异的普通三口之家，辛勤劳作的父亲、贤惠持家的母亲，以及活泼可爱的儿女。家境不算殷实，条件并不阔绰，但好在圆满和睦，一家人过着只属于他们自己的安稳日子。然而这样的温馨只持续到 1996 年，一场突如其来的车祸夺走了父亲的生命。家中的顶梁柱轰然崩塌，家庭的重担落在母亲身上。一介女子，承受不住生活的艰难，无力承担赚钱养家的沉重压力，忍痛将女儿送给了临汾市隰县老干部局的职工刘芳英收养，期盼女儿能过上平淡但温饱尚可的日子。

尘世生活中远远不止一个坎坷，1998 年，养母刘芳英患上椎管狭窄症，虽经治疗保住了性命，但下半身瘫痪，生活不能自理，需有人在旁照料。养父无法接受这突如其来的变故，在一年后的某一天早晨悄悄提上行李离开了这个困苦的家庭。

此时，她的生母也因病离开人世，年仅七岁的小佩杰无处可去。此后，这个家庭只剩下一个无法动弹的养母，一个年幼无知的孩童，孤苦伶仃，生活举步维艰，前路一片茫然。这可怎么过下去呀？连邻居们都替她俩发愁。再艰难也得过呀！七岁的小佩杰擦干了眼泪，平息了内心的恐惧，像一个大人一样，以自己稚嫩的肩膀承担起照顾养母的责任，用她的孝心和勇气支撑起了这个支离破碎、摇摇欲坠的母女之家。

每天清晨，她都要早早起来，给妈妈洗脸梳头，换尿布，擦身子，涂抹褥疮膏。冬天家里靠生火炉子取暖，起初她不懂封火的窍门，炉子经常半夜熄火，冻醒后不管几点都得赶紧再生着，不然妈妈会冻坏。中午放学赶紧回家做饭，个子小够不着灶台，她就站在小凳子上，不知道摔了多少次跤。晚饭后，要给妈妈洗尿布，每天都要洗一大堆，不然就接不上茬了。置买日常生活用品也是她的事，一开始，分不清各种蔬菜，她就自己编口诀：“长长的青葱圆圆的蒜，扁扁的豆角绿油油。”由于妈妈瘫痪在床，很少运动，大便干燥，排泄不畅时，小佩杰就用手指头一点点抠出那些又黑又硬的粪便。妈妈经常含着泪说：“这哪是这个年龄的女娃娃该做的事啊！”

在照顾妈妈的同时，她从不耽误学习，每天都要比同年龄的小孩起得早。许多时候做完家务，上学时间到了，她顾不上吃饭洗脸，抓起书包就跑。妈妈刚瘫痪的第一个除夕，晚上她换了六次尿布，整个除夕就在换尿布和洗尿布中度过。电视里春晚现场传来阵阵笑声，她忙得连一眼都顾不上看。然而，只要能给妈妈带来一点点舒适，她就觉得比什么都快乐。

苦难的生活使小佩杰成熟了许多，她隐隐约约意识到，人生有很多难以料想的事。妈妈没有想到的是自己会瘫了，丈夫会走了，家里会穷了。刚开始的两三年，妈妈几乎要崩溃了，经常莫名其妙、声嘶力竭地大哭或大笑。这种时候，只有小佩杰理解，妈妈哭也好，笑也好，都是因为心里太苦了。所以，她绝不惹妈妈生气，还要尽量让妈妈高兴。平日里功课再多再累，她都要抽时间陪妈妈聊聊天，想方设法逗妈妈开心，给妈妈解闷。

有一天，妈妈和一对素日要好的邻居夫妇聊天，聊着聊着就泣不成声了，妈妈说：“我孩子命苦啊，五岁时跟了我，我只照顾了她三年，她却要照顾我一辈子，对孩子太不公平了！”不久，妈妈让佩杰把这两位邻居请过来说：“你们看我这个样子，如果哪天不在了，求你们收养我那可怜的佩杰吧！”夫妻俩以为她开玩笑，就说：“这么好的闺女，我们巴不得你现在就给我们呢！”妈妈又说：“以后万一孩子做错了事，该打的你们就骂两句，该骂的你们就说两句。你们要善待她，要好好培养她。我和她亲爹亲妈在九泉之下也会感激你们！”

小佩杰还懵懵懂懂，不大明白妈妈话的意思，后来才搞清妈妈不忍心再拖累自己，要安排她的身后事。妈妈让人帮她买了四十四片去痛片，有一天小佩杰收拾床铺时，在妈妈枕头下意外发现了这些药。在她的一再追问下，妈妈终于说出了真相。刹那间，小佩杰如五雷轰顶一般，失声痛哭起来。她央求说：“妈妈，您就是我的天啊！有您才有家，妈妈，我不怕苦不怕累，您千万别丢下我呀！”从那以后，家里的刀子、剪子、锥子……凡是佩杰觉得不安全的东西都放得远远的，吃药的时候她就守着妈妈吃，一粒也不多给。

背母上学　孝道永远割不断

2007年，刘芳英的病情开始恶化，最终全身瘫痪，完全丧失了自理能力。这一年，孟佩杰初中毕业，她主动选择了在临汾学院隰县基础部学习，以便就近继续照顾养母。

虽说日子艰难，但光阴荏苒，不觉就是十二个年头了。2009年，孟佩杰要到临汾上大学，可是瘫痪在床的妈妈谁来照顾？这个小姑娘经过反复考虑，毅然决定带着妈妈一起去上学。为了及时照顾养母，她在离学校最近的地方租赁了一处简陋的房子，并向学校申请了走读。既要读书，又要照顾养母，孟佩杰忙得简直可以说是脚不着地。大学同学们反映说，孟佩杰给大家留下的最深印象是，她什么时候都是小跑着，一路小跑着去上学，一路小跑着回家照顾养母，经常跑得气喘吁吁，面红耳赤。又要维持生活，又要给妈妈治病，妈妈的那点微薄病休工资捉襟见肘，为贴补家用她还得挤出时间上街给人发传单，原来白白净净的女孩生生地晒成了“黑姑娘”。

照料养母的生活起居是孟佩杰每天耗时最长的“必修课”。刘芳英瘫痪后大小便失禁，为了尽可能避免弄脏床单被褥，孟佩杰就在褥子上铺上塑料布，塑料布上又铺上床单。即便如此，洗尿布、衣裤、床单，仍是她每天必做的“功课”。另一项必做的“功课”是帮助养母做康复训练。

2010年，临汾一家医院听闻孟佩杰的故事后，将刘芳英接入医院免费治疗，为配合治疗，她每天要帮养母做二百四十个仰卧起坐，拉腿二百次，捏腿三十分钟。

孟佩杰将省吃俭用攒下来的钱给养母买衣服，而自己穿的多是亲戚朋友家孩子不要的旧衣服。在其他同学开始化妆打扮的时候，她梳着最简单的学生头，把有限的钱都用在了日常开支和养母身上。孟佩杰说："我少买件衣服，少吃顿好饭，妈妈就能多买些好药，少遭点罪。"一次同学过生日请吃饭，孟佩杰舍不得喝饮料，就把自己的那瓶悄悄装起来，找了个借口提前离开，急匆匆地跑回家给养母喝。养母爱吃肉，可是平时家里哪里舍得买肉。孟佩杰开始勤工俭学挣钱后，就想着一定要让妈妈美美地吃上一顿肉。有一次，妈妈看到电视里播放的红烧肉镜头，无意间说了句"电视上的红烧肉，肯定很好吃"。孟佩杰就记在心上。那年暑假，她几乎每天冒着三十八九度的高温，在外边奔波了近两个月，挣了一千三百二十元钱。第一次挣这么多钱，她做的第一件事就是花二十八块钱买了份红烧肉回家。妈妈看着冒着热气的红烧肉，久久舍不得动筷子。

要强的孟佩杰拒绝了不少好心人的帮助，坚持自己照顾养母。有人提议："哪怕同学们帮你做顿饭也能减轻你的负担。"她却说："我的娘只爱吃我做的饭。"

她的孝行感动了全中国

孟佩杰的故事在网络上传播开以后，感动了众多网民。在临汾当地论坛上，网民们纷纷为她点赞祝福，称她是"临汾最美的女孩"。一位网民写道：

“尽孝是一切善德之始，也是一切幸福之源。在多舛的命运前，我们不能失掉孟佩杰这般面对生活的态度。”2010 年 11 月，孟佩杰被提名参加了“隰县十佳道德模范”评选活动，点击回复率第一。隰县县委宣传部副部长、文明办主任马林明说：“孟佩杰在所有的候选人中，年龄是最小的，但她的事迹却最感动人。《山西晚报》报道她的事迹后，我知道好多人是哭着读完这篇文章的，隰县社会各界的人都在关注她，包括许多省外的好心朋友们。”许多网友在投票帖子上留言发表感慨，有网友称十九岁的孟佩杰是“年龄最小的候选人，却是最‘大’的人”。还有网友留言鼓励她：“也许你不认识我，但我认识你，你一定要加油，一定要坚强！”就在这一年，孟佩杰不仅成为隰县年龄最小的“十佳道德模范”，而且成为临汾市“十佳道德模范”，还被山西电视台评为“2010 年十大记忆人物”。

2011 年 9 月，孟佩杰获得“德耀中华道德模范”殊荣后，全国各地展开了宣传学习她的先进事迹、进一步加强传统文化教育和社会主义核心价值观教育的活动。2011 年 10 月 26 日，天津职业技术师范大学电子工程学院在 A 楼广场前举办了“孝心温暖校园，坚强点亮明天”学习孟佩杰先进事迹主题团日活动，同学们表示孟佩杰是当代大学生的优秀楷模，她的先进事迹充分体现了中华民族孝亲敬老的传统美德，她用实际行动展示了当代大学生高度的社会责任感和良好的精神风貌。

2012 年 2 月，孟佩杰获得“感动中国 2011 年度人物”荣誉称号，颁奖词为“在贫困中，她任劳任怨，乐观开朗，用青春的朝气驱赶种种不幸；在艰难里，她无怨无悔，坚守清贫，让传统的孝道充满着每个细节。虽然艰辛填满四千多个日子，可是她的笑容依然灿烂如花”。推选委员丁俊杰说：“孝顺是中华民族的传统美德，孟佩杰付出的是孝心，赢得的是尊重，一个感动中国的平凡女孩。”推选委员王振耀说：“小小年纪，撑起几经风雨的家，她的存在，是养母生存的勇气，更是激起了千万人心中的涟漪。”有位网友还为孟佩杰写了一首《致最美丽的女孩》的诗：“他们说你是一个安静的女孩，有着一张清丽的脸。年少的你，是否该在母亲的怀中细语呢喃，是否该在少女的梦中绽放笑颜？他们说你是一个柔弱的女孩，有着瘦削却有力的肩。年少的你，是母亲的手，是母亲的腿，是母亲头上那片天；他们说那间陋室四壁空空，只有真爱环绕在里面；年少的你，是母亲床前的那盏灯，是寒风中母亲心头的那份暖。”

时间又过了十多年，孟佩杰从临汾学院毕业后都在隰县文化和旅游局工作。这些年，养母的身体比以前好多了，孟佩杰没有忘记社会对她的帮助，她也一直在通过自己的行动一点点回馈社会，去帮助需要帮助的人。

参考文献

[1] 山西省史志研究院 . 贺昌百年诞辰纪念文丛 [M]. 北京：中央文献出版社，2005.

[2] 马烽 . 刘胡兰传 [M]. 太原：山西人民出版社，2015.

[3] 中共山西省委党史研究室，山西省民政厅 . 山西革命英烈：第一辑 [M]. 太原：山西人民出版社，1986.

[4] 李伟，刘琼，岳谦厚 . 山西青年运动史 [M]. 北京：中共党史出版社，2017.

[5] 山西省社会科学研究所 . 山西革命回忆录：第二辑 [M]. 太原：山西人民出版社，1983.

[6] 胡晓琴 . 中国共产党山西历史人物传 [M]. 太原：山西高校联合出版社，1994.

[7] 中共山西省委党史研究室，中共太原市委党史研究室. 中共山西历史忆事：1 卷 [M]. 太原：山西人民出版社，1991.

[8] 中华全国妇女联合会 . 大革命洪流中的女兵 [M]. 北京：中国妇女出版社，1991.

[9] 山西省史志研究院. 山西抗日群英谱 [M]. 太原：山西古籍出版社，1996.

[10] 山西省军区政治部. 山西民兵英雄传 [M]. 太原：山西人民出版社，1986.

[11] 陈文秀，张民省，刘秋旺. 山西大学青年运动史 [M]. 北京：中央文献出版社，2002.

[12]《牺盟会和决死队》编写组. 牺盟会和决死队 [M]. 北京：人民出版社，1986.

[13] 中共山西省委党史研究室. 中国共产党山西历史大事记述 [M]. 北京：中共党史出版社，1994.

[14] 薄一波. 七十年奋斗与思考 [M]. 北京：中共党史出版社，1996.

[15] 王建英. 中国共产党组织史资料汇编 [M]. 北京：红旗出版社，1981.

[16] 王建富，程秀龙. 太原地下党革命斗争史话 [M]. 太原：山西人民出版社，1985.

[17] 王生甫. 山西新军史 [M]. 太原：山西人民出版社，2005.

[18] 中共山西省委党史办公室. 中国共产党山西历史：1 卷：上册 [M]. 北京：中共党史出版社，2012.

[19] 中共山西省委党史研究院，山西省地方志研究院. 山西省志：共青团志 [M]. 北京：中华书局，2019.